LIEUTENANT DE VAISSEAU A. BAUDRY

LA
BATAILLE NAVALE

ÉTUDES
SUR LES FACTEURS TACTIQUES

Suivi de " Remarques "

PAR

LE CAPITAINE BREVETÉ G. LAUR
DE LA SECTION TECHNIQUE D'INFANTERIE

AVEC 35 CROQUIS DANS LE TEXTE ET 4 PLANCHES HORS TEXTE

BERGER-LEVRAULT, ÉDITEURS

PARIS	NANCY
Rue des Beaux-Arts, 5-7	Rue des Glacis, 18

1912

LA
BATAILLE NAVALE

—

ÉTUDES
SUR LES FACTEURS TACTIQUES

DES MÊMES AUTEURS

Tsoushima. Un volume grand in-8 de 150 pages, avec 3 croquis dans le texte et 4 planches hors texte, broché. 1909. . . . . **3 fr. 50**

(Berger-Levrault, éditeurs.)

Lieutenant de vaisseau **A. BAUDRY**

LA
BATAILLE NAVALE

ÉTUDES
SUR LES FACTEURS TACTIQUES

Suivi de " Remarques "

PAR

Le Capitaine breveté G. LAUR
DE LA SECTION TECHNIQUE D'INFANTERIE

AVEC 35 CROQUIS DANS LE TEXTE ET 4 PLANCHES HORS TEXTE

BERGER-LEVRAULT, ÉDITEURS

PARIS	NANCY
Rue des Beaux-Arts, 5-7	Rue des Glacis, 18

1912

« ..... l'esprit de solidarité, la confiance réciproque, en un mot cette liaison intime des Armes, qui constitue le plus sûr garant du succès. »

Général LANGLOIS.

« ..... l'audace, sans laquelle une armée, navale ou autre, est frappée de paralysie générale. Cette audace, une audace farouche qui domine tous les événements et triomphe de tous les obstacles..... »

Commandant ROUYER.

« ..... la tactique qui, ne voyant que le but à atteindre, brise toute forme étroite déterminée, et substitue à un ordre rigide le désordre apparent, au profit de la rapidité et de la violence de l'action..... »

Commandant ROUYER.

« Jamais l'ennemi n'a été anéanti quand on s'est borné à opposer pièces contre pièces. »

Commandant DAVELUY.

« Ce n'est donc pas la tactique du canon qui nous convient. »

Commandant DAVELUY.

« Tout le monde à la Grande Bataille ! »

Lieutenant de vaisseau CASTEX.

LA
BATAILLE NAVALE

PREMIÈRE ÉTUDE

CONSIDÉRATIONS GÉNÉRALES SUR LA GUERRE MARITIME ET LA BATAILLE NAVALE

Officier de la marine de guerre, c'est surtout à l'intention des officiers des troupes de guerre que j'ai écrit ces études sur la bataille navale.

Un marin n'en aura sans doute que faire.

Je me suis efforcé d'en proscrire tout détail technique, toute précision quant au matériel, — fait d'ingénieur.

Dans des « *Observations* » à la suite de l'Étude du Capitaine Laur sur la bataille de Tsushima, je souhaitais, l'an dernier, que beaucoup d'officiers de troupes, sur ses traces, suivent de plus près les choses navales, le rôle, l'action de guerre, les travaux de leurs camarades marins, persuadé qu'un grand bien doit en jaillir pour flotte et armée.

Je sais que notre commun effort en a séduit plusieurs.

Puissent ces nouvelles études, bien qu'abstraites, les intéresser encore !

* *
*

Avant de discuter des choses de la marine, doctrine, tactique et programmes, il convient de justifier, selon nos vues, de son utilité, de son rôle national, de son rôle dans la guerre ; de préciser le prix de la victoire navale dans la guerre générale ; d'établir que flotte et armée ont même devoir, même acte de guerre : la bataille, basée sur la même doctrine : But de cette première Étude.

Plus tard, nous noterons au passage les points principaux qui nous paraissent différencier opérations navales et opérations à terre, tout en nous efforçant de ramener les unes et les autres aux mêmes grands principes généraux.

Rôle de la flotte de guerre — Son but — Ses fins dernières
Évolution de l'idée de guerre

Quand des groupements humains sont en présence, il y a entre eux lutte de rayonnement. Vérité depuis toujours. Vie même des peuples constitués. Rayonner sur les autres civilisations : là est peut-être la source de tout progrès, de tout bond en avant des peuples.

Pour lutter plus efficaces, les multiples forces nationales se lient en faisceaux, entrent en jeu toujours plus intensément.

A l'état normal, c'est la force expansive de la nation sous toutes ses formes : son commerce, ses penseurs, sa gloire acquise, la crainte qu'inspirent ses armes, qui constitue ses moyens d'action, de concurrence et de lutte.

Mais, quand ces moyens deviennent insuffisants pour le rayonnement à acquérir, quand la concurrence, la lutte, revêtent la forme brutale et deviennent la « guerre », entrent alors en ligne les moyens arbitraires d'exception et de violence : armée, flotte de guerre.

Les nationalités ont évolué comme le reste, se sont précisées. Mieux que par le passé, les peuples sont définis, qui pourtant se pénètrent mieux, les nouveaux moyens de transport aidant. Par suite d'un balancement général des forces, d'une tendance aux grands groupements qui veulent s'équilibrer, et qui ne peuvent épouser toutes les petites querelles locales, par suite des idées d'arbitrage et de pacifisme, qui, tous les jours, logiquement, gagnent du terrain, la notion de guerre tend, elle aussi, à évoluer.

Elle se purifie, se sublimise.

Au vingtième siècle, les guerres à but restreint, locales, territoriales, seront de plus en plus rares. Les belligérants ne chercheront plus à vaincre pour acquérir du terrain. Subsisteront seulement, ou surtout, des luttes nationales de puissance. Les annexions territoriales, sauf colonies peut-être, seront plutôt des sanctions de suprématie que des buts matériels immédiats. Les guerres de la Révolution ne sont déjà, presque, que des luttes de rayonnement entre un peuple rayonnant de l'idée libérale et un groupement de royautés. Guerres de l'Empire : luttes de rayonnement entre la France et l'Angleterre. Guerre russo-japonaise : lutte de rayonnement entre race nippone et race blanche. Peu importent les frontières qui en résultèrent : elles ne sont là que comme preuves d'un rayonnement plus intense du vainqueur.

Penser autrement serait rapetisser l'idée moderne de guerre, la laisser à son niveau moyenâgeux de vol à main armée, nier qu'elle évolue comme toutes choses, alors que cette évolution s'affirme à nos yeux et s'accélère à travers l'Histoire.

Les raisons locales et de circonstances qui, naguère, firent éclater les conflits armés, n'auront, de plus en plus, que la valeur d'étincelles, alors que la guerre, elle, aura, de plus en plus, des causes magistrales : affirmer un nouveau groupement, maintenir l'existence ou le rang d'un peuple en face de prétentions d'absorption ou de conquête, acquérir par la victoire, c'est-à-dire par l'abaissement d'un groupement qui gêne l'évolution du vôtre, plus d'air au soleil, vie plus large et plus facile, plus grand bien-être, rayonnement plus éclatant.

Aussi les guerres deviendront-elles, deviennent-elles déjà, — les dernières années en font foi, — en même temps que plus rares, plus intensives.

Elles tendent aussi à devenir moins barbares : entre nations civilisées, on ne saccage plus, on ne pille plus; les vainqueurs, dans une ville prise, ne se partagent plus les dépouilles des vaincus. Si les armes des champs de bataille se perfectionnent, la guerre, hors le champ de bataille, s'humanise ou tend à s'humaniser.

C'est que, de plus en plus, l'armée, la flotte, les gens d'armes, sont devenus, quand la paix est rompue, l'incarnation suprême de la nation, l'unique symbole de sa force.

Dans la guerre, acte bilatéral ou chaque belligérant cherche à dominer l'autre par les voies brutales, à le faire plier pour lui imposer sa volonté, deux forces, deux faisceaux de forces plutôt, se dressent, antagonistes : flotte, armée, étroitement liées, constituent, de chaque côté, ce faisceau.

Il faut et il suffit, pour qu'il y ait victoire, que l'un des deux faisceaux fasse plier l'autre, le rompe, dispersé, disloqué, détruit, longtemps impuissant à se reformer redoutable.

Rôle de la bataille et de la victoire

Du temps des guerres à but local, alors qu'on cherchait surtout, soit à ramener sous une égide commune les dissidents de même race, soit à gagner des frontières naturelles (avec la vapeur il n'en est plus guère, avec l'aviation il n'en sera plus), on conçoit qu'on ait pu envisager l'armée comme organe de défense ou d'invasion de telle ou telle frontière, la flotte comme organe de défense de telles côtes, du commerce dans telle mer. On conçoit également, dans ces conditions, une armée, une flotte, destinée à telle ou telle *opération*, restreinte, ou très déterminée, de guerre offensive : la guerre alors pouvait se localiser dans des Flandres, entre quatre places fortes, ou dans des Palatinat.

Mais cette conception, de plus en plus, nous paraîtra vieillotte et surannée.

Les forces nationales ne seront plus, ne sont déjà plus, des organes, — de défense ou d'attaque, — temporaires et locaux, mais bien des organismes permanents de *lutte*, quels que soient le sens et le théâtre de la lutte, dont le but sera de donner la *victoire*, c'est-à-dire d'affirmer, victoires en main, que la puissance et la volonté de la nation sont supérieures, dominent celles de l'adversaire, l'écrasent ou peuvent l'écraser.

Batailles gagnées sur terre ou sur mer, villes prises ou cuirassés amarinés, invasions temporairement maintenues ou mainmise temporaire sur la mer ou sur une mer, avec défense à l'ennemi d'y montrer, jusqu'à résipiscence, son pavillon battant, ses cargos ou ses cuirassés, ne sont que des moyens, *au même titre*, de conquérir cette suprématie, ou des preuves qu'on l'a conquise. La Maîtrise de la Mer elle-même, autour de laquelle on a mené grand bruit, n'est qu'une formule incomplète, un des moyens, ou une des étapes, ou un des résultats de la victoire. Maîtrise de la Mer ne signifie pas plus que Maîtrise de la Terre. Ni l'une ni l'autre ne sont une fin dernière de la guerre moderne.

Certes, la liberté des voies de communications maritimes ou terrestres a son importance, peut aider à la guerre ou à la victoire, mais le but, le seul but, c'est la dislocation des forces organisées de l'ennemi, leur destruction, que ce soit sur terre, que ce soit sur mer, destruction à obtenir par la seule bataille. Neutralisation, emboutcillement, dispersion de ces forces, sans qu'il y ait bataille, et, — j'irai même plus loin, — sans qu'il y ait grande bataille, et décisive, ne sont que demi-mesures, demi-succès.

Les Américains à Santiago, les Japonais à Port-Arthur, bloquaient l'ennemi; ils avaient donc la maîtrise de la mer, au moins de celle utile à leurs opérations du moment : ils ne se sont donné trêve ou répit qu'ils n'aient *détruit* la force antagoniste. Aux Japonais, cela a coûté l'investissement et les assauts sanglants de Port-Arthur. Sans s'arrêter à la nécessaire, mais insuffisante maîtrise de la mer, ils se sont élevés plus haut, ils ont vu plus loin que les utilités primaires.

Parallélisme des rôles de l'armée et de la flotte
Elles sont créées pour détruire l'ennemi de même nature

Force navale et force territoriale, flotte et armée, travaillant en faisceau, sont les composantes de la force nationale, sous sa forme brutale. Elles doivent agir, au même titre, aux mêmes risques, de concert et de même façon, pour détruire les forces similaires qui leur font face.

L'armée n'investit plus une ville pour l'occuper, ne livre plus la bataille pour coucher sur une position, n'envahit plus une province pour s'y maintenir et la conserver, même comme gage. On sait que des traités interviendront, où entreront en balance des influences étrangères aux faits d'armes, où ces faits d'armes eux-mêmes ne pèseront pas comme résultats locaux, mais comme *victoires*.

Victoires sur terre, victoires sur mer, sont des faits d'armes du même ordre, pèsent du même poids : Tsushima, comme Liao-Yang, Santiago-ville comme Santiago-flotte, déterminèrent la paix, alors que rien n'empêchait, après comme avant, de continuer la lutte en Cuba comme en Mandchourie : coups moraux, coups sur la nuque ! Plus de résultats primaires, discutables pied à pied, dans la suite des opérations, mais, abstraite, la victoire, la VICTOIRE, qui a des ailes !

Ce parallélisme de l'action navale et de l'action territoriale, basées sur le même principe de commune doctrine : « Vaincre la force ennemie qui fait face », est pour nous, marins, base capitale de discussion.

Le rôle de la flotte de guerre : bataille navale et victoire navale

Parce que c'est la meilleure manière de contribuer à la commune victoire, parce que c'est la raison d'être, — l'explication, l'excuse, — de toute force militaire organisée, parce que, enfin, une marine de guerre est faite pour se battre, nous revendiquons le devoir d'aller à la rencontre de l'ennemi flottant, nous revendiquons, hautement, pour la marine de guerre, le droit à la bataille !

Cela semble, *a priori*, d'une telle évidence qu'insister sur ce point paraîtrait oiseux et ridicule, si l'Histoire n'était là pour montrer qu'il est loin d'être acquis.

Car si on avait toujours admis ce principe, admis que la raison d'être d'une flotte est la bataille navale, avec des chances de vaincre, comme la raison d'être de l'armée est la bataille sur terre, avec des chances de victoire, on n'aurait jamais ramené son rôle à celui de guerre de course, — cette utopie du faible, qui prétend tomber sur plus faible que lui, — à celui de défense d'une côte, comme nous l'avons vu si souvent prétendre, ou d'une place (Port-Arthur, Santiago), ou, train des équipages, au rôle d'escorte de convoi (2e escadre du Pacifique, et tant d'autres) ! On n'aurait pas, sous le premier Empire, vu les instructions données à Ganteaume, d'éviter la bataille, même en force supérieure ; vu les combinaisons sur combinaisons qui ont abouti à Trafalgar; on n'aurait jamais laissé se créer, parmi des écrivains maritimes français, une doctrine telle que celle que nous y trouvons :

En marine, le combat n'est donc jamais le but qu'on doit se proposer, à moins qu'on ne possède une telle supériorité de forces sur son ennemi, qu'on puisse espérer parvenir à anéantir bientôt les siennes.

Les bâtiments de guerre ont toujours une destination autre que celle de combattre l'ennemi; et il arrive souvent que, quelle que soit l'issue du combat, cette destination première et principale ne peut être remplie.

Les divers gouvernements qui se sont succédé en France pendant les guerres de la Révolution, ont presque tous, et très sagement, donné l'ordre formel aux généraux et capitaines de bâtiments de guerre d'éviter toute espèce d'engagement.

Etc., etc.

On n'aurait pas vu les ordres de Pontchartrain à Tourville, etc.

On n'aurait jamais neutralisé, systématiquement, tout l'effort d'une flotte en des corvées passives; on ne lui aurait, enfin, jamais imposé des actions compliquées, à la fois inutiles et au-dessus des forces humaines (Cervera, Rodjestvinsky).

Conceptions hors bataille, qui miroitent parfois aux yeux des faibles ou des pauvres, comme des conceptions de génie !

Si on avait cru, enfin, que la flotte française était faite pour se battre, on l'aurait, depuis longtemps, mise en état de se battre, avec des chances de succès.

Rôle combiné de la flotte de guerre et de l'armée de campagne

Certes, une flotte peut avoir à prêter main-forte à une armée de campagne, peut avoir à la convoyer de ses canons.

Elle peut avoir à l'aider pour progresser le long d'un littoral ennemi, pour protéger un débarquement offensif (débarquement dans la presqu'île de Port-Arthur, et marches pour l'investissement de la place).

Certes, réciproquement, une armée de campagne peut avoir à prêter main-forte à une flotte : la prise de Port-Arthur par les Japonais sur les Russes, pour en revenir à cet épisode type, ne s'imposait pas absolument, en elle-même, *à l'armée de campagne japonaise.* Elle s'imposait *au Japon*, de par la présence de l'Escadre du Pacifique, qui y gardait base et attache. L'investissement, le bombardement de la citadelle, s'expliquent surtout, militairement, par la nécessité de pousser les cuirassés russes hors de leur vain abri; de les contraindre, malgré eux, à la bataille; de les livrer aux escadres de Togo, qui ne parvenaient ni à les complètement embouteiller ni à les faire sortir. Et quand ils furent rentrés, disloqués, après le 10 août, dans leur tanière, les assauts forcenés des collines et des forts n'eurent d'autre but que d'en finir, par la prise quand même de la ville, avec ces débris d'escadre.

C'est autour d'eux, à cause d'eux, que s'est combattue cette phase, qui peut paraître excentrée, des opérations en Mandchourie.

Mais c'était là, pour la flotte comme pour l'armée nippone, but de destruction de forces organisées ennemies : saine appréciation de leurs rôles militaires conjugués.

Cette intime collaboration des deux éléments de force (navale et territoriale), vers le même but de destruction, contre un objectif de double nature, stupidement rassemblé là, en butte aux coups de terre comme à ceux du large, est un bel exemple d'opérations des deux armes rationnellement combinées.

Je n'en sais pas de plus instructif.

Aussi ne voulé-je point, en aucune façon, dire : Armée et Flotte doivent s'exclure jalousement, rester chacune sur son théâtre, se désintéresser des actions à côté. Bien au contraire : pour en multiplier les effets moraux, les « coups sur la nuque » de toute nature doivent être portés simultanément. Là où le faisceau des deux forces peut frapper ensemble, il faut qu'il frappe. Un plan général de campagne devrait s'efforcer de faire naître, le même jour s'il est possible, du moins à la même époque, et sur des théâtres rapprochés, les engagements importants sur terre et sur mer.

Mais il faut bien reconnaître que c'est chose aléatoire, difficile : les opérations combinées elles-mêmes, qu'il faut préparer et étudier, naîtront des circonstances ultérieures, devront céder le pas, au début, sauf ennemis insulaires, à la simple bataille navale et à la simple bataille terrestre, sans simultanéité de temps ni de lieu.

Napoléon Ier avait compris, certes, toute la valeur de cette action concourante *armée-flotte* pour une même opération militaire, et le grand coup moral qu'elle pouvait frapper. Mais, officier de troupes avant tout, toujours il subordonna impérativement l'action navale aux nécessités, aux convenances de l'action territoriale, même contre un ennemi insulaire, et cela le mena aux pires désastres.

Autre cause des désastres napoléoniens : n'avoir pas appliqué à la guerre générale, terre et mer, les principes de l'art militaire que créait, pour la guerre de campagne, le génie napoléonien. N'avoir pas dosé, proportionné les armes, flottes et armées, en vue du problème particulier à résoudre.

Contre l'ennemi insulaire, il fallait la « Grande Flotte », et non pas la « Grande Armée ».

Proportionnalité, dosage à établir entre flotte et armée

Si, en effet, on admet que la force nationale *tout entière* est faite pour la bataille, qu'armée et flotte sont au même titre forces composantes de la force nationale, que bataille navale et bataille terrestre, simultanées ou non en temps et lieu, ne sont que deux épisodes concourants de la bataille nationale, un problème se pose d'abord, d'ordre essentiellement militaire, avec compromis d'ordre budgétaire : la proportion des armes.

La solution dépend de l'ennemi qu'on envisage; elle est de circonstances. Elle ne peut être absolue.

On pourrait concevoir des nations dont la force de guerre serait purement territoriale; on pourrait en concevoir dont la force de guerre serait purement navale. Qui nous assure que, dans l'avenir, cette dernière manifestation de la puissance ne primera pas l'autre, ne subsistera pas seule?

La guerre territoriale arrêtant toute la vie de la nation, la mobilisation lui arrachant, pour les jeter dans l'inconnu de la bataille, toutes ses forces vives, ses penseurs, ses producteurs, peut-être viendra-t-il un jour, — que nous ne verrons pas, —

où la guerre territoriale entre nations armées ne sera plus qu'un souvenir historique. Les flottes de guerre reprendraient alors le rôle ancien des armées de métier. Leur choc ne dévaste point le territoire, ses moissons et ses usines. Cependant vraies batailles d'énergie, de puissance industrielle et de richesses. Hécatombes de matériel bien plus qu'hécatombes d'hommes, moins meutrières, en somme plus décisives : si l'on peut lever une armée en quelques jours, il faut des années pour remplacer *un* bâtiment de combat détruit. Ce seraient alors, d'accord commun, les seuls grands duels, comme en champ clos, des conflits d'une humanité future : Combats de champions, des Horaces ou des Trente ! N'est-ce pas là, après tout, une des étapes possibles vers la paix universelle plus lointaine encore? Utopie, peut-être, ou bien recommencement? Mais tout, dans l'histoire de l'humanité, n'est-il pas, sous d'autres formes, recommencement de quelque passé?...

Quoi qu'il en soit de ces avenirs problématiques, lorsque, de nos jours, une nation belliqueuse, spontanément, volontairement, met sa force nationale à la fois sur terre et sur mer, toutes les nations paisibles qui sentent en elle l'ennemi de demain doivent être fortes, aussi fortes qu'elle, à la fois sur terre et sur mer, pour que, dans la lutte future, elles puissent lui faire toucher les deux épaules.

D'autres ont dit, toujours sans envisager la bataille : « Marine de guerre, c'est trompe-l'œil nécessaire, épouvantail dont ne peut se passer une grande nation. Construisons des cuirassés, puisque partout ailleurs on en construit; dépenses somptuaires, luxe inutile, soit! Mais n'en construisons que juste assez pour rester cette grande nation. »

Est-ce raisonner? En tous cas, si telle conception est le fait d'une nation qui veut être grande, elle n'est ni d'une nation sincère, ni d'une nation économe. Soyons économes. Avant tout, soyons sincères. Ne nous payons pas de mots : l'ennemi ne s'en paiera pas. Jetons bas, jetons bas les façades ruineuses qui ne cachent que le néant !

Bases quantitatives d'après lesquelles doit être constituée
une flotte de guerre

C'est objectivement, d'après l'ennemi possible, que doivent se doser les armes : un dosage subjectif de la marine française n'a pas de raison d'être. On a pu entendre dire, du haut de tribunes officielles, pour soutenir certain budget de la marine : « Nous avons telle et telle colonie, il nous faut les défendre. Nous avons tant et tant de vapeurs de commerce, il nous faut les défendre. Nous avons tant et tant, sur l'Océan et la Méditerranée, de kilomètres de côtes ; il nous faut les défendre ! »

Eh bien non ! Il fallait dire : « Nous avons tel ou tel ennemi éventuel. Nous entendons, le cas échéant, lui tenir tête, et sur terre et sur mer. Voici quelles sont ses forces. Voici quelles forces il nous faut. Et si nous ne pouvons avoir le budget naval de notre politique, alors faisons la politique de notre budget ! »

Car vraiment, si l'on admet que c'est pour ne pas se battre, ou pour se faire battre par l'ennemi éventuel, qu'on a une marine de guerre, on aimerait mieux voir les marins organisés en corps d'armée, le prix des cuirassés transformé en mitrailleuses ; personne ne comprendrait plus l'existence d'une flotte française, et qu'on la continue, au prix qu'elle coûte.

Bases qualitatives sur lesquelles doit être constituée
une flotte de guerre

Ce principe de la *bataille* navale admis, de la bataille navale cherchée, voulue, il faut, logiquement, le pousser plus loin, jusqu'à celui de la *victoire* cherchée, voulue, préparée et décisive.

Ce n'est rien de combattre l'ennemi, il faut le battre : il faut vouloir la victoire.

Et la victoire elle-même est peu de chose. Là où il faut atteindre c'est à la « plus grande victoire », comme étant celle qui frappe plus dur le vaincu dans le temps minimum, tant au moral qu'au matériel. Ce qu'il faut vouloir, espérer et atteindre, c'est la *victoire décisive*.

Que ce soit combat à terre, que ce soit bataille navale, que ce soit guerre en général ou simplement résistance d'une lame d'épée, subsiste le principe formel mis en évidence par Ardant du Picq : « Tout être, tout organisme, est organisé pour supporter, en un temps donné, une certaine somme de coups destructeurs ou désorganisateurs. En deçà, il résiste, survit et s'aguerrit. Au delà, il se décohère. » Tel adversaire, qui résistera à dix petits échecs, abandonnera la partie après une seule grande déroute.

Et cette recherche de la plus grande victoire mène, inévitablement, à celle de la plus grande bataille, où chacun, de part et d'autre, concentrera sa plus grande flotte.

Dès lors, on admettra que tous les rouages d'une marine de guerre tournent uniquement pour la plus grande bataille; que tous ses ressorts soient bandés vers la plus grande bataille; que ses études principales portent sur une tactique de combat permettant d'utiliser, en concentration, tous ses moyens; que son entraînement vise d'abord la bataille générale; que les opérations accessoires ou hors bataille, blocus, défense des côtes, etc., soient, dans ses préoccupations, non pas complètement délaissées, mais reléguées au second, au dernier plan des préoccupations tactiques ou budgétaires; qu'en constructions navales, tout bâtiment qui n'est pas *de destruction*, avant ou pendant la bataille générale, soit considéré comme accessoire, donc comme nuisible et parasite, puisqu'il est à prendre, en moyens, et en budget, et en forces, sur les éléments capables de victoire.

On n'admettra pas qu'une portion, si minime soit-elle, du matériel, du personnel, du budget, de l'effort national consacré à la marine, soit affectée à des rôles purement passifs, simplement défensifs; que cette portion n'ait ps son rôle dans la bataille générale, où qu'elle se livre, dans les limites géographiques que l'on peut normalement lui préassigner. Créer des organes de pure défensive, prévoir à des organes existants un rôle de pure défensive, attendant, hors bataille, l'ennemi, ce n'est pas seulement admettre comme possible qu'on sera battu, puisque réduit à ce rôle; ce n'est pas seulement prédisposer l'opinion publique et nous-mêmes à cette éventualité. Crions le bien haut : c'est contribuer à la défaite, à l'invasion, en prélevant, sur l'effort national, pour parer, mal, à cette hypothèse de défaite ou d'invasion, une part qui devrait combattre dans la plus grande bataille, décider, peut-être, de la plus grande victoire.

Le rôle de toute unité à la charge de la marine de guerre, qu'elle soit lance-torpilles ou porte-canons, est donc, d'abord, de pouvoir, par ses qualités nautiques, son habitabilité, sa vitesse, son rayon d'action, accompagner le corps de bataille, tenir sa place et son poste dans la « plus grande flotte », fût-ce en haute mer. Les rôles ingrats de « hors bataille » ou de pure défensive seront toujours suffisamment tenus par les unités défaillantes à la déclaration de guerre, ou vieillies, ou fatiguées.

Nous ne saurions nous insurger assez fort contre ce paradoxe, malheureusement assez répandu, même dans l'armée, que les bâtiments doivent rester dans les ports, leurs *ports d'attache*, ou près des ports, à longueur de laisse, pour « concourir à la défense de la place ». D'ailleurs, la meilleure défense d'un port ou d'une côte, n'est-ce pas d'aller chercher et détruire, avant toute tentative, l'ennemi flottant qu'ils peuvent craindre? D'ailleurs, n'est-il pas logique de savoir faire, comme les Japonais l'ont fait, la part du feu, s'il est besoin? Ils cessèrent de convoyer leurs transports de troupes, même inquiétés par la division des croiseurs de Wladiwostock, pour conserver leurs forces massées devant l'escadre de Port-Arthur. Il leur en coûta, mais ils firent bien. D'ailleurs, qu'importerait pour nous une place bombardée du large, si l'ennemi flottant est battu dans le Pas-de-Calais? D'ailleurs, enfin, n'est-il pas possible d'assigner à la « plus grande flotte », un rôle défensif, quand son rôle offensif est fini ou vain (1).

Mais qu'il soit entendu, une fois pour toutes, que ce « rôle » défensif n'est qu'un rôle tout à fait secondaire, éventuel et d'arrière-plan.

Permanence de la flotte de guerre

Si la première des qualités des différents groupements qui

---

(1) Ici, le mot rôle est pris dans une acception toute maritime : il y a à bord un rôle de combat, un rôle de propreté, un rôle de couchage, un rôle de veille contre les torpilleurs, etc., et chaque homme de l'équipage a son poste prévu successivement dans chacun de ces « rôles ».

composent la force navale nationale est d'être capables de marcher ensemble, de se prêter main-forte, dans la « plus grande bataille », la seconde (ou la première *ex-æquo*), est d'être prêts, « parés », à marcher ainsi ensemble, pour le même but.

C'est dire que tout bâtiment en état de combattre, et ils doivent l'être tous, doit être « armé » en permanence.

Sur mer, nous n'avons pas à envisager, comme sur terre, de longs transports de troupes à faire à la frontière, des engorgements de routes et de voies ferrées; nous n'avons pas, pour rassembler notre plus « grande flotte », à tabler sur une vitesse d'écoulement. Le rassemblement des armées modernes, forcément long de part et d'autre, permet des opérations de mobilisation, la formation successive des corps, avant de les mettre en route; il peut dès lors y avoir — résultant de ces circonstances, — des combats d'avant-garde, des troupes de couverture.

Les circonstances sont différentes pour la flotte, sur la mer vaste. Toujours mobilisée, toujours concentrée, elle peut l'être.

Elle doit l'être.

Son rôle devient alors de se porter franchement en avant, brutalement, immédiatement tout entière.

A la mobilisation près, c'est là un lien commun aux deux armes : l'offensive immédiate.

Il peut, suivant les princes, les peuples et leurs évolutions, y avoir une politique offensive, ou offensante, et belliqueuse; une politique de sagesse, de réserve et de paix. Mais elle n'a rien à voir avec la manière de mener la guerre, sur terre ou sur mer : que, belliqueux, on y ait poussé, ou que, paisible, on l'ait sentie inévitable, à la guerre, on cherchera toujours la victoire. La victoire, que la guerre soit subie ou provoquée, sera toujours, sur terre comme sur mer, la fin dernière qu'un peuple appellera pour prix de ses efforts financiers pendant la paix et de son sang versé sur les champs ou sur les flots. Et ce sera toujours d'un geste violent d'attaque, d'actions brutales maxima, d'un paroxysme de destruction, que résultera la « plus grande », la décisive victoire.

DEUXIÈME ÉTUDE

LE BATIMENT DANS LA BATAILLE

———

I — PROGRESSION DE LA VICTOIRE

Nature des coups portés

Sur mer comme sur terre, la puissance de combat, la résistance, l'endurance d'une armée ou d'une flotte en œuvre, résident dans un faisceau de forces de trois natures différentes :

Forces matérielles : Nombre des combattants : hommes, unités, canons. Facteur numérique ou *matériel* du combat.

Forces morales : Résistance *morale*, résistance à la peur, des combattants physiquement aptes à combattre; héroïsme individuel et de groupements. Facteur tout *humain* de combat.

Forces organiques : Discipline, cohésion, liaisons instinctives ou acquises: entre les unités et les groupements, d'une part; entre les différents échelons de commandement ou d'exécution, d'autre part. Facteurs *organiques* de combat.

Les coups échangés sur le champ de bataille et concourant à rompre l'équilibre en faveur du victorieux, peuvent être, soit uniquement, soit simultanément :

Destructeurs, s'ils réduisent les forces matérielles de l'ennemi;

Démoralisateurs, s'ils réduisent les forces morales de l'ennemi;

Désorganisateurs, s'ils réduisent les forces organiques de l'ennemi.

Le feu, qui, à terre, tuera, simplement; la rafale d'artillerie, qui, à terre, fauchera des compagnies; l'obus qui, sur mer, mettra un bâtiment hors de combat, ou, d'abord, lui enlèvera des armes et des défenseurs, ralentira son feu, balaiera un compartiment et tous les organes qu'il recèle; le tir d'artillerie, qui mettra hors de service une batterie de terre ou une tourelle de bord; la réduction, en un mot, par suppression, du nombre des ennemis ou de leurs armes, quel que soit l'ordre d'unités considéré : coups destructeurs.

La concentration des coups destructeurs en un temps restreint sur le même point, sur la même unité, à terre comme sur mer; la destruction d'un abri ou d'une force sur laquelle on comptait; l'apparition d'un danger contre lequel la lutte et les armes sont inutiles (incendie généralisé, explosions, voies d'eau importantes; à bord), ou d'un péril imprévu (réserves, cavalerie, lance-torpilles se démasquant); la connaissance d'une catastrophe atteignant un autre point de l'armée, dont on est solidaire : coups démoralisateurs.

La rupture des transmissions (dépêches, signaux, ordres); le changement inopiné dans un plan; la mise hors de combat d'un chef, d'un échelon de commandement; la rupture, pour une cause quelconque, de l'ordre de bataille prévu : coups désorganisateurs.

D'ailleurs, le même coup, la même rafale, le même obus, seront souvent, à la fois, — surtout à bord, — destructeurs, démoralisateurs, désorganisateurs.

Progression des coups portés

Sur mer comme sur terre, nous aurons bien la même progression dans la rupture d'équilibre :

1º Destruction partielle, entraînant, ou accompagnée de :

2º Désorganisation et démoralisation; puis

3º Destruction totale des forces de tous ordres après qu'elles ont été désorganisées ou démoralisées.

Mais, sur mer, les atteintes destructrices et désorganisatrices *au matériel* prennent, et il n'y a pas moyen d'y contrevenir, une importance inconnue dans la guerre de campagne.

Tandis, en effet, que dans celle-ci l'outil de combat est l'homme (1), l'outil de combat, sur mer, qu'on le veuille ou non, restera le bateau.

Nous ne commencerons pas le feu, nous ne continuerons pas à tirer, comme « soupape de sûreté à l'émotion », mais bien pour

---

(1) L'homme, à l'armée, est à la fois « matériel » et « personnel ». On a pu dire du soldat allemand qu'il est un « excellent matériel de guerre ».

détruire; pour détruire, *les premiers*, l'ennemi, son abri et son arme.

Flotte et armée

Ce sera logique et naturel : si le mot « armée » évoque une force humaine, faite d'une multitude de vies humaines; si l'on dit : « une armée de 100.000 hommes », le mot « escadre » ou « flotte » évoque, lui, surtout une puissance matérielle, faite d'un certain nombre de cuirassés coûtant cher, pesant lourd, et où les hommes, en valeur comme en nombre, semblent compter pour peu.

Et l'on dit : « Escadre de douze cuirassés » et non : « Escadre de 10.000 marins ».

Non seulement ces 10.000 marins sont matériellement peu de chose, auprès du matériel qu'ils montent et mettent en œuvre, mais encore, — et ceci multiplie l'importance de ce matériel pendant le combat, — les atteintes qu'il supporte, ses blessures, ses avaries, réagiront continuellement, comme destruction, démoralisation, désorganisation, sur les 10.000 marins eux-mêmes.

Importance relative du matériel

Et cela a fait que longtemps, — par crises on y reviendra, — la question « matériel » a pris le pas, dans les Marines de guerre, en ce qui concerne la préparation des flottes au combat, sur la question « personnel ».

Un tel état d'esprit se produit toujours après une longue période de paix. L'évolution très complète et continuelle du matériel naval l'explique aussi d'autre part : l'attention et les études que doivent apporter les marins aux détails matériels des constructions navales et des constructions d'artillerie, tout le long de leur carrière d'officier subalterne, finissent par donner cette prépondérance au matériel aux yeux de la plupart d'entre nous (1).

Voyons si c'est bien à juste titre.

----

(1) Cette façon d'envisager les choses, reportant tout au progrès du matériel, était précisément celle qui avait cours dans la marine italienne avant Lissa.

Classification du matériel naval au point de vue de la bataille

Le matériel naval peut se classer, pendant la bataille, sous deux rubriques différentes, savoir :

Bâtiments de ligne, ou bâtiments cuirassés;

Bâtiments légers ou non cuirassés.

Ces deux catégories diffèrent essentiellement au combat :

Dans la première, des poids en général considérables ont été attribués à la protection (protection du matériel, des moteurs, des armes, etc...; protection du personnel à tous les étages du bord et de la hiérarchie; protection des réseaux organiques). Dans l'autre, aucun poids n'a été sacrifié à la protection.

Dans l'une, le combattant combat comme en une forteresse. Dans l'autre, la marche vers l'ennemi est encore plus périlleuse qu'en rase campagne : ce ne sont pas ces minces tôleries, calculées tout juste pour résister en navigation (c'est-à-dire, sous une grande surface, à l'assaut des vagues), qui prévalent au choc contre le moindre projectile moderne. Loin de là : elles provoquent, au contraire, l'explosion de l'obus, après qu'il les a traversées. Par cela, et par la fragmentation en éclats que ces tôleries elles-mêmes donnent sous le choc du projectile, elles sont non plus protectrices mais meurtrières pour le marin qu'elles semblent couvrir. Fantassin en rase campagne, il resterait sans doute indemne sous la même rafale, qui ne l'atteint pas directement. Le combattant du pont, en plein air, risque moins que le combattant appelé par son poste à l'abri d'une tôlerie légère.

Conséquence d'une telle capitale différence : bâtiments cuirassés, bâtiments non cuirassés, ont obligatoirement une manière de combattre différente, parce que leurs combattants ont un moral différent au combat.

II — DES BATIMENTS DE LIGNE

Nous appelons les bâtiments cuirassés « Bâtiments de *ligne* » : seuls, dans l'état actuel du matériel naval, ils peuvent normalement garder leur poste dans une *ligne* qui combat au canon, puisque seuls ils portent avec eux un abri, une cuirasse.

Leur endurance matérielle aux coups est supposée grande. Ils ne prétendent pas à l'invulnérabilité, mais ils y tendent. Nous avons dit tout à l'heure : « forteresse ». Oui ! Mais deux forteresses de granit ou de béton ne *combattent* pas entre elles, bastion contre bastion. Ici, deux, trois, vingt forteresses de mer, munies de moyens et d'armes identiques, se rassemblent, se groupent, s'approchent, s'affrontent, manœuvrent peut-être jusqu'au choc. Elles peuvent, sous certains coups, comme sautaient démantelées des tours à créneaux, s'engloutir dans les eaux avec leurs défenseurs. Leurs défenseurs? Mais ce sont bien plutôt des assaillants qui mènent leurs tours dans la bataille contre les tours ennemies.

Schéma du bâtiment de ligne engagé — Ses liens tactiques

Examinons tout d'abord rapidement ce que peuvent être, pendant l'action, un bâtiment de ligne moderne, puis un groupe constitué moderne de bâtiments de ligne.

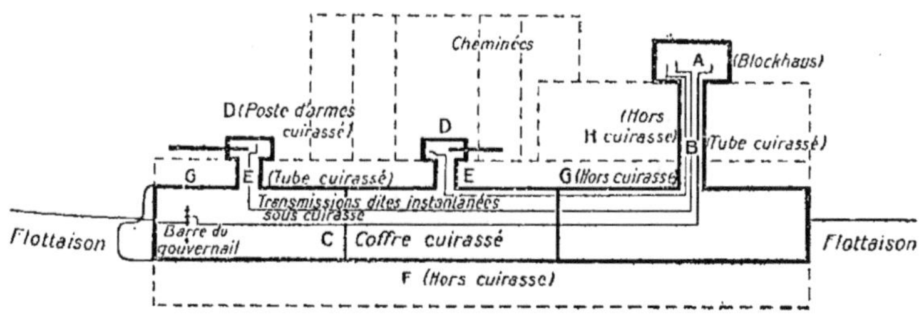

Schéma du bâtiment de guerre moderne.

Nous verrons ensuite la progression probable des atteintes destructrices, démoralisatrices, désorganisatrices, sur ces objectifs, unités ou groupements.

Cela, en thèse générale, tout le côté technique restant en dehors de ces Études.

Comment fonctionne donc l'organisme qu'est un *Danton,* par exemple?

Son abri et ses transmissions

Dans le blockhaus cuirassé A, tête et cœur du bateau, se tiennent le commandant d'abord et, à sa portée, les officiers chargés, sous son impulsion immédiate, de l'emploi des armes (artillerie, torpilles), et de la conduite, de la *manœuvre* du bâtiment.

Des transmissions matérielles (mécaniques, électriques ou autres), descendent par tube cuirassé B, courent à travers le caisson protégé (ponts cuirassés, flancs cuirassés, traverses cuirassées), remontent, s'il le faut, sous tube cuirassé E, et parviennent à tous les postes, cuirassés eux aussi, où s'exécutent les ordres émanant du blockhaus pour l'emploi des armes, les mesures défensives, et la conduite du bâtiment.

Ces transmissions, ce réseau organique protégé, est dit *instantané*. En vérité, l'absolu de cette qualité doit être déprécié d'un temps mort, inhérent à toute combinaison où l'homme joue un rôle. Et cela d'autant mieux qu'il y a non un homme, mais un combattant, à chacun des bouts du transmetteur. Rabattons-en donc, déjà, sur l'instantanéité.

Et puis, si l'erreur mécanique est impossible, sauf déréglage, — et alors elle se propage et se continue automatiquement — l'erreur humaine est *probable* au combat. Combien d'ordres peuvent se dénaturer en route, entre la pensée du chef et le geste de l'exécutant !

Si ces différents postes d'exécution sont tous reliés au commandant, ils restent pour la plupart étrangers les uns aux autres : des cloisons étanches (portes closes au combat), divisent le caisson protégé en cellules, de grandeurs inégales suivant l'encombrement des services qui s'y protègent.

Hors cuirasse — Superstructures et fonds

Ce sont des tôleries plus ou moins épaisses qui constituent le fond du caisson protégé : les flancs cuirassés ne descendent sous flottaison que juste assez pour garantir du canon.

Des superstructures, G, H, en simples tôleries plus ou moins légères, donnent au bateau l'habitabilité et certaines qualités nautiques nécessaires. Habitabilité, qualités nautiques, n'ont pas grand'chose à voir avec la bataille ; nous avons vu qu'elles y devenaient meurtrières : il est cependant difficile de s'en passer.

Et il a fallu loger, faute de meilleure place, sur la plupart des bâtiments à flot, derrière ces tôleries meurtrières, puisque nids à éclats, certains services de guerre non protégés, télémétrie, artillerie légère, etc.

Les autres services ou organes vitaux, les réserves en hommes, l'armement des pièces légères, le matériel et le personnel affectés comme rôle principal à l'incendie, aux voies d'eau, aux manœuvres intérieures, sont répartis, en temps normal, à des postes d'attente, dans le caisson protégé.

Valeur de l'abri

Le cerveau-commandant, le système nerveux-transmissions, le geste-pointeurs du bateau, sont donc, en principe, abrités des coups. Abri relatif, comme tous les abris. Il serait d'ailleurs immoral de combattre sans risques. Entre deux invulnérables, il n'y aurait plus de combat. Cuirassements sont plus ou moins épais, plus ou moins durs. Au blockhaus, il faut des regards (*Tsezarewich* au Dix Août), des embrasures aux canons, des panneaux horizontaux aux ponts. On pourrait agiter ce paradoxe : Inutile de traverser les murailles, jetez des obus dans les trous. Bataille ou passe-boules ! Les fonds eux-mêmes ne sont pas, ou sont mal, à l'épreuve de la torpille : telle protection coûterait trop lourd, donc trop cher.

D'autre part, on sait que l'incendie allumé par les explosifs se propage, comme sous une flamme léchante de chalumeau, de tôlerie en tôlerie. On a vu, le jour de la catastrophe, l'*Iéna* d'acier se tordre et brûler de bout en bout, comme ont fait les cuirassés russes à Tsushima. J'ai vu son pont cuirassé ridé comme une eau houleuse, ses épontilles d'entre-ponts courbées toutes ensemble comme d'un même effort, là où les jets de feu avaient fusé. Incendie dans les hauts : les fonds s'enfument. C'est l'asphyxie. Les emmurés des cellules inférieures remontent à l'air libre, remontent... s'ils peuvent. Là, le canon les décime. Il n'est plus d'abri pour eux. Les superstructures, les accessoires de coque se déchirent, se fragmentent sous les obus, éclatent en éclats qui tuent et brisent. Quelle faiblesse pour un bateau que toute la ferraille hors cuirasse ! Mais comment s'en passer ?

Il n'est pas plus d'abri, d'ailleurs, pour les servants d'artillerie légère. Des postes de réserve où ils attendaient leur heure, on les

a rappelés à leurs pièces, s'il en est encore qui puissent tirer.
Tous sont là, les uns figés près de leurs armes hors de service.
Les torpilleurs ennemis s'avancent, chargent, vont lancer. Mais
le canon ennemi, lui aussi, continue quand même son œuvre,
et à détruire. Ah! le caisson protégé, même efficace au matériel
qu'il couvre, peut bien souvent être illusoire pour l'homme, sans
qui le matériel n'est que néant.

Liens tactiques des groupements

Plusieurs bâtiments forment division. Plusieurs divisions,
escadre. Plusieurs escadres, flotte. Comme commandement militaire, bâtiment de ligne équivaut à régiment. Mais le capitaine de
vaisseau, du grade de colonel, commande sur 600 à 800 hommes
et sur 60 millions de matériel! Lorsqu'un pays comme la France
met TOUTE SA FORTUNE NAVALE en douze ou dix-huit cuirassés,
n'est-ce pas que les responsabilités des commandants de bateaux
engagés, de division ou d'escadre, peuvent paraître plus lourdes
que celles des grades correspondants dans l'armée de campagne ?

Les chefs de division et d'escadre ne commandent pas effectivement le bâtiment où ils ont arboré leur pavillon, leur « marque ».
Mais ces bâtiments, eux, combattent au même titre que les autres.
Au même titre? non pas. Objet naturel des concentrations ennemies, les bateaux amiraux ont toujours été, de tous les bateaux,
les commandants en chef ont toujours été, de tous les marins,
les plus exposés (Ruyter, Nelson, Witheft, Rodjestvinsky). C'est
sur « la marque » que portera le principal effort, et, si la marque
vient à faiblir, il y a double désorganisation : dans l'ordre de
bataille, dans le lien organique.

Or, un groupe de bâtiments de ligne ne combat pas en désordre;
du moins s'y efforce-t-il, tant que ses liens tiennent. Désordre
créerait collisions. Désordre offrirait à l'ennemi buts en paquets,
interposerait devant le feu d'un bâtiment des bâtiments amis,
empêcherait, entraverait toute action collective. A une flotte, à
une escadre, comme à une armée de campagne, il faut un ordre
de bataille, en vertu duquel chacun tienne, autant que cela est
utile au bon rendement, son poste par rapport aux autres, le

chef du groupe ordonnant le poste du groupe par rapport à l'ennemi.

Des conventions préalables, des signaux de circonstance, constituent, règlent tout cela. La désorganisation de l'ensemble commence quand ces conventions ou ces signaux sont défaillants ou impuissants. De même sur le bâtiment, quand les ordres venus du blockhaus ou des postes de commandement, ou les conventions préalables, ne sont plus applicables ou plus appliqués.

Importances liées et comparées des rôles du personnel et du matériel

On voit combien, sur ces bateaux, est continuelle la liaison entre l'élément moral, humain, et l'élément matériel, et pourquoi, dans la bataille navale, ce dernier est appelé à jouer un rôle peut-être plus grand que dans la bataille à terre. Pourtant, il ne faut pas s'y méprendre, l'élément humain n'est pas submergé : tant vaut le combattant, tant valent ses armes. Si la première et la troisième phases de la bataille, phases de destruction partielle ou totale, concernent plutôt les bateaux eux-mêmes et leurs organes matériels que les équipages, tandis qu'à terre ces phases concernent surtout hommes et groupes d'hommes, la deuxième phase (désorganisation et démoralisation) garde à bord comme à terre tout son coefficient *humain* : destruction au matériel, désorganisation au matériel, réagiront sur l'organisation et le moral des équipages et du commandement, comme la réduction du nombre par le feu réagit sur le moral des troupes à terre.

Démoralisation

A bord d'un bâtiment, la démoralisation s'affirmera dans les équipages par une activité combattante de plus en plus réduite, inférieure aux moyens matériels d'action dont ils pourraient encore disposer; par la réduction ou la cessation du feu qu'ils pourraient encore fournir; par une combativité moindre à réparer les avaries. Un équipage démoralisé, sur un bateau moderne, ne se sauvera pas, ne se rendra pas: il ne se défendra plus. Elle s'affirmera, la démoralisation, dans le commandement à tous les degrés, par la dislocation des masses, la débandade; par une pire tenue du poste; par l'allongement indéfini des lignes et la dispersion des groupes; par la rupture, en un mot, de l'ordre de bataille et par le relâchement du lien hiérarchique. On a vu des commandants démoralisés se sauver ou se rendre.

Démoralisation aux divers degrés

Dans la bataille à terre, où troupe et commandement sont plus coude à coude, il nous paraît que les effets démoralisateurs sont moins distincts suivant qu'ils touchent les chefs ou les soldats. Une troupe défaillante tait son feu, se débande, emporte le commandement dans sa vague. Des bâtiments, au contraire, pleins d'épouvante locale, continuent leur feu, sinon leur feu efficace. On a vu un *Borodino* près de sombrer menant héroïquement sa ligne de bataille jusqu'à l'engloutissement. Loin d'être emporté en fuite dans la horde en panique de ses hommes épouvantés, le commandant d'un cuirassé peut, au contraire, d'un seul coup de barre, d'une seule manifestation de sa volonté subsistante : « A droite! A gauche! » les entraîner plus avant dans la mêlée, tous, les lâches et les héros, tant que les machines tournent, jusqu'à tenter le choc, où n'interviennent plus qu'un homme, lui, qu'une volonté, la sienne, et qu'une arme, la masse, même désarmée.

Mais que des organes tout matériels de transmission, que les drosses du gouvernail, par exemple, soient brisées ou simplement engagées, sa volonté, fût-elle celle d'un Nelson, le courage de ses marins, fussent-ils tous des héros, deviennent vains et impuissants; et le bâtiment, avec tous ses hommes, et tous ses canons, et toutes ses cuirasses, se met à tourner en rond, comme un chat épileptique.

La démoralisation de l'ennemi combattant sera dès lors à chercher aux deux degrés :

Parmi les équipages, répartis dans tout le bord par cellules isolées, qui ne peuvent avoir de vues d'ensemble sur la bataille, il faudra, pour atteindre à la démoralisation, des coups multipliés, répartis aussi dans tout le bord. La panique collective et simultanée de tout un équipage de cuirassé moderne aux postes de combat nous apparaît comme subordonnée à seulement certaines circonstances très graves : explosion, par exemple, ou encore, peut-être, menace imminente de la torpille. L'armement d'une tourelle avant ignorera pendant toute la bataille le sort d'une tourelle arrière.

Mais, précisément parce que les groupes d'hommes sont isolés les uns des autres, les phénomènes locaux de dépression ou d'exaltation seront chez eux plus instantanés, plus définitifs : une reprise locale d'enthousiasme, dans un compartiment de bateau, sur un bateau du groupe, n'entraînera pas reprise générale d'enthousiasme. Cette reprise d'enthousiasme survînt-elle, d'ailleurs, le matériel resterait défaillant, et la reprise probablement vaine. Une troupe qu'on ramène au combat trouvera, elle, toujours à portée, des armes et des cartouches.

Puisque ce sont des explosions locales et multipliées qui apporteront le plus sûrement cette démoralisation des équipages ennemis, l'artillerie qui les combat doit être constituée en conséquence.

La démoralisation du commandement, isolé dans le blockaus, viendra et grandira autrement. Les coups désorganisateurs au matériel, en arrêtant la transmission des ordres, apporteront cette démoralisation des chefs. Un chef vaut par sa volonté obéie. Quand sa volonté ne peut plus se manifester, ou reste vaine, son moral tombe, sa volonté elle-même faiblit.

Viendront aussi, pour démoraliser les chefs et les commandants, les coups destructeurs, catastrophaux, frappant d'autres bâtiments ou d'autres points de la ligne.

A terre, tant que la déroute n'est pas complète, le colonel d'un régiment a toujours des groupes d'hommes à commander. Il peut en rassembler, siens ou autres. Que sa troupe soit très éprouvée, il espère que sur d'autres points l'armée est victorieuse.

Isolé dans le blockhaus criblé, impuissant peut-être à commander son bâtiment qui lui échappe, à transmettre ses volontés, le marin peut voir ceux de sa ligne brûler, sombrer, les lignes se rompre. Sous ses yeux vient toute la victoire ou toute la déroute. Nés de cette impression générale, à laquelle il ne peut pas se soustraire, se propagent des phénomènes de démoralisation, de dissociation, qui peuvent être contagieux et collectifs, qui peuvent aller jusqu'à la panique dans le commandement, jusqu'à la fuite sans presque combattre. On a en vu des exemples.

Destruction du matériel, démoralisation du personnel aux deux degrés, désorganisation des unités, des masses et des liens, ne sont pas trois anneaux successifs d'une chaîne, trois actes reliés d'un drame : elles progressent, parallèlement, par bonds tragiques et inégaux, chacune de ces actions réagissant à tous moments sur les autres, pour en multiplier les effets.

Mais si la destruction du matériel (et nous n'entendons pas par là seulement le coup fatal, à couler bas, mais la mise hors de service même du petit matériel d'armement, les incendies locaux, etc.), reste toujours le moyen initial et le but suprême de notre bataille, la désorganisation humaine, la démoralisation humaine qui en découlent, gardent intacte leur même valeur de second acte, mais de premier rôle, comme facteurs de victoire.

Et nous avons bien la progression identique :

A terre : Détruire des hommes et des unités. Démoraliser, désorganiser les survivants. Détruire les survivants.

A la mer : Détruire du matériel et des unités. Démoraliser, désorganiser les survivants. Détruire les unités restantes.

Ce rôle considérable, de tous les instants, joué, — il faut bien l'admettre, malgré notre répugnance à en convenir, — par la destruction du matériel, par les atteintes au matériel, dans la bataille navale, est une des caractéristiques qui la différencient de la bataille terrestre.

Il y en a d'autres.

Conclusions quant à la constitution du bâtiment de ligne

Quelles conclusions générales tirerons-nous déjà, quant à l'organisation de notre bâtiment de ligne, des considérations précédentes, en ce qui concerne du moins la nature de ses armes et celle de l'abri qui les protégera?

Abri cuirassé

Parlons d'abord de l'abri. Il n'immunise pas, ne confère pas l'invulnérabilité intégrale. Si l'on met en regard les épaisseurs d'acier formant plaques de cuirasse et les puissances de perforation, déduites des formules, des projectiles qui leur sont opposés, on voit clairement que dans la lutte, comme on dit, du canon et de la cuirassse, le canon reste vainqueur. Mais, en fait, les coups de perforation, même à Tsushima, paraissent plutôt avoir été rares. Pourtant, ce sont, de part et d'autre, actions et réactions brutales et matérielles, inaccessibles à la peur et à l'émotion. Les résultats de polygone, perforation, éclatements, devraient se confirmer, absolument, au combat. Il n'en est rien. Pourquoi ? Mystère !

A-t-on vraiment par trop extrapolé, quand on nous a dit : l'obus de rupture de tel calibre perforera, à tant de milliers de mètres, tant de centimètres d'acier harweyé, sous telle incidence ?

Quoi qu'il en soit, il semble résulter des faits que l'abri donné par la cuirasse est plus efficace que ne le fait penser la théorie. Mais puisque, de toutes façons, il n'est pas absolu, sa valeur relative peut être choisie arbitrairement, subjectivement : un abri peut aller de la tranchée-abri au fort blindé. Je n'aime pas beaucoup la formule, longtemps en honneur chez nous : abriter le canon contre les coups de son propre calibre. Cette manière de raisonner est vraiment par trop subjective : elle n'a, du reste, jamais été appliquée absolument : l'abri a été proportionnel au calibre, et voilà tout. Ce n'est point une solution. Nous demandons l'abri uniforme, pour toutes les armes, quittes à réduire partout l'épaisseur, en raison des déplacements qu'on s'interdit de dépasser, s'il y a à une telle limite des raisons majeures. L'égalité, française, devant le danger !

Puis supprimons au plus vite, tout au moins pendant le combat, tout ce qui n'est pas sous l'abri.

Canons de bataille

Au point de vue des armes dont doter notre bâtiment de ligne, raisonnons, au contraire, objectivement. Allons au combat sans cuirasse, si vous voulez, mais n'y allons pas armé d'un inutile bâton.

Or, toutes les marines évoluent dans leurs méthodes de cuirassement. Depuis Tsushima surtout, la cible composite qu'elles nous offraient, — hauts, tôleries légères ; bas, cuirasses épaisses, — et que nous leur offrions nous-mêmes, tend de plus en plus à disparaître des champs de bataille navals. Les constructions nouvelles donneront presque la cible unique : $\dfrac{\text{cible cuirassée}}{\text{cible totale}} = 1,$ à cuirassement moyen de haut en bas.

Mais, dira-t-on, pendant longtemps encore une ligne d'objectifs comprendra d'anciennes cibles à côté de nouvelles ? Et les anciennes cibles continueront à être composites et incendiables ? C'est vrai. Mais aussi les nouvelles le sont beaucoup moins. Quand, au matériel, au moral, à l'organique, un bâtiment sera abrité dans toutes ses parties, il faudra bien aller chercher tout cela derrière l'abri, surtout si l'incendie ne peut pas être allumé pour enfumer les défenseurs et les faire sortir de leur réduit. Qui peut savoir vers quelle cible, ancienne ou moderne, à l'heure du combat, nous jettera la destinée ? Outillons-nous, outillons du moins les nouveaux bateaux pour cribler les nouvelles cibles. Ce sont elles qui, dans l'action, seront la tête, à écraser, de l'ennemi.

N'arguons pas de Tsushima pour décréter que, l'obus vainqueur de cette journée étant le « porte-manteau », à grande capacité d'explosif, à faible pénétration, c'est là l'obus vainqueur de l'avenir. Tsushima, précisément, semble avoir accéléré, sinon déterminé, l'évolution du cuirassement. Ne retardons pas d'une étape. Mais ne nous attardons pas plus encore au projectile dit de rupture, qui n'explose pas, ou qui explose mal. Faire un trou n'est pas détruire. Et demandons, quoi qu'on en ait dit, le projectile qui puisse perforer avant d'éclater, mais qui, après perforation, — que ce soit derrière tôlerie ou cuirasse, — apporte en deçà une quantité suffisante d'explosif très puissant, et éclate à coup sûr, détruisant, incendiant, hachant, par delà son trou, tout le compartiment où il explose : hommes, matériel et armes, tuyautage, transmissions, — destruction — démoralisation — désorganisation ! Que tous nos canons de bord crachent cet uni-

que projectile à tout faire : à l'artillerie de nous donner canon
et projectile, si ce n'est déjà fait.

Quant au calibre de canon, un seul, le meilleur, pour frapper
l'ennemi dans ses corps de bataille. Contre ses bâtiments légers,
un autre calibre, plus petit, et des obus à éclater, non perforants.

J'imagine qu'une pièce de 240, multipliée à bord, lançant sans
discontinuer, trois fois à la minute, un obus à tout faire, serait
le vrai « canon de bataille », parlant, grondant, tonnant, du
commencement à la fin, de l'ouverture du feu jusqu'à la victoire.

Croiseur cuirassé

Nous aurons l'occasion de dire des choses sur la vitesse. Ce
simple mot nous amène à parler d'un type de bâtiment cuirassé,
très en faveur jusqu'à ces dernières années. J'ai nommé le
croiseur cuirassé.

La conception qui nous dota de ce bâtiment, multiplié jusqu'à
la déraison dans la marine française, est une conception extra-
vagante. Son point de départ fut la guerre de course. Qui donc
prétendait que la guerre de course n'a jamais rien donné, historiquement, sinon des prises sans intérêt sur le sort de la guerre ?
Mais si ! Elle a produit, pour le malheur de notre marine, ce
type, bâtard, qui va du *Dupuy-de-Lôme* à l'*Edgard-Quinet*, en
rétrogradant par le *Charner !* C'est grâce à la « guerre de course »
que nous avons quatorze ou quinze bateaux presque sans valeur
militaire, au lieu de dix à douze cuirassés encore bons, du même
prix total. Voilà où nous a menés la mise en pratique d'une
conception « hors bataille ». Vouloir faire la guerre sans combattre ne pouvait nous conduire ailleurs qu'à un cul-de-sac.

Le croiseur cuirassé est, exactement, un bâtiment un peu meilleur marché, de plus faible tonnage que le cuirassé de ligne de
la même génération, à qui on a donné plus de vitesse, moins
de protection et moins d'armes. On a dit : cavalerie de la mer.
Erreur ! Un régiment de cavalerie coûte autrement cher, comme
première mise et comme entretien, qu'un régiment d'infanterie.
La cavalerie est une arme de luxe, et le croiseur cuirassé, lui,
devait être un outil de la guerre à bon marché ! A-t-on créé des
escadrons de zèbres, montés par des enfants armés de bâtons ?

L'utopie de la guerre de course, ou de la guerre uniquement de course, semble à jamais écartée. Elle a vécu. Elle a trop vécu, puisqu'elle nous laisse ces témoins : les *Condé*, les *Gambetta*, les *Waldeck-Rousseau*, qui grèvent encore le budget des constructions neuves.

Qu'en ferons-nous? Car il faut bien qu'on en fasse quelque chose.

On dit : bâtiments d'éclairage. On dit : divisions d'ailes et masses de vitesse. On dit surtout : bâtiments de ligne... à défaut d'autres. Bouche-trous. Et on appuie ces derniers dires : les croiseurs cuirassés japonais ont combattu dans la ligne à Tsushima.

Rien n'est plus juste. Togo avait quatre cuirassés de ligne. C'était peu. Il y a adjoint huit croiseurs cuirassés : le Japon avait donné dans les « idées nouvelles ». C'étaient ses douze meilleurs bâtiments. Il eût sans doute préféré, à l'heure du combat, huit et même quatre *Mikasa* à huit *Nishin*. Il ne s'ensuit pas qu'il faille construire des *Nishin*. De ce que les Anglais, en surnombre, se paient le luxe d'*Indomitable*, il ne s'ensuit pas davantage que nous, en misère, nous devions les imiter. Les vainqueurs de Lissa comptaient dans leurs rangs des vaisseaux en bois. Il ne s'ensuit pas qu'après Lissa on ait de nouveau construit des frégates à vapeur sans cuirasse, ou bien, si on l'a fait, on a eu tort.

Les croiseurs cuirassés de Togo n'ont, d'ailleurs, pas combattu en croiseurs cuirassés. Leur vitesse supérieure n'est point entrée en compte dans la victoire. Ils étaient en ligne à la suite des cuirassés. L'enveloppement, même, a été fait, non par eux, mais par les vrais cuirassés, *parce que plus forts*.

Qu'on mette nos croiseurs cuirassés dans la ligne, faute de mieux. Mais c'est pis-aller. Peut-être, en ayant pléthore, en restera-t-il comme divisions d'ailes, comme réserve de manœuvre, accourant, en vitesse, corser le feu sur un point décisif. Bonne utilisation, à vrai dire ; meilleure, du moins, que dans la ligne, où ils offrent une faible densité de feux, où ils créent des points critiques de rupture ; où ils appellent la brèche. Bonne utilisation ; mais où seraient mieux encore de vrais cuirassés, mieux armés, mieux défendus, et aussi rapides.

Reste l'éclairage : là, du moins, ils pourront employer leurs qualités spéciales de vitesse relative; mais, au moment du combat, leur rôle d'éclaireur est fini. Quel malheur, alors, de ne pouvoir, se repliant sur le corps de bataille, prendre, aux mêmes risques et aux mêmes titres que les « plus lents, plus armés, mieux défendus », leur part égale de coups échangés !

Pour nous, qui voulons que tout soit orienté pour la bataille, pour la plus grande bataille, et qui osons traiter de parasite tout ce qui, dans son principe ou son application, dérive du « hors bataille », voici comment nous établirions le bâtiment d'éclairage.

Cuirassé d'éclairage

Dans aucune marine, la « plus grande flotte » ne sera homogène. En France, en 1911, nous aurons pour le mieux 6 *Danton*, 6 *Patrie*, et du menu. *Danton* : 18.000 tonnes; *Patrie* : 14.500 tonnes. La vitesse d'escadre ou de flotte sera toujours réduite, relativement à celle des meilleurs marcheurs. D'ailleurs, qui dit vitesse d'escadre ou de flotte, dit vitesse collective. Jusqu'ici, les vitesses collectives n'ont jamais été bien grandes. Admettons toutefois 18 nœuds comme vitesse collective de marche de la flotte française en 1910. — Utopie, d'ailleurs. — Que faut-il pour l'éclairer? Des bâtiments de 22 nœuds environ, en route libre.

Construisons (1) un bâtiment de 18.000 tonneaux, ayant mêmes armes (2) et même abri que les *Patrie*, il prendra place dans la bataille « aux mêmes titres et aux mêmes risques ». Il pourra faire de l'éclairage, et des divisions d'ailes, et des réserves de manœuvre, puisqu'il atteindra, précisément, — c'est l'équation du déplacement qui nous le dit, — avec ses 3.500 tonnes de surpoids, à la vitesse de 22 nœuds. Pour 3.500 tonneaux de plus, nous aurons un bâtiment de combat de plus à faire bonne figure.

D'ailleurs, l'éclairage dont nous parlons ici, c'est celui de com-

---

(1) Ceci, d'ailleurs, n'est, bien entendu, qu'une forme de raisonnement : qu'il s'agisse de *Danton* et de *Patrie*, ou de 23.000 tonneaux et de *Danton*, la forme du raisonnement reste.

(2) Quand je dis « mêmes armes », il faut entendre « mêmes poids consacrés aux armes ». L'armement en canons de la *Patrie* est défectueux, mais les 3.500 tonneaux environ qui sont alloués sur ce bateau à l'artillerie pouvaient fournir, en modèles de la même époque, 10-240 et 20-65, avec abris identiques à ceux existants.

bat, d'avant-garde. Pour renseignements à distance, pour patrouilles de recherche, on ne *détachera* pas de porte-canons. Tous les porte-canons dans la bataille, pour la victoire. S'il faut des avisos, les paquebots nolisés en tiendront lieu. Et ce n'est point utopie; les faits sont là. De ses porte-canons, même légers, Togo a constitué des postes pour *garder* le contact, et non pour le *prendre*. L'avis de l'ennemi vint d'un *Maru* quelconque de la « Nippon Yusen Kaïsha », nolisé pour la guerre. Tous les porte-canons figuraient, — dans les masses de combat, — *pour combattre, au canon !*

III — DES BATIMENTS LÉGERS

Bâtiment léger, c'est, par opposition à bâtiment de ligne, tout bâtiment de guerre non cuirassé.

Schématisons, au matériel, au moral, à l'organique, le bâtiment léger engagé dans la bataille.

Ses machines délicates, ses canalisations, son tuyautage de vapeur qui court dans toute la longueur, la barre et ses drosses, ne peuvent résister à un obus qui les frappe. L'immobilisation d'un seul de ces organes va paralyser bien plus vite le bateau que s'il comportait un abri. La vapeur s'échappera des tuyaux brisés, envahira les compartiments, brûlera, rôtira les enfermés. Son armement, ses canons, ses tubes lance-torpilles, à découvert, seront vite faussés, fracassés, hors de service. Les parcs à munitions, s'il en est, les réservoirs de torpilles, les colonnes d'air comprimé, sont autant de centres d'explosion fatale. Tout sautera autour, s'éparpillera en menu. Tout article de matériel, bois ou métal, est un danger pour les combattants.

Quant à ceux-ci, les uns, ceux des fonds, des machines, des chaufferies, en vase clos, — les enfermés, — ne verront rien du combat, ni ennemi ni ami. Ils en attendront l'issue, pantelants d'ignorance. Mais, alors que sur le bâtiment de ligne les combattants enfermés croiront à la sécurité d'autruche que doit donner une bonne muraille, sur le bâtiment léger ils attendront, au contraire, le perpétuel, l'imminent danger. Sur l'un, la tendance est à la confiance ; sur l'autre, l'instinct est à la crainte.

Il faudra ici le cœur particulièrement bien trempé pour qu'il n'y ait pas panique au premier craquement douteux, — panique ou stupeur spontanée. Les vagues d'enthousiasme seront rares. Chaque coup reçu fera naître la terreur, sans que la vue des coups portés suscite l'enthousiasme. Pourtant, dans le personnel ouvrier, l'occupation manuelle, professionnelle, contiendra beaucoup l'instinct.

Pour les combattants de pont, il en va autrement. Exposés, eux aussi, ils verront du moins la bataille, participeront aux vagues d'enthousiasme et de dépression. Si l'on avance, si l'on tire, ils auront la griserie du feu, — cette soupape de sûreté de l'émotion, — ou de la vitesse.

Mais, pour les uns et les autres, la dépression viendra plus vite que sur le cuirassé, parce qu'ils sauront n'avoir pas la muraille, parce qu'ils croiront, bien humainement, que, à toute avarie grave qui l'immobilise un instant, le bateau court à sa perte, rapide, irrémédiable.

La désorganisation viendra plus vite aussi que sur le cuirassé. Tout, commandement, vie humaine, organes matériels de transmission, est plus fragile sous les coups.

Le bâtiment léger dans la bataille

Le bâtiment léger peut-il cependant intervenir dans la bataille générale, et, si oui, quel doit être son combat? Partant, quels seront les moyens à lui donner?

De ce que sa résistance matérielle et morale est inférieure, il semble que le bâtiment léger ne peut *combattre* (combattre = échanger des coups *de même nature*) avec les bâtiments de ligne.

Pour qu'il intervienne dans la bataille générale, il lui faudra d'autres moyens que n'ont ceux-ci.

Avec le canon, on lutte, à armes égales, contre le canon. Cherchons mieux, approprié. Cherchons une arme plus forte, puisque l'abri est nul.

La disproportion, c'est la torpille qui la créera.
Un seul de ses coups vaut de nombreux obus.

C'est une arme complète.

Elle a l'effet destructeur : un seul touché à la torpille peut couler un *Dreadnought;* peut, du moins, arrêter quelque temps, par la bande, le tir d'artillerie; peut communiquer l'explosion à une soute, crever des tuyautages, anéantir et inonder des compartiments entiers.

Elle a l'effet démoralisateur. Ah! cela est indéniable. Elle l'a même à distance, à demi-tour du monde (Hull). Elle menace les œuvres non cuirassées du bateau, le fond du caisson. Elle attaque dans la ligne basse, sous la muraille. On voit les lance-torpilles s'approcher, tout petits, et grandir vite entre deux vagues d'écume; ils chargent; on l'annonce dans tout le bord, d'une sonnerie de clairon ou d'un timbre électrique, qui retentissent sinistrement dans les compartiments fermés : c'est qu'on appelle à leur poste les armements (1) d'artillerie légère, jusque-là en réserve derrière la muraille. Ces armements vont monter, à l'intention de repousser la charge. Ils savent que c'est à découvert, ou bien sous des tôleries légères plus périlleuses·encore que le plein air. Ils quittent leur abri, comme des tirailleurs qu'on fait sortir d'une tranchée pour les porter en avant. Ils quittent leur abri, et non point pour répondre coup pour coup au canon, qui va les décimer. Ils savent, d'autre part, les camarades sous cuirasse. Ils ne se sentent plus, avec eux, en « égalité devant le danger ». Ils arrivent bien tard : il leur a fallu se bousculer dans les échelles étroites, peut-être dévastées; il leur a fallu, sûrement, bousculer quelques « rossards à monter ». Quel est leur moral, quel est leur sang-froid, quel sera leur pour-cent de tir ? La vitesse en sera bonne, peut-être trop bonne; mais la justesse ?

Sous le canon ennemi, qui n'a pas cessé son grondement, il tombera des hommes: cris, — tumulte, — blessés descendus dans les batteries. Et « le tumulte est plus contagieux que le sang-froid ».

Et peut-être, si c'est une simple feinte des légers ennemis, n'aura-t-on pas seulement, sur eux, ouvert le feu! Les armements

---

(1) Armement d'artillerie légère : Hommes chargés au combat, d'après le rôle de défense contre les torpilleurs, de la conduite et du tir des pièces légères.

d'artillerie légère, à une sonnerie nouvelle, redescendront derrière la muraille, se comptant. Au prochain appel du clairon, combien y aura-t-il de « rossards à monter » ?

Quant aux autres, ceux des fonds, les enfermés? Cette minute, ces deux minutes d'attente, pour eux qui ne voient rien, pour eux qui n'ont pas la « soupape », le tir? Les devine-t-on, anxieux, l'oreille aux aguets, dans l'attente, redoutable, de l'explosion contre la coque. Quelques-uns se couchent à plat pont : il n'y a pas que des empereurs romains dans les fonds, pour vouloir mourir debout, et l'on croit que la commotion est moins terrible pour l'homme à plat pont. D'autres, malgré défense, ouvrent les portes étanches, prêts à fuir là-haut.

La commotion? Viendra-t-elle? Peut-être non. Mais le désarroi, lui, est venu. Le feu s'est ralenti. Les directeurs de tir, s'ils en sont surtout à leur premier combat, n'ont-ils pas été distraits? On le serait à moins. N'ont-ils pas perdu, par simple émotion, le contact du but, ardu à reprendre? N'ont-ils pas fait tirer, les armements d'artillerie légère ne montant pas assez vite au gré du commandant qui s'impatiente, avec leurs pièces moyennes sur les assaillants? Poudre aux moineaux! D'ailleurs, fussent-ils des Ducs de Fer, héros de vingt batailles, ils l'auront perdu, ce contact, car de toute probabilité, on aura *manœuvré*. Le désarroi sera dans le bateau. Il sera surtout dans la ligne. Un bâtiment, plusieurs peut-être, en seront sortis, creusant des trous dans le feu.

La torpille est en vue, de par son sillage. On a distingué le torpilleur qui l'a crachée dans la fumée. En droite ligne, bien dirigée par son gyroscope, à 30, à 40 nœuds, elle menace le travers. On la suit, des jumelles se braquent dessus. La cible à elle offerte est trop grande, — 120, 150 mètres, — trop normale. Il faut la réduire, présenter l'avant, présenter l'arrière, éviter le choc, à tout prix éviter l'explosion. Le commandant fait venir du côté libre. A droite! A gauche toute! Giration. Giration brusque! L'ennemi de ligne, sur lequel on tirait, sort du champ de tir des pièces. Et maintenant, reformez la ligne. Double giration, d'un bord, puis de l'autre! Les corrections changent. Les distances ont changé. Il faut tâtonner, tâtonner pendant des minutes de terreur, pendant des minutes où on vous crible. Et l'on a beau échapper à la torpille, elle a beau être lancée de trop loin et mal, l'adversaire, au canon, a pris l'avantage. Réglera-t-on le tir à nouveau?

Et ce sera là l'effet désorganisateur de la torpille. Un obus, lui, n'agit que quand il frappe. La torpille, elle, désorganise à distance et même si elle ne touche pas.

Destructrice, démoralisatrice, désorganisatrice, elle est une arme complète. Ses effets sont intenses et presque instantanés. En quelques secondes, elle *peut* faire autant de mal à l'adversaire, détruire autant, qu'une demi-heure de canonnade. Elle *doit* jouer son rôle dans la bataille. Étant donnée l'intensité des coups qu'elle porte, c'est dans le paroxysme de la bataille qu'elle doit le jouer.

Quels seront donc les moyens, pour le bâtiment léger, de parvenir à 1.500, à 1.000, à 300 mètres de l'ennemi?

La petitesse. Il faut n'offrir qu'un but réduit, même pour artillerie légère. Tout coup reçu serait fatal ou grave, au moral, au matériel ; un lance-torpilles seulement touché lancera mal, ou pas. La petitesse permet un équipage réduit : peur et panique s'y mettront moins, de jour surtout. Peu nombreux, tous se voient, tous se connaissent, tous se jugent. Peu de cloisonnements, peu de compartiments, peu de nids à peur! Pas de transmissions d'ordres, mécaniques ou électriques. Du moins, peu de ces transmissions, et sûres. Le commandant commandera à la voix, ou au geste. De la passerelle on voit tout le pont. Du pont, tous voient la passerelle.

La vitesse. Pour rester moins longtemps sous les coups. Pour rendre le tir ennemi plus difficile à régler. Pour foncer plus vite sur la proie, et multiplier sa surprise, sa terreur. Qu'on charge en vitesse, ou qu'on avance lentement sur elle, il faudrait le même temps à cette proie, pour se mettre en défense, pour armer ses pièces légères. Et puis la griserie, la folie héroïque, contagieuse, du grand galop, du ventre à terre. Et puis, plus nécessaire encore, la facilité, grâce à la vitesse, de gagner par rapport à un ennemi en marche, la belle, la précise position de menace et d'attaque.

La rapidité d'évolution. Elle aussi crée la surprise et assure le prompt repliement. Bien évoluer, c'est peut-être la première des qualités militaires du bâtiment léger.

Le nombre : il les faut nombreux; *la simultanéité :* il les faut tous ensemble, les bâtiments légers menant la charge. Multiplier l'effet démoralisateur, diviser la défense, la rendre indécise, éparpillée. Que quatre torpilleurs assaillent, tous à la fois, un porte-canons; qu'un seul arrive à bout portant, sans qu'un canon se soit pointé sur lui ou l'ait touché; au désarroi du cuirassé et de la ligne de cuirassés pourrait bien s'ajouter l'effet destructeur, total.

Il faut les bâtiments légers, petits, vites, et nombreux dans la bataille. Il les faut aussi intacts avant la charge, au matériel comme au moral.

Il les faut intacts, bien que se tenant à portée immédiate de leurs corps de bataille, et plutôt *entre leur corps de bataille et l'ennemi,* pour avoir moins de route à faire, et que la surprise de la charge soit plus foudroyante.

Premier argument pour qu'ils donnent dès le début.

Certes, on peut arguer, à contre de cette opinion, que, à Tsushima, les bâtiments légers russes, au plus fort de l'action comme l'*Izumrud,* les destroyers, dans le combat des « main squadrons », ont peu souffert. La plupart ont pu se retirer, sans déroute, de la bataille. Les Japonais s'attaquaient à plus grosses unités qu'à cette poussière navale, tant qu'elle n'était point redoutable. On pourrait donc retarder l'heure de leur attaque, attendant un moment propice. Pourtant, le moral, sinon les flancs, des légers russes, n'était plus intact, puisque *aucun d'eux n'a attaqué à la torpille.* C'est qu'ils étaient restés trop longtemps sous le feu, ou près du feu, sans attaquer.

Pour être poussée avec vigueur, comme aussi pour porter tous ses fruits, l'attaque des légers, l' « attaque à la torpille », doit prendre temps au début même du choc décisif, à la minute même où les deux adversaires s'étreignent par la manœuvre, et s'agrippent sous les obus, à l'instant des attaques brusquées, par le canon et par les trois armes (1).

Simultanément, sur le même point, tous les moyens, toutes

----

(1) Voir *Étude,* « La Manœuvre dans la Bataille ».

les armes, canons des gros, torpilles des légers, doivent converger, en disproportion, sur l'ennemi, se soutenir, créer, dans le temps-durée minimum, dans l'espace minimum, le maximum d'effets destructeurs, démoralisateurs, désorganisateurs.

Tactique du léger

La tactique, alors, des lance-torpilles dans la bataille? Pendant le duel tactique, accompagné ou non de coups de canon à longue portée, faire un combat traînant approprié, permis par la vitesse plus grande, contre la masse de combat ennemi. Risquer des feintes d'attaque. Simuler ou faire des lancements à longue portée. Aider au duel de manœuvre en forçant l'ennemi à manœuvrer, comme, pendant le duel au canon, on aidera le canon en ralentissant le tir ennemi. Surtout, ne pas rester inactif, ou bien le moral tombe à plat.

La torpille d'aujourd'hui donne 3.000 mètres à vitesse suffisante. Que donnera celle de demain? Contre une longue ligne serrée, *a fortiori* contre un peloton, une batterie également serrée de lance-torpilles peut faire destruction, même à distance. Dirigée contre un pivot de contre-marche, l'attaque sera poussée à fond : ce sont les meilleures conditions de réussite. Des feintes, des manifestations à distance, peuvent décider, en jetant le trouble chez l'ennemi, en le forçant à manœuvrer à contre des règles de bonne parade, de l'heure où se produira la première attaque brusquée, celle par le canon. Alors, y aller carrément, en batteries de torpilles, en fourrageurs, en masses serrées, surtout. Jouer son va-tout, charger à fond pendant que la canonnade se corse, efficace, — sous le canon des deux partis, — et se replier, — il en restera ! — plus vite encore, la tâche faite, pour recommencer, s'il y a lieu, après s'être reformés en masses, comme la cavalerie de Condé à Rocroi.

Les légers, les torpilleurs plutôt (c'est tout un), seront de la sorte la vraie réserve de manœuvre de la flotte engagée. C'est la seule logique, la seule possible. Les porte-canons seront à distances minimum, massés. On les mettra tous en action dès le début, pour frapper le grand coup sur la nuque ! Chacun se sera efforcé, par la manœuvre des lignes et des groupes, de créer en sa propre faveur la disproportion des canons engagés à bonne portée. Mais y sera-t-on parvenu? Si, des deux côtés, on a bien manœuvré, ou également mal manœuvré, ne verra-t-on pas, bien qu'on se soit efforcé de l'éviter, l'action en lignes parallèles, se balançant (première figure du quadrille), à uniforme densité de feux? Alors les légers, réserve de manœuvre, surgiront au point voulu, rompront l'équilibre de combat, — le stupide équilibre! — et feront pencher la victoire : une victoire qui penche vers nous, nous est acquise.

Armes du léger

Quelle est donc l'arme du léger? La torpille, les torpilles, beaucoup de torpilles! Et nous dirions volontiers : « Rien que des torpilles », s'il ne fallait, pour le moral, — toujours la soupape! — qu'on tire, à bord de tout bâtiment qui progresse sous le feu. Répondre au feu par le feu est en vérité, sur mer comme sur terre, la première condition d'un bon moral, et il suffit de se représenter l'acte qu'on demande au lance-torpilles d'accomplir, pour juger du moral qu'il lui faut conserver jusqu'au bout. Qu'importe, d'ailleurs, qu'en tirant, on détruise ou non du matériel! Le paravent de feu n'exige pas de grands effets objectifs.

Multiplier sur les légers une pièce de très petit calibre, tirant très vite un projectile, plein ou explosif, à trajectoire très tendue, nous semble la plus logique des conceptions. Les légers n'ont pas à rechercher le combat contre les similaires; ce serait les distraire de leur but principal, l'attaque à la torpille; mais contre ces légers ennemis, s'ils leur barrent la route, la meilleure arme n'est-elle pas celle qui s'en prendrait surtout au personnel du pont? Les lance-torpilles ne doivent pas avoir la prétention d'être, par le canon, des destructeurs de matériel. De bonnes rafales de fusil feraient presque l'affaire, si elles portaient. Certes, on peut espérer, à bord d'un lance-torpilles subsidiairement armé de canons, arrêter d'un obus heureux l'élan d'un similaire ennemi. Ce sera chose rare à la guerre : consulter les pour-cent sincères d'écoles à feu et voir dans quelles conditions les lance-torpilles les font! D'ailleurs, en thèse générale, pas de bateaux hybrides. Pas de cannes-tentes-parapluies ! On ne sait plus quel est leur rôle premier.

Si l'on veut des destroyers, affectés à la destruction des lance-torpilles, qu'on en ait ! Mais des destroyers pour de vrai. Que, dans la bataille, ils fassent combat contre ceux-là. Qu'ils soient destroyers avant tout, très armés, donc plus grands. Leur rôle, leur place dans la bataille ? Donner la chasse, détruire, en offensive, les légers ennemis, avant qu'ils aient attaqué, avant qu'ils aient pris leur élan. Mais c'est déjà pour marine de riches, donc pas encore pour nous. Nos torpilleurs de bataille seront protégés, avant leur attaque, par l'artillerie légère et moyenne à tir rapide de nos bâtiments de ligne. Pendant, ils ne chercheront pas protection, et iront de l'avant, droit au but.

Comme on le voit, nous n'envisageons comme légers que des lance-torpilles, et pour ceux-ci, comme rôle primaire, que l'attaque, de jour, par la torpille, des bâtiments de ligne ennemis.

Deux questions :

Convient-il d'avoir, hors bataille, d'autres bâtiments légers que les torpilleurs de bataille ?

Convient-il d'envisager pour ceux-ci des rôles autres que celui de la bataille ?

Pas de légers hors bataille

A la première de ces questions, nous répondrons comme déjà : « Ne compte que ce qui, d'abord, œuvre dans la bataille. Est parasite, donc nuisible, tout ce qui, sous des apparences militaires, n'y œuvre pas. » C'est préparer la défaite que d'empiéter, en hommes ou en argent, sur l'effort destiné à la « plus grande bataille ».

Donc, pas de croiseurs légers, qu'on mettrait à l'écart des coups. Naturellement, pas d'estafettes, pas de bâtiments trop peu protégés pour affronter le canon des bâtiments de ligne, trop grands comme cible pour attaquer à la torpille. Seulement des torpilleurs de bataille, *de tonnage suffisant pour accompagner la force navale* là où on prévoit qu'elle peut avoir à lutter. Surtout, pas de bateaux à allure uniquement côtière et défensive. Une organisation de défensive pure n'est justifiée que si l'on est décidé à ne pas avoir recours à l'offensive pure, d'abord. Alors, au plan défensif, doivent concourir *toutes les forces navales*, tous les efforts, tout le matériel en action. D'ailleurs, un matériel qui peut l'offensive à distance peut toujours, en se repliant, la défensive côtière. Et la réciproque n'est point vraie.

Autres rôles des légers

A la deuxième de ces questions, la réponse est moins absolue.

Une conception particulière des torpilleurs, telle que l'ont faite les routines, et les truismes, et les paradoxes éclos durant vingt années, s'est ancrée chez certains officiers de marine, chez beaucoup d'officiers de troupes, dans presque toute l'opinion publique française. Et cette opinion se résume dans cette sentence : « Le torpilleur n'est qu'une arme de nuit et de défense des côtes ».

Certes, nous ne prétendons pas, d'une façon absolue et dogmatique, que les côtes ne doivent pas être défendues; que des torpilleurs ne peuvent jamais contribuer à cette défense, ni ne le doivent; que, armes de jour dans la bataille générale de jour, ils ne puissent être armes de nuit dans le combat de nuit sur les côtes.

Tout cela est bien possible, sous réserve.

Schématisons, d'abord, le combat de nuit du bâtiment léger armé de torpilles, agissant seul, contre le bâtiment de ligne.

Le léger dans la nuit

La nuit est obscure, la mer clapoteuse. On sait vaguement que l'ennemi doit être quelque part, là-bas. Les sémaphores, du moins, l'ont vu à la tombée du jour. Il faut le rechercher, sur la mer clapoteuse, dans la nuit obscure.

Derrière le torpilleur de tête, divisionnaire, trois (ou quatre) autres bateaux suivent; dans l'obscurité, toujours; sans feux de navigation : tout est éteint à bord, sauf dans les compartiments murés (machines, chaufferies) : la première condition du succès est, conservée très tard, la plus silencieuse invisibilité.

Les bateaux savent leur devoir d'être serrés contre leur divisionnaire, pour ne pas perdre des yeux sa forme confuse : ce serait courir à la collision; pour arriver sur l'ennemi en batterie de torpilles, concentrée, divisant les feux de la défense et multipliant la terreur. Mais, même de jour et en exercice, les lignes s'essaiment instinctivement. Que sera-ce la nuit, au combat? Ce sont, à tous moments, des changements de route, de vitesse, de direction, pendant lesquels on s'espace encore. En exercice, par nuit sombre, souvent la tête « sème » la queue, la perd, sans espoir de la retrouver de la nuit : au combat, il faudra l'attention plus soutenue encore.

Les hommes sont à leurs tubes, attendant l'heure dans l'ombre. Pas de « soupape à l'émotion », mais l'obscurité, mère de toutes les défaillances. On se sait seuls sur la mer, petits, peu nombreux, cherchant le combat. La fière contenance des uns ne rassure pas les autres; chacun peut trembler à sa guise. On ne sent pas, on ne voit pas qu'on avance. Si les hommes de quart ont bien mangé, par contre ils ont peu ou mal dormi. Les embruns, salés, les mouillent. Plus de griserie de vitesse. Ah! ce n'est pas le combat au grand soleil! Plus de folie héroïque stimulée par la publicité que donne la belle lumière. On est sous la cuirasse, mais sous la cuirasse d'obscurité. Beaucoup, même parmi les braves, pensent : « Si seulement, pour cette nuit au moins, on ne trouvait pas l'ennemi! »

Après des heures, longues, interminables, de recherches ou d'attente encore plus déprimante, on aperçoit confusément, si la chance vous a portés, une forme vague. On n'en connaît ni la route, ni la vitesse. Il faut pourtant manœuvrer pour la reconnaître, prudemment, lentement, pour ne pas se laisser éventer; sans panache de fumée, sans panache de flammes, et pourtant prêt à bondir. Il faut s'assurer qu'on n'a pas affaire à un neutre paisible, porteur de thé ou de coton. Il faut, la chose sûre, se poster, saisir le moment, passer à bonne distance, c'est-à-dire tout près, se lancer soi-même et lancer sa torpille, en appréciant la distance, en calculant la vitesse du but et sa direction probables.

Tout à coup, une raie brillante barre l'horizon. Elle explore. Elle cherche. Elle trouve et se fixe. Puis ce sont deux, trois projecteurs qui s'allument et convergent : la division est éventée.

L'ennemi a vu, traînant sur la mer, un long serpent sombre de coques et de fumées. L'artillerie légère tonne, et, là, aucun gros canon ne vient la troubler; la gerbe des coups se rapproche; c'est une zone, créée en avant, de projectiles qu'il faut franchir pour approcher à distance de lancement.

La division redouble de vitesse. Galop effréné. Les torpilleurs creusent dans la mer laiteuse, et, sur le dos des vagues, vont comme des goélands dans la brume.

Les obus pleuvent. Les points de chute se resserrent, se massent, paraissent sur nous. Il y en a, bien sûr, qui tombent démesurément loin. Mais on ne voit que ceux qui nous entourent. La masse noire du gros bateau a disparu dans l'éblouissement. On est, sous son regard qu'il darde et qui vous suit, comme Caïn sous l'œil de Dieu : On veut le fuir pour y voir clair; il vous accroche, il vous aveugle. Les officiers mettent leurs mains devant leurs yeux, les doigts entr'ouverts, pour apprécier, quand même, sainement les distances; les hommes obliquent leurs bonnets en ardoise pour distinguer leurs engins de combat, leurs tubes lance-torpilles, leurs petits canons...

Il faut avoir l'âme trempée et chevillée pour se rappeler alors que, sur le gros bateau menacé, l'émoi est *bien plus grand encore;* que, à leurs pièces, les canonniers légers tirent, tirent, tirent (1), sans pointer ou en pointant sur n'importe quoi, sur un oiseau qui passe, point blanc dans le faisceau, sur une crête fugitive de vague. Il faut avoir acquis, de par sa volonté et de par un entraînement de toutes les nuits, l'instinct supérieur de marche en avant, terrassé le bas instinct de retraite, pour aller jusqu'au bout.

Mais l'ennemi manœuvre : il présente son avant, veut éviter la torpille en montrant petite cible. Les conditions de lancement prévues, préparées, changent. Se réduisent encore les chances de toucher. Et puis, instinctivement, le lance-torpilles pare l'abordage. L'attaque est manquée, ou médiocre, ou bonne. En vérité, on lancera; mais souvent, on lancera pour lancer; pour dire, si l'on en revient, qu'on a lancé, et non plus pour toucher. On

____

(1) Voir les charges de torpilleurs (dans l'angle mort des canons russes; mais il avait fallu qu'ils y parviennent) à Tsushima : trois torpilleurs seulement hors de combat, dont les équipages sauvés.

lancera ou bien trop tôt, ou bien au but, ou bien trop tard ;
trop tôt et de trop loin, le plus souvent.

Quant à garder le contact, à revenir à la charge et encore à la
charge, cela s'est vu dans la nuit, épique, paraît-il, de Tsushima.
Donc, cela est possible pour des cœurs bien fermes. Mais, même
là, après le triomphe de la journée, avec l'émulation glorieuse
les talonnant d'égaler les canonniers des porte-canons, si le moral
des torpilleurs japonais a été à hauteur de la tâche, quel fut,
matériellement, le pour-cent des coups efficacement portés sur
une flotte déjà en complet désarroi moral? On ne peut, certes, le
dire négligeable. Mais l'ennemi était fixé et le *canon avait déjà
travaillé.*

Alors, à ceux qui clament : « Le torpilleur est une arme de
nuit », ou : « Le meilleur mode d'action du torpilleur est l'attaque
de nuit », nous répondons : « Non ! Car le torpilleur, dans son
acte de guerre, ne vaut que par son équipage, par l'homme. Si
l'homme *peut* combattre de nuit, il n'est pas, ne sera jamais,
physiologiquement (1), psychcologiquement, pour chasser et se
précipiter dans la nuit, le vrai nocturne de proie. »

-----

(1) Qu'on me permette un souvenir personnel.

Il n'est pas de guerre, mais d'exercice. Et cela n'en vaut que mieux. En
guerre, les nerfs sont plus tendus, donc les sens plus prêts à l'erreur.

Nuit noire. Un cuirassé à attaquer, gardé par un barrage lumineux.

Derrière mon contre-torpilleur divisionnaire, en belle vitesse, tous feux éteints,
des torpilleurs avec l'ordre de se tenir dans mes eaux sans me dépasser.

Après ma division, mais à heures réglées, une autre division doit attaquer.

Je fais route en longeant la côte.

Entrée dans le faisceau à l'heure convenue. Vus ou non, peu importe : il s'agit
de franchir le barrage au plus vite et de se rejeter dans le noir, loin des yeux
indiscrets des projecteurs.

Mais le pilote, d'abord, puis tous, de leurs doigts tendus, me signalent par tribord un torpilleur insolite, à grande allure, gagnant sur nous. Il est à terre de
nous, et cependant nous avons la sensation de raser la côte, qu'on ne voit pas.

Je dis au pilote : « C'est notre ombre ! » Mais le mât, la coque, tout du bateau
est si net, si vivant, que moi aussi, j'hésite, et, pour éviter — en exercice — la
catastrophe possible, je fais allumer les feux de navigation. Derrière moi, bien
serrés et en bon ordre, nos torpilleurs en font autant; quant au bateau fantôme,
il disparait, sans imiter ma manœuvre, et s'évanouit dans le trou noir.

Bien qu'averti, *j'avais eu peur de mon ombre !*

A Port-Arthur, pendant bien des nuits, les torpilleurs russes donnaient la chasse
à des torpilleurs japonais. De bonne foi, on en signalait des disparus, des sub-
mergés ; et, la nuit suivante, les Japonais revenaient aussi nombreux.

Illusions analogues, sans doute ; peut-être identiques.

Le torpilleur défenseur des côtes

Le rôle de défenseur des côtes découle directement de cette conception particulière : le torpilleur arme de nuit.

On connaît le thème : il est tentant ! Petit bateau, bon marché, interdisant aux gros bâtiments ennemis le stationnement devant la côte et les ports ! Petit bateau, pas cher, détruisant en détail les grandes armées navales ! Tactique d'usure. Les moucherons contre le mastodonte. Rien à faire de jour, bien entendu. Mais, de nuit ! ah ! de nuit !

Là encore, il faut en rabattre.

Tout d'abord, il paraît évident, *a priori*, que, si l'ennemi vient sur nos côtes, c'est pour y faire quelque chose, pour s'y livrer à un acte d'offensive : blocus, stationnement après bombardement, semer des mines, procéder à un débarquement.

C'est supposer notre armée navale battue, ou défaillante, ou impuissante.

Blocus

Le blocus commercial, j'entends d'un port de France, est une action militaire *inutile*.

Quand un pays est en relations territoriales, — chemins de fer, chemins, — avec six pays différents, les articles de guerre eux-mêmes y entreront toujours, si on les paie. Alors ?

C'est donc du blocus militaire qu'il s'agit : embouteiller une force navale dans un port, ou l'empêcher d'y entrer. Il faut pour cela force navale *plus puissante*. Certes, cette situation prête à actions de nuit. Le forcement du blocus par notre force navale, à nous, sera nocturne. Il faut donc, quoi qu'on en ait dit, que la force bloquante stationne ou croise de nuit, à portée. Des attaques de torpilleurs contre elle seront pleinement justifiées comme tactique d'usure, pour l'atteindre au moral, pour la fatiguer d'insomnies, jusqu'au jour où le forcement du blocus, ou bien la bataille, sera possible ou imposé.

Mais ce ne sont point là actions de la première heure.

Si notre armée navale est au gîte, ses torpilleurs de bataille livreront et répéteront combat nocturne, sans trêve : tant qu'il n'y a pas bataille, ce sera d'ailleurs leur meilleur entraînement moral en vue de la lutte au grand jour.

Si notre armée navale cherche à gagner un gîte bloqué, ses torpilleurs de bataille attaqueront de l'extérieur et lui prépareront les voies. Ce seront les meilleures conditions d'attaque : le bloqueur veille les entrées, les passes. Il veille mal, ou moins bien, ou à plus de veilleurs, le large, tout l'horizon du large. L'invisibilité prolongée, unique secret de la surprise de nuit, et de l'invulnérabilité relative, devient, sauf grande proximité d'une côte ou particularités d'éclairage, plus vraisemblable. D'ailleurs, des divisions de port, méthodiquement équipées de réservistes, combineront leurs attaques, de l'intérieur.

Enfin, s'il n'y a pas d'armée navale, pas de torpilleurs de bataille, et que l'ennemi bloque le néant, les divisions de port suffiront.

Stationnement

Stationnement après bombardement?

N'en parlons pas. Si l'ennemi bombarde, — et pourquoi faire? — il s'éloignera pour la nuit hors d'atteinte des torpilleurs.

Mines

Semer des mines?

Peut-être. La chose est sérieuse. C'est une des formules d'embouteillage. Un moyen de blocus à bon marché. Un ennemi européen le fera-t-il dans les eaux européennes? Aux risques des neutres? Et le droit international? A ses propres risques? Les mines sont aveugles; elles frappent qui les frappe, amis, ennemis, et dérivent au courant. Pourtant il faut les prévoir. Il convient qu'un poseur de mines ennemi, — et c'est peut-être là une action de la première nuit d'hostilités, — soit attaqué et empêché, et détruit, s'il se présente.

Mais la hantise d'un poseur de mines vaut-elle d'immobiliser, d'avance, accrochés dans les ports, une forte fraction de nos effectifs embarqués, de nos efforts budgétaires d'armement, au lieu de les envoyer à la bataille, j'allais dire à la frontière?

Puis il y a les dragages, le chalutage, qui donnaient de bons résultats à Port-Arthur : des bateaux de servitude y suffiront.

C'est peut-être la hantise des mines qui poussa Rodjesvinsky en désordre contre les canons de Togo. Que pareille hantise ne nous fasse pas perdre l'esprit français d'offensive.

Débarquement

Débarquement, enfin?

Admettons-le comme vraisemblable, et qu'une force territoriale ennemie puisse, si elle débarque, s'établir et demeurer, et progresser en plein pays, sans être jetée à la mer par des forces territoriales à nous, supérieures en nombre, combattant *pro focis.*

Le débarquement d'une armée, avec ses bagages, sa cavalerie, ses canons et son ravitaillement, n'est pas chose de maigre importance. Elle exige des jours, sinon des semaines. Elle exige, de la part du débarquant, la maîtrise des mers locales et des routes d'eau y accédant. Elle exige notre flotte de bataille battue, défaillante, ou bloquée, ou ailleurs. Quoi qu'en ait dit le premier Consul : « *Est-ce que Guillaume le Bâtard regardait en arrière?* » il faut maintenant, pour une troupe débarquée, s'assurer son ravitaillement par eau (1). Débarquement, ravitaillement, sont opérations de durée. S'y opposer rentre dans le plan, dans le « rôle défensif » des torpilleurs de bataille.

Et nous en revenons toujours là.

Tous les lance-torpilles dans la bataille

Bâtiments de ligne, bâtiments légers, tous éléments de bataille, pouvant y apporter collectivement, solidairement, contre l'ennemi de ligne, le plus à craindre, qui leurs torpilles, qui leurs canons. Et si la bataille est impossible ou involue, alors, mais alors seulement, plan défensif, plan d'usure, auquel concourent, solidairement, collectivement, tous les éléments de bataille dont on dispose. Ce que nous voulons, répétons-le sans nous fatiguer, c'est que toute unité armée par des combattants de première

---

(1) Coup de main sur un arsenal, suivi de rembarquement? Un arsenal n'est-il pas capable de se défendre lui-même, du côté de terre? Et les classes d'inscrits maritimes? et les ouvriers de l'arsenal et des ports, qu'en fait-on?

ligne ait son rôle offensif, au moins éventuel, dans la «plus grande bataille » (1); c'est chasser des conceptions françaises de guerre navale toute idée d'organisation, en première ligne, de « hors bataille », de pure défensive; c'est qu'un gouverneur de place maritime ne s'habitue pas à dire : « ma flottille », « ma défense mobile », mais qu'il ait toujours présent à l'esprit que tout élément maritime de bataille, capable d'y aller, —. et tous doivent l'être, — a un objectif plus noble que d'attendre l'ennemi dans un point où il ne paraîtra sans doute jamais.

Et nous ne demandons là, en somme, rien de bien extravagant.

IV — DES SOUS-MARINS

Cuirasse d'acier des bâtiments de ligne.

Cuirasse d'exiguïté et de vitesse des torpilleurs. Cuirasse de nuit.

Cuirasse d'invisibilité et d'eau.

Celle-ci est l'abri du torpilleur de plongée.

Des sous-marins, parlons à peine : c'est la consigne !

Il y a une dizaine d'années, j'avais le très grand honneur de commander, premier après son armement, le *Français* (2). C'était l'heure et l'âge des grands enthousiasmes. Le lance-torpilles de plongée, sous-marin, submersible, — c'est tout un, — nous apparaissait, dans un rayonnement, comme CELUI QUI DOIT PACIFIER LA MER. Avec lui, la guerre navale de surface devenait impossible sur les côtes. Or, aux bâtiments de guerre, il faut des côtes d'attache.

Alors? L'inanité du bâtiment de ligne.

Que survit-il aujourd'hui de ma foi de néophyte? Quelque lointaine espérance, cette énergie d'ordre secondaire.

L'outil n'a pas progressé depuis dix ans comme nous étions quelques-uns à le penser. Au bond prestigieux en avant que nous

---

(1) Voir note 1 à la suite de cette étude .
(2) Bateau de souscription nationale, après Fachoda.

avons vu alors, a succédé une période de repos, — recueillement ou léthargie?

Un nouveau bond, il est vrai, semble se dessiner.

Pourtant, la crainte des lance-torpilles de plongée n'aura empêché de construire ni les Dreadnought, ni les Superdreadnought.

Elle ne les empêchera pas de tenir la mer, et de s'affronter.

Sans rien renier de nos espérances, allons au plus pressé. Pensons aux réalités des prochaines guerres, sinon des guerres prochaines.

Celles-ci se résoudront sur mer *par la bataille*.

Alors, que nos sous-marins aillent *dans la bataille*.

Le meilleur sous-marin, le seul vraiment navire de guerre, sera, jusqu'à nouvel ordre, celui organisé pour y mieux faire.

Les fatigués, les surannés, resteront dans les ports, pour la défense aléatoire, en courte laisse autour d'un piquet.

D'autres, moins incomplets, iront, au large ou sur les côtes, à la recherche individuelle — braconnage, — d'un ennemi problématique.

Mais c'est à autre chose que nous devons tendre :

Lance-torpilles de plongée, agiront dans la ligne basse, avec leurs frères de surface, solidairement, simultanément, fusionnés peut-être avec eux. Leur action doit *être*, et *être terrible*, AU CŒUR MÊME DU COMBAT, à la minute des attaques brusquées, dans le paroxysme de canonnade et de destruction.

Cuirassés, torpilleurs, sous-marins. Tous les navires de guerre à la bataille !

V — CRITIQUE

Des torpilleurs de bataille et des flottilles de torpilleurs

Nos torpilleurs lance-torpilles de surface sont classés sous les dénominations suivantes :

Contre-torpilleurs d'escadre } identiques,
Contre-torpilleurs divisionnaires de flottille } ou à peu près.
Torpilleurs de haute mer }
Torpilleurs de 1re classe } tous torpilleurs de flottille.

Étudions, toujours schématiquement (1), l'organisation actuelle de ce matériel, puis celle qu'il lui faudrait donner pour réaliser le rôle de bataille que nous voudrions pour tous.

Organisation actuelle

Il y a des torpilleurs de bataille. Ce sont les bâtiments dits contre-torpilleurs d'escadre (2). Nous en avons, je crois, une douzaine par escadre. En tout, vingt-quatre, dont toujours des défaillants. C'est très bien d'en avoir. Le nombre n'est pas suffisant.

A côté de cela, l'organisation, indépendante des escadres, des flottilles côtières.

A Dunkerque, Cherbourg, Brest, Lorient, Rochefort, Toulon, Corse, Bizerte, Alger, Oran, des centres principaux, avec pontons, avec ateliers et outillage, avec dortoirs, réfectoires, salles de jeu, magasins, salles d'écoles, chambres d'officiers, que sais-je encore, *à terre;* avec service central (commissaire, mécaniciens, médecin, etc.) *à terre;* le tout sous les ordres des préfets maritimes, chefs territoriaux, ou des gouverneurs de place, *à terre.*

A chacun de ces centres principaux sont rattachées des « Flottilles ». Autrefois on les appelait « Défense mobile de tel ou tel port ». On s'est rendu compte, — premier pas vers la logique, — que c'était par trop sacrifier, dans les mots, à la défense *en cordon,* et l'on dit maintenant : « 1re, 2e Flottilles de la Manche », etc. Cela sonne mieux; c'est plus marin. Cela semble s'élever un peu au-dessus de l'idée de défensive locale; passer au degré, supérieur déjà, de défensive régionale.

Passons! nous en reparlerons plus loin.

Ces Flottilles, commandées par un capitaine de frégate, comportent chacune un certain nombre de Divisions, dites de Première ligne.

Le nombre en est différent pour chacune des Flottilles.

---

(1) Pour éviter toute divulgation confidentielle, nous nous servirons de la *Liste Navale,* en vente trimestriellement chez tous les libraires.

(2) Ceci est écrit en février 1910, ne l'oublions pas.

Les Divisions du temps de guerre sont composées d'un contre-torpilleur de 300 tonneaux, dit Divisionnaire, commandé par un lieutenant de vaisseau de grande ancienneté, et de quatre torpilleurs de haute mer (150 à 200 tonneaux) ou de 1re classe (100 tonneaux). De ces quatre torpilleurs, deux, en général, sont commandés par des lieutenants de vaisseau plus jeunes, et deux par des premiers maîtres (adjudants).

Enfin, des divisions de deuxième ligne, mobilisées sur le même gabarit, se forment, en mobilisation, avec des équipages composites, de torpilleurs de toutes classes plus anciens et moins rapides.

Critiques

Cette organisation, cette répartition, conviennent-elles, même au rôle de pure défense locale et en cordon?

Non. Deux choses au moins y sont critiquables : la formation hétérogène des Divisions, l'inégale répartition des Divisions dans les Flottilles.

En bonne tactique, la mesure de l'effort défensif à produire ne se mesure pas à l'importance stratégique ou tactique du point ou de la côte à défendre, mais bien à l'effort offensif contre lequel il faudra les défendre. Et cela, c'est l'inconnu. Il semble bien improbable qu'un ennemi intelligent, s'il fait, par suite de circonstances particulières, de la guerre offensive sur nos côtes, disperse en cordon son effort offensif. Il agira successivement, et en masse. Dès lors, à quoi bon cette inégale répartition?

En bonne tactique, offensive ou défensive, il semble que c'est une bien mauvaise utilisation des forces que de rattacher, à des bateaux de peu de ressources (torpilleurs proprement dits de 100 tonneaux), des bateaux triples (contre-torpilleurs de 330 tonneaux), plus rapides, ayant toujours un rayon d'action bien plus étendu, moins mangés par le mauvais temps. *Dans l'espèce, il y a un autre argument, plus péremptoire: n'en faisons pas cas, puisqu'il est argument d'espèce:* la différence des qualités évolutives.

On a dit : le Divisionnaire est contre-torpilleur, c'est-à-dire plus grand, pour mieux voir: il est aussi mieux vu; pour défendre ses torpilleurs : toujours cette hantise de défendre, et dans un coup de main nocturne, surtout ! la vraie défense, après l'attaque, c'est la cuirasse d'obscurité; pour mieux naviguer : cela est plausible, mais, en vue des côtes, la nuit comme le jour, la navigation se fait surtout à l'œil, au sentiment, au large de « limites de sécurité », largement choisies. Alors, que reste-t-il du rôle du Divisionnaire? Rien, sinon l'entrave qu'il apporte à sa division.

Il n'est pas jusqu'à l'organisation du commandement qui ne soit critiquable: comment! trois ou quatre lieutenants de vaisseau pour une division défensive (700 à 800 tonneaux en tout), qui ne verra probablement pas l'ennemi de toute la guerre, alors que le bâtiment de ligne de 15.000 tonneaux en comporte six à son état-major!

Passons maintenant à la conception à laquelle il semble qu'on ait voulu atteindre, — de défensive régionale, — en substituant aux mots : « Défense mobile de tel port », ceux de « Flottille numérotée tant de telle ou telle mer ».

Cette défensive régionale suppose, en un point donné de la région, au point menacé, sans doute, une concentration des flottilles.

Oublie-t-on qu'*il est plus facile de détacher que de concentrer?*

Cette concentration ne serait point momentanée, elle durerait tant que durerait la cause qui l'a produite, et cela, c'est une inconnue dont seul dispose l'ennemi, seconde volonté agissante.

Chaque Flottille est sous les ordres d'un chef territorial différent, responsable de la défense de son littoral. Croit-on que ce chef, habitué à compter sur elle, la verra partir de bon cœur vers une lointaine concentration?

Et les paisibles citoyens des ports, gardés en temps de paix, abandonnés en temps de guerre?

Le chef territorial aura accoutumé sa Flottille au libellé de ses ordres, à ses vues, à sa discipline.

Quelle assimilation faudra-t-il à ces flottilles, inopinément concentrées sous un chef territorial nouveau, sous le commandement supérieur à la mer d'un quelconque commandant d'une des Flottilles, que rien n'a préparé à ce rôle que lui confère l'ancienneté?

Et elles doivent, peut-être, agir sur l'heure !

Elles se sont habituées à des parages : elles auront à attaquer dans d'autres où elles n'auront manœuvré, au mieux, que rarement.

Et les chaînes, morales et matérielles, qu'elles traînent derrière elles, et qui les rattachent au « centre principal » : familles, habitudes militaires ! De par l'existence des constructions à terre, on a pris l'habitude d'y tout rapporter : réparations, repos, sommeil. Quand les trois flottilles de l'Océan seront, par exemple, rassemblées à Lorient, le « service central » de Lorient, accoutumé à sa petite flottille locale, n'y suffira plus, et on se sera déshabitué de faire « par les moyens du bord ».

Ah ! méfions-nous de ces castors, qui bâtissent des villages au bord de la mer ! Disons-le hautement, les flottilles, même débaptisées de leur nom tendancieux de « Défense mobile », ont trop de facilité à devenir en temps de paix « yachts pour gardes nationales », pour qu'on leur tienne grande rigueur lorsqu'elles donnent un peu dans ce travers.

L'organisation de défensive régionale éventuelle ne donnera pas à leur masse la cohésion et l'endurance, la solidarité qu'il faut pour des opérations de longue durée hors de *leurs* bases.

Peut-être a-t-on songé à les rattacher, *à l'occasion*, aux escadres, en vue de la bataille ?

La difficulté est plus grande encore : c'est toute une vie nouvelle, une tactique nouvelle, un acclimatement complet, qui ne sont point l'affaire d'un jour. Déshabituées des ordres généraux, des signaux et de la vie d'escadre, de la navigation *entre* les cuirassés ; rattachées, tout d'un coup, pour le ravitaillement et les réparations, à un bateau de ligne qui ne se sera pas davantage acclimaté à elles, les Divisions seront plongées, à l'heure de la bataille peut-être, dans un élément qu'elles ignorent. Quelle cohésion, quelle solidarité un tel ensemble pourrait-il avoir et conserver sous le feu ?

Non ! Pas de flottilles indépendantes de la « plus grande flotte ». Pas de petites chapelles. Pas de cités lacustres ! On a supprimé les « Défenses mobiles des ports ». C'est heureux. Qu'on abolisse aussi les flottilles régionales, ce sera mieux encore ! Des « Flottilles de bataille », 1re, 2e, 3e, etc., soumises avec la flotte, sous le même chef à la mer, au même entraînement militaire, à l'émulation continuellement stimulée, vivant de la vie de la flotte, et sachant bien qu'elles doivent combattre au même titre qu'elle, en même temps qu'elle, en action concourante, pour la plus grande victoire !

La force navale française est, pour l'heure, constituée de deux escadres (1), identiques comme nombre, sinon comme valeur militaire. C'est parfait ! Ces deux escadres ont été débaptisées ; c'est encore mieux ! 1re escadre ; 2e escadre ; comme cela sonne plus logiquement, au tactique, que les anciennes appellations locales ! Comme on voit bien que l'idée maîtresse, prochaine, est de les réunir en flotte. Joignons-y donc les Flottilles actuelles. De tout ce matériel épars, faisons deux groupes (2) égaux, l'un

---

(1) Écrit en mars 1910.

(2) Voici, d'ailleurs, à titre d'exemple, comment pourraient être organisées ces divisions de combat.

Suppression des Flottilles actuelles et de leurs services centraux. Transfert à d'autres services de leurs établissements à terre.

La masse de première ligne, contre-torpilleurs actuellement en escadre, contre-torpilleurs divisionnaires de flottilles, haute mer, 1re classe, en deux groupements égaux : 1re escadrille, 2e escadrille, attribuées respectivement aux 1re et 2e escadres.

Dans chaque escadrille, des divisions de bataille homogènes, de grands torpilleurs (contre-torpilleurs actuels) de haute mer, de torpilleurs.

Commandement :

Divisions de bataille de grands torpilleurs : 1 capitaine de frégate ; 3 lieutenants de vaisseau ;

Divisions de bataille de haute mer : 1 lieutenant de vaisseau ; 3 enseignes de vaisseau ;

Divisions de bataille de torpilleurs : 1 lieutenant de vaisseau ; 3 premiers maîtres pris dans toutes les spécialités, y compris pilotes et patrons pilotes.

Le commandant de la Division en est commandant comptable, et inspecteur permanent sur tous services.

Un outillage de réparations provisoires est réparti entre les bateaux de chaque division de bataille ; chaque division de bataille se ravitaille à un bâtiment de ligne.

Les contre-torpilleurs, haute mer, et torpilleurs non compris dans les divisions de bataille sont constitués en divisions de réserve, sous les ordres des majors généraux de port, à charge pour eux d'en avoir toujours paré un certain nombre, bateaux de remplacement permettant d'entretenir au complet les Divisions de bataille.

Les divisions de réserve sont armées périodiquement pour exercices locaux avec des « équipages » de réservistes, constitués d'avance en « équipages de torpilleurs », donc cohérés, se connaissant, et aussi invariables que possible : on les lève ensemble

pour la première, l'autre pour la seconde escadre. Des contre-torpilleurs aujourd'hui Divisionnaires, formons des Divisions homogènes, de Bataille; des torpilleurs de haute mer, des torpilleurs de 1re classe en état de combattre et de naviguer, encore des Divisions homogènes de Bataille.

Lorsque, pour des raisons de mer, ou de trop long voyage, les unes ou les autres de ces Divisions de Bataille ne pourront pas suivre, eh bien! elles ne suivront pas, voilà tout! et iront s'apprêter à leur rôle défensif, régional ou local, qui *doit* être prévu, mais qui *doit* passer en seconde ligne. Qui peut le plus, la bataille générale, peut le moins, la défense locale!

On obtiendra ainsi la souplesse nécessaire à cet organisme. Autrement, non!

---

pour exercice. A la mobilisation, elles arment, avec les mêmes équipages, en « Divisions de port », sous le commandement d'officiers ayant déjà passé par les escadrilles.

En dehors du rôle A, d'escadre ou de flotte, deux rôles B et C sont constitués pour les escadrilles de bataille, en indépendance temporaire de leurs escadres et de la flotte.

Le rôle B vise le cas des flottilles et des divisions détachées de l'armée navale ou de leur escadre en vue d'actions militaires déterminées, ne ressortissant pas au chef de l'armée navale (actions connexes du plan général d'offensive, ou défense en concentration d'un point effectivement menacé). Pour l'exécution de son rôle B, chaque escadrille l'assure autant que possible dans sa zone : 1° Méditerranée; 2° Océan et tributaires.

Le rôle C vise le cas de défense locale proprement dite.

Lorsque, pour des raisons militaires ou de navigation (longues missions éloignées, passage d'une mer à l'autre, ordres reçus du ministre), de leur propre initiative ou sur commandement, les chefs de l'armée navale ou des escadres doivent détacher ou détachent tout ou partie des Divisions de Torpilleurs de Bataille, qui sont rangées sous leur commandement, ces groupes détachés sont rangés pour cette durée, par le ministre ou l'état-major général, sous les ordres des chefs, territoriaux ou autres, qui doivent les préparer, en temps de paix, à leur rôle B et C du temps de guerre.

TROISIÈME ÉTUDE

LE CANON DANS LA BATAILLE

A cause de l'importance réelle et incontestable du canon
dans la bataille navale, à cause surtout de l'importance presque
exclusive que quelques-uns ont tendance à lui attribuer, consa-
crons-lui une étude spéciale.

Nous y envisagerons, uniquement, l'emploi tactique de l'arme
dans la bataille; nous ferons abstraction complète du matériel
proprement dit, des calibres, des perforations, de la nature des
projectiles, toutes considérations d'ingénieur ou de constructeur.

Attention! Dans cette étude paraîtront, en petit nombre,
des propositions d'apparence arithmétique. Elles ne visent pas,
loin de là, à l'exactitude, mais à donner une première et très
simple approximation de la marche des phénomènes du combat;
à chiffrer, si grossièrement que ce soit, certains faits traités en
axiomes : importance primordiale du nombre relatif; importance
tactique des concentrations, dans les effets, dans le temps, dans
l'espace; accélération souvent invraisemblable de la déroute;
immunité dont a semblé jouir le vainqueur dans les dernières
batailles navales.

En voulant serrer de plus près la vérité avec des formules, on
s'éloignerait grandement de la vérité.

Même ces chiffres, qui n'ont d'autre prétention que d'indiquer
un sens de phénomène, offriraient, si l'on n'était prévenu, un
grand danger : celui d'y croire.

I — ÉQUILIBRE DE COMBAT

Identité

L'identité absolue n'existe pas entre bâtiments du même type,
construits sur les mêmes chantiers, appartenant à la même force
navale.

A fortiori, elle ne peut exister entre antagonistes.

Nous admettrons, cependant, l'identité, mais uniquement comme terme de discussion.

Masses identiques, bâtiments identiques, seront masses ou bâtiments ayant mêmes liens et mêmes moyens, protecteurs et destructeurs. Deux masses identiques seront constituées de même nombre de bâtiments identiques chacun à chacun; ici, poussant plus loin l'invraisemblance pour la discussion, nous irons jusqu'à les supposer identiques entre eux.

Bâtiments identiques, masses identiques, pourront se différencier, au combat, par l'efficacité initiale ou ultérieure de leur tir ou de leur manœuvre, et, d'une façon générale, par un emploi différent de leurs moyens ou de leurs liens tactiques identiques

Valeur militaire d'un bâtiment

Elle est intrinsèque, toujours égale à elle-même tant que le bâtiment n'est pas modifié. La valeur militaire d'un bâtiment résulte de ses caractéristiques de construction. Elle peut se mettre en tableaux.

Valeur destructrice

A la fois subjective et objective, elle nous est donnée par l'effet destructeur du bâtiment ou du groupe, considérés comme en école à feu sur le but déterminé qu'ils poursuivent.

Dans cette valeur destructrice entrent donc, non seulement la valeur militaire du bâtiment ou du groupe, mais encore l'emploi de cette valeur militaire, par exemple, la distance δ à laquelle il se tient du but, et la fraction de bordée engagée (supposée donnée par l'angle φ, gisement du but par rapport à l'axe).

Dans cette étude, nous supposons, avons-nous dit, tous les bâtiments considérés comme identiques (sauf exceptions spécifiées). De même nous les supposons tous armés, uniformément, du même calibre. Les petits calculs ou tableaux qu'on trouvera quelquefois dans la suite ont la plupart du temps rapport au calibre moyen de 16 ^{cm}. Ils seraient de même sens pour tout autre calibre.

Nous y avons supposé que la valeur destructrice d'une pièce, à une distance donnée, était, toutes choses égales d'ailleurs, représentée par le produit :

Carré de la vitesse restante à la distance considérée × *probabilités pour-cent de toucher à cette distance.*

C'est ce produit que nous avons pris comme terme de comparaison.

Probabilités pour-cent de toucher — Courbe

Une courbe des probabilités pour-cent de toucher, en raison des distances, sur un but de hauteur donnée, peut se déduire des tables de tir. Mais ces tables, résultats des tirs de polygones, ne tiennent pas compte d'écarts inévitables dans la pratique du tir de combat, voire dans l'école à feu d'exercice.

Le but des officiers canonniers est de se rapprocher de ces pour-cent des tables de tir, pour-cent qui sont une limite; à ce point de vue, elles sont intéressantes pour comparer les résultats obtenus.

Dans les écoles à feu, on admet comme satisfaisants les tirs qui atteignent au tiers de ces probabilités.

Nous ne nous sommes point servi de probabilités ainsi calculées. Elles ont trop peu rapport avec le combat.

Les courbes ou tables dont nous avons fait usage sont celles (Jacob, 1904, 2ᵉ fascicule) où l'auteur a fait entrer, pour des plates-formes immobiles, certains écarts qui lui ont paru vraisemblables (erreurs de visée, erreur sur l'appréciation des distances et des vitesses, etc.).

Nous commençons à serrer de plus près la réalité : la réduction des probabilités d'atteindre est en effet, d'après ces tables, déjà considérable quand les distances augmentent. Elle s'accentue rapidement au fur et à mesure de cette augmentation des distances.

De cette courbe, la chute, à vrai dire, nous apparaît encore comme beaucoup trop lente. Sans nous arrêter aux chiffres que nous fournit Santiago (où le tir américain aurait dû être presque une école à feu), nous pouvons mettre en parallèle deux faits de guerre qui réunissent presque la condition, nécessaire à toute comparaison, du « toutes choses égales d'ailleurs ». Ce sont les batailles du Dix Août et de Tsushima. Les chiffres feront sans

doute longtemps encore défaut pour établir des pour-cent rigoureux de coups au but; cependant les résultats globaux parlent :
au Dix Août, à la distance de 11.000 mètres, le pour-cent était
nul, et cette phase du combat, cette canonnade à longue distance
cessa, d'un commun accord, faute de touchés. A la distance de
7.000 mètres (probablement réduite à moins de 7.000 mètres,
par moments), il y eut, des deux côtés, quelques rares buts, dont
quelques-uns, il est vrai, particulièrement malheureux pour les
Russes. Leurs bâtiments, après un combat de plusieurs heures
(où les Japonais semblent avoir épuisé leurs munitions), ne
portaient, sauf le *Tsézarewich* (3.500 ou 4.000 mètres pendant une
période critique), que d'insignifiantes et rares blessures. Le pour-
cent à cette distance avait été dérisoire.

A Tsushima, entre 8.000 mètres (ouverture du feu des Russes)
et 6.000 mètres (5.800 mètres, ouverture du feu des Japonais),
il semble bien que les Japonais, dans une position particulièrement vulnérable (pivot de contre-marche fixe sous le feu antagoniste), ne recevaient aucun coup, puisque, jusque-là, ils n'ont
pas répondu au feu russe.

Mais, entre 4.000 mètres et 2.500 mètres, ils ont, en un nombre
très restreint de minutes, mis hors de combat quatre bâtiments
russes.

La chute de la courbe des probabilités, quand les distances
de tir augmentent, serait donc beaucoup plus rapide que nous
ne l'admettrons avec le colonel Jacob. Et cela se conçoit du reste:
toutes les causes accidentelles imputables à l'homme, tireur,
télémétriste, directeur de tir ou transmetteur des ordres, causes
qui grandissent singulièrement au combat par suite de l'émotion,
surtout au « premier combat », s'accentuent, en accélération,
quand la distance augmente. Les facultés visuelles, par exemple,
s'exerceront plus difficilement sur un objet éloigné : fumée,
mauvais éclairage, auront, du fait de la distance, leurs effets
nuisibles multipliés; télémétrie, appréciation des points de chute,
s'en ressentiront doublement.

Envisageons ici, par exemple, la télémétrie. Sans abri, dans
sa hune ou à son poste, le télémétriste, plus que tout autre, a
vue sur toute la bataille. Plus que tout autre, donc, il a motif à
distractions, sinon à craintes. Il a, sous les yeux, par fonction,

des verres très grossissants, qui rapprochent pour lui seul les péripéties du combat. Il lui faut manier instruments délicats et déréglables. Il lui faut maintenir, réguliers et minima, ses temps morts. Il n'a pas même un fusil dans ses mains, qui tournent des vis à molettes. Il lui faut être un héros. Il y aura des héros parmi les télémétristes. Ce n'est pas la fonction qui, forcément, confère l'héroïsme.

Or, les tirs de concentration, qui s'imposent théoriquement, ont, en fait, été la règle des deux côtés, à Tsushima comme au Dix Août. Or, jusqu'à nouvel ordre, on ne peut guère concevoir tirs de concentration que, tout au moins, appuyés sur une méthode télémétrique ou à point de départ télémétrique. Et la même erreur sur la hausse qui laisse tous coups au but à 3.000 mètres laisse tous coups hors du but à 6.000 mètres.

Le chiffrage comparatif que nous avons adopté pour les valeurs destructrices aux différentes distances est donc, de par sa base même, fortement faussé. Mais nous verrons bien qu'il l'est dans un sens à renforcer la thèse que nous allons soutenir.

Ce chiffrage est encore erroné pour d'autres raisons. *Natura non facit saltus.* Mais le combat n'est point chose naturelle, — le combat naval, du moins, — et ses lois procèdent par sauts brusques. Le produit de la vitesse restante par les probabilités pour-cent de toucher représente bien subjectivement, à vitesses de tir égales, la valeur destructrice comparée d'un bâtiment, et ce produit évolue sans aucune solution de continuité; mais ce produit, cette puissance destructrice appliquée à un objectif composite : tôleries, cuirasse mince, cuirasse épaisse, a des effets très différents : au delà de la perforation, résultats complets; en deçà de la perforation, résultats nuls.

Marches d'escalier dans la courbe des effets réels ! N'en tenons pas compte, pour simplifier.

Tableau des valeurs destructrices en fonction des distances

Quoi qu'il en soit, cette manière de chiffrer nous amène aux valeurs destructrices ci-contre, représentatives de notre bâtiment type aux distances de 1.000 à 6.800 mètres.

1.000	»	1.900	284	2.800	140	3.700	81	4.600	48	5.500	25	6.400	15
1.100	474	2.000	252	2.900	130	3.800	77	4.700	44	5.600	24	6.500	14,5
1.200	445	2.100	234	3.000	122	3.900	74	4.800	40	5.700	22	6.600	14
1.300	415	2.200	216	3.100	114	4.000	70	4.900	38	5.800	20	6.700	13,5
1.400	392	2.300	204	3.200	108	4.100	66	5.000	36	5.900	19	6.800	13
1.500	369	2.400	191	3.300	102	4.200	62	5.100	34	6.000	18		
1.600	346	2.500	175	3.400	97	4.300	58	5.200	31	6.100	17		
1.700	325	2.600	163	3.500	91	4.400	55	5.300	29	6.200	16		
1.800	304	2.700	151	3.600	86	4.500	52	5.400	27	6.300	15,5		

Dans chaque double colonne, le premier nombre est la distance considérée ; le deuxième, le nombre représentatif de la puissance destructrice complète (à bordée entière) à cette distance.

On voit que ce nombre représentatif décroît suivant une loi voisine de la progression géométrique. La « raison », pour les termes distants de 500 en 500 mètres, serait quelque chose comme $\frac{100}{130}$. Dans la vraie bataille, cette « raison » serait encore bien plus voisine de zéro.

Répétons que nous cherchons à expliquer le « sens », l'allure générale des phénomènes, et *que ces chiffres ne signifient rien autre.*

Il est clair que, lorsque deux bâtiments se combattent, les hausses employées par l'un et l'autre sont théoriquement égales ; les valeurs destructrices des bâtiments sont entre elles comme les fractions de bordée engagée (fig. 1 et 1 *bis*).

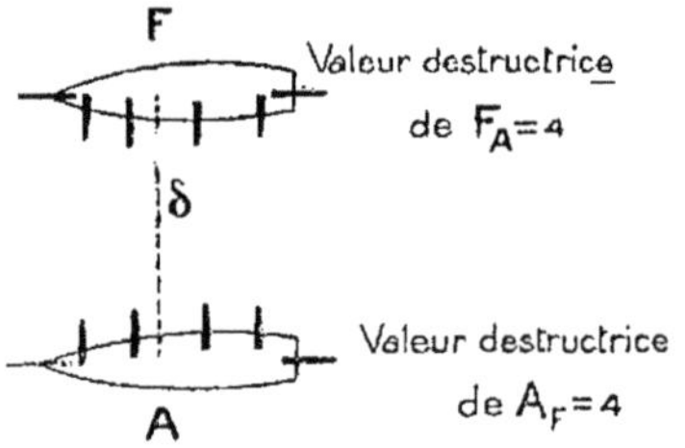

FIG. 1.

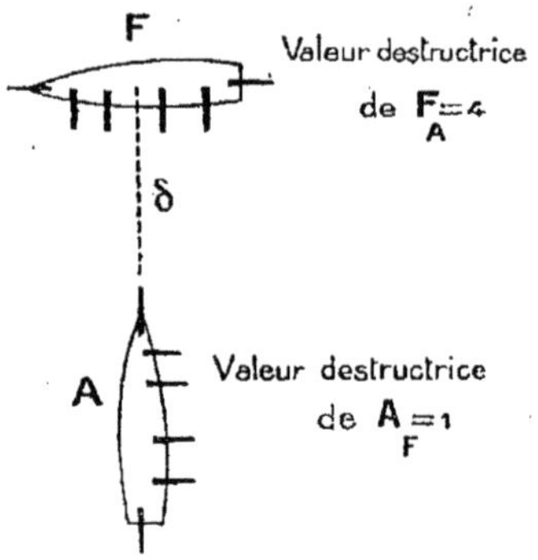

FIG. 1 bis.

Mais, lorsqu'il s'agit de deux masses, même identiques, les hausses employées diffèrent la plupart du temps, individuellement et dans leur total.

Soient deux lignes de feu identiques $F_1 F_5$ et $A_1 A_5$ (fig. 2)
Si F_1 tire sur A_1 et réciproquement, F_2 sur A_2 et réciproquement,
et ainsi de suite, si en somme on procède des deux côtés par tir « chacun à chacun » ou tir $\frac{1}{1}$, le total des hausses est bien le même des deux côtés, et le rapport des valeurs destructrices reste $\frac{1}{1}$.

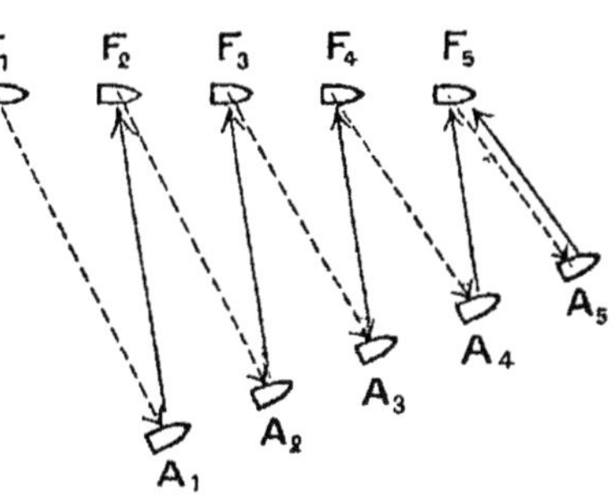

Fig. 2.

Mais si, comme il est logique, sans même faire intervenir le principe des concentrations, chacun des bâtiments prend comme objectif l'ennemi le plus près de lui, il est clair que la somme des hausses des A sera plus faible que celle des F, donc que la valeur destructrice des A sera plus grande que celle des F.

Si nous totalisons, en les prenant dans le tableau précédent, les valeurs destructrices (nombres représentatifs) pour chaque F et pour chaque A, nous aurons les nombres représentatifs des valeurs destructrices des masses opposées.

Paradoxe des distances

Militairement parlant (la distance à l'ennemi est la hausse qu'on emploie), la ligne de feu $A_1 A_5$ sera plus près de la ligne de feu $F_1 F_5$ que celle-ci de celle-là.

Valeur combattante

La valeur combattante, elle, est toute relative.

Deux bâtiments, F et A, sont en présence, inégalement forts.

En école à feu (c'est-à-dire sans que A lui réponde), F pourrait mettre A hors de combat en 10 minutes.

En école à feu (c'est-à-dire sans que F lui réponde), A pourrait mettre F hors de combat en 20 minutes.

La valeur combattante de F par rapport à A est $\frac{2}{1}$. La valeur combattante de A par rapport à F est $\frac{1}{2}$.

C'est bien cela qui importe au combat :

Un bâtiment est plus fort qu'un autre s'il peut mettre cet autre hors de combat plus vite que cet autre ne peut le mettre lui-même hors de combat.

De même pour deux masses de combat, pour deux lignes de feu.

Théorème ou paradoxe du nombre

Lorsque deux lignes de feu composées d'unités identiques sont en présence, les valeurs combattantes de ces lignes sont entre elles *comme les carrés des puissances destructrices*, ou, ce qui revient au même, comme les carrés des nombres des unités.

Évidence même que ce paradoxe apparent !

Supposons que F_1, F_2, A, identiques, sont capables chacun de tirer à la minute un coup de canon, et puissent chacun être détruits par quatre coups de canon.

Opposons $F_1 + F_2$ à A (fig. 3).

A serait détruit par $F_1 + F_2$ en deux minutes.

$F_1 + F_2$ seraient détruits par A_1 en huit minutes.

Donc $\dfrac{F_1 + F_2}{A} = 4$, c'est-à-dire

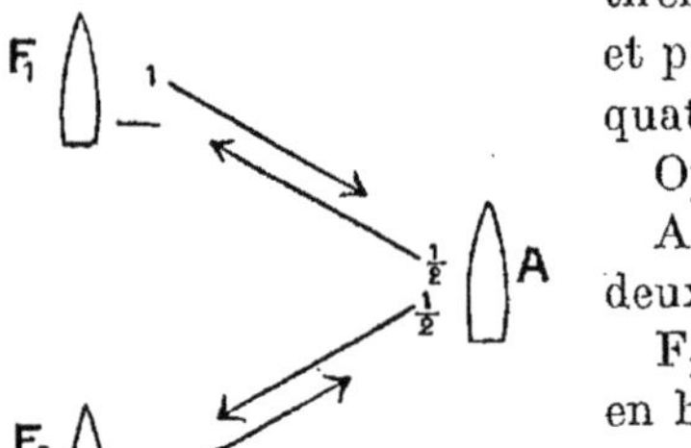

Fig. 3. — Paradoxe du nombre.

que la valeur combattante de deux bateaux en combattant un seul est quatre fois plus grande que celle de ce seul bateau combattant ses deux ennemis.

De même trois bateaux seraient, en valeur combattante, $\frac{9}{4}$ fois plus forts que deux bateaux.

Paradoxe de l'armement multiplié

Il n'en est plus de même pour le bâtiment de N canons opposé au bâtiment de N' canons et d'abri identique.

Soit $N > N'$ et $\dfrac{N}{N'} = \dfrac{n}{1}$.

Ramenons l'exemple aux deux bateaux de n canons et de 1 canon (fig. 4).

Soit p l'endurance de l'abri, identique sur F et sur A.

Soient nc et c les endurances respectives des armes sur F et A.

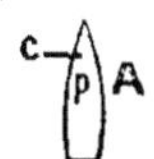

Fig. 4. — Paradoxe de l'armement multiplié.

Les nombres p, nc, c signifient que l'abri fourni par F ou A, que les armes de F et de A peuvent supporter, avant destruction totale, respectivement, pendant p minutes, nc minutes, c minutes, le tir d'*un* canon en école à feu.

L'endurance totale de F à l'école à feu de A sera $p + nc$.

L'endurance totale de A à l'école à feu de F sera $\dfrac{p + c}{n}$.

La valeur combattante de F par rapport à A sera $n^2 \dfrac{c + \dfrac{p}{n}}{c + p}$.

Le second facteur étant toujours < 1, la valeur combattante sera toujours $< n^2$, c'est-à-dire que la valeur combattante d'un bâtiment armé de 2 canons p. c. sera toujours plus grande que celle d'un bâtiment, identique d'autre part, armé d'un seul canon, sans toutefois atteindre jamais à 4. Cette valeur combattante sera d'ailleurs d'autant plus petite, comme il fallait s'y attendre, que l'abri commun est plus efficace, toutes autres choses égales d'ailleurs.

Le raisonnement qui consisterait à dire ici :

« A recevrait n coups de F, pendant que F n'en recevrait qu'un seul de A; donc l'endurance de F à l'école à feu de A est n fois plus grande que celle de A à l'école à feu de F; donc les valeurs combattantes de F et de A sont comme $\dfrac{n}{1}$ »,

n'a que l'apparence de la vérité.

En réalité, la valeur combattante de F est comprise entre n et n^2.

$$n < \frac{F}{A} < n^2.$$

Car $n^2 \dfrac{c + \dfrac{p}{n}}{c + p}$ peut s'écrire $n \dfrac{p + nc}{p + c}$, dont le second facteur est toujours > 1 et croît indéfiniment avec n.

Paradoxe de l'armement divisé

Opposons maintenant un bâtiment An, armé de n canons, à n bâtiments de même abri, armés chacun de 1 canon, $F_1 + F_2 + \ldots + F{n}$ (fig. 5).

Avec les mêmes conventions de lettres, l'endurance de $F_1 + F_2 \ldots + F{n}$ à l'école à feu de An (qui les prend successivement pour cible), sera $\dfrac{np + nc}{n}$, ou $p + c$.

L'endurance de An à l'école à feu de $F_1 + F_2 + \ldots + F{n}$ sera $\dfrac{p + nc}{n}$.

La valeur combattante de $F_1 + F_2 + \ldots F{n}$, par rapport à An sera $n \dfrac{p + c}{p + nc}$, quantité forcément $< n$, mais s'en rapprochant d'autant plus que n augmente, et forcément > 1, puisqu'elle peut s'écrire aussi $\dfrac{c + p}{c + \dfrac{p}{n}}$.

Fig. 5. — Paradoxe de l'armement divisé.

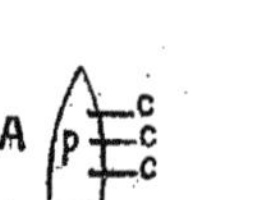
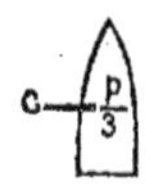

La valeur combattante de forces F ainsi balancée est donc > 1 et $< n$.

Mais nous retombons dans l'équilibre ou dans l'équivalence de combat, si nous avons en présence des forces telles que figure 6, car :

Fig. 6. — Paradoxe de l'armement divisé.

L'endurance de A à l'école à feu de $F_1 + F_2$ sera $\dfrac{p}{3} + c$.

L'endurance de $F_1 + F_2$ à l'école à feu de A sera $\dfrac{2\,p + \dfrac{2\,c}{3}}{3 \times 3}$

pour F_1, $\dfrac{p}{3 \times 3} + \dfrac{c}{3}$ pour F_2, et au total $\dfrac{p}{3} + c$.

La valeur combattante de A par rapport à $F_1 + F_2$ sera 1.

Résumé de ces propositions

Nous voyons, en résumé, que la prépondérance initiale sera influencée *d'abord* par le nombre de bâtiments opposés à chacun des autres identiques, *puis*, moins fortement, par le nombre de canons mis en présence, toutes autres choses égales d'ailleurs, *puis*, à égalité de canons, par le nombre de bâtiments qui les portent.

Il nous paraîtrait aussi impossible qu'enfantin de donner des valeurs approchées à p, à c, à n. On ne peut que faire des suppositions, comme nous en ferons dans la suite, suppositions toutes gratuites, que le premier engagement se chargerait de contredire. Il n'y a là qu'un « sens de phénomène » à considérer, rien de plus, et si nous nous permettons des nombres, c'est que les nombres, même quelconques, permettent de le rendre plus tangible.

Combat chacun à chacun. Combat collectif

La figure qui nous a conduits au paradoxe des distances nous permet déjà de différencier :

le *combat chacun à chacun*, ou tir $\dfrac{1}{1}$,

du *combat collectif*, ou tir $\dfrac{n}{1}$.

Dans cette figure, simplement pour porter des coups plus forts, les deux partis sont amenés à ne pas répartir leurs coups uniformément sur la ligne de feu opposée, à ne pas chercher à vaincre partout à la fois, à négliger plus ou moins complètement certains bâtiments ennemis pour essayer d'en écraser d'autres.

Les A font du collectif sur 3 F, les F font du tir collectif sur 4 A.

Équilibre de combat

Il y a équilibre de combat entre deux unités, deux masses, ou deux lignes de feu, lorsque la valeur combattante de l'une est égale à la valeur combattante de l'autre.

Cette situation peut se manifester aussi bien entre masses et lignes dissemblables qu'entre masses et lignes identiques.

Elle peut, théoriquement, une fois atteinte, se prolonger indéfiniment, jusqu'à destruction des deux adversaires.

L'histoire montre qu'elle est, au contraire, éminemment instable.

On peut cependant la considérer comme point de départ, de repère, tout au moins, en tactique théorique.

Équilibre de combat entre unités identiques

Que F et A soient deux flotteurs circulaires, uniformément protégés, uniformément armés (même intensité, mêmes effets du feu), il y aura entre eux équivalence, équilibre de combat, quelles que soient leurs positions réciproques.

Mais cela n'est pas.

Un bateau est, par définition, un « flotteur allongé dans le sens de la marche ».

Entre deux bateaux, l'équilibre de combat ne s'établira que lorsqu'ils seront également inclinés sur la ligne qui les joint, c'est-à-dire lorsqu'ils se relèveront au compas sous le même angle à partir de leur avant.

Cette condition leur permet, à la fois, de mettre en jeu les mêmes armes, et de se canonner respectivement sous le même angle d'incidence au choc.

Si ces routes sont également inclinées, de part et d'autre de la ligne de jonction, et si les bateaux se maintiennent en marche dans ces positions respectives, c'est le passage à contre-bord, en routes rectilignes ou incurvées, c'est-à-dire la canonnade à distances variables, décroissantes puis croissantes, avec tous ses aléas de conduite du tir, et une utilisation médiocre du feu tant que le tir reste dirigé à hausses variables. C'est la route la moins meurtrière qui conduise au combat rapproché.

Ce mode de combat peut d'ailleurs dégénérer en combat circulaire, puis en chasse circulaire (cas de la différence de vitesse, *Kersage* contre *Alabama*). La différence de vitesse a amené rupture d'équilibre (fig. 8 et 8 *bis*, pl. I).

Si les routes sont également inclinées du même bord de la ligne de jonction, c'est, après canonnade à distances rapidement décroissantes, avec les aléas inhérents à la conduite de ce genre de feu, le combat rapproché, puis le choc (fig. 9, pl. I).

Mais si, dans ce deuxième cas (routes également inclinées du même bord de la ligne de jonction), nous amenons à 90° l'angle d'inclinaison des routes, chacun des adversaires relevant l'autre par son travers, les routes deviennent parallèles et non plus concourantes, la canonnade se prolonge à distance constante, avec son intensité maximum, en tir uniformément réglé pour chacun des deux adversaires.

Si les routes sont rectilignes (vitesses égales), c'est le combat en lignes parallèles (fig. 10, pl. I).

Si elles sont incurvées (vitesses inégales), c'est le combat concentrique, dans lesquels les rayons des cercles parcourus par chacune des unités sont entre eux comme les vitesses (fig. 11, pl. I).

Comme c'est là (dans le combat parallèle ou concentrique) réaliser pour chacun le meilleur emploi du canon, on conçoit l'importance qu'aient prise, dans les épures et les discussions académiques sur la tactique navale, le combat parallèle et le combat concentrique, où le réglage du tir est si facile à conserver, puisque la distance est invariable, où le rendement d'artillerie est subjectivement le plus complet.

Mais c'est également laisser à l'ennemi le moyen de réaliser son meilleur rendement, et tendre, comme valeur combattante, à $\frac{1}{1}$.

Or, le but n'est pas de « combattre » l'ennemi jusqu'à extinction des deux adversaires, mais de le « battre », ce qui est bien différent.

Équilibre de combat entre masses non ordonnées — Raisons de l'ordonnancement en lignes de feu

Si ces deux masses étaient composées de flotteurs circulaires, tels qu'il a été dit ci-dessus, il est évident que, dans le combat chacun à chacun, l'équilibre de combat existerait, quelles que soient les positions réciproques des unités formant masses antagonistes.

Dans le combat chacun à chacun entre masses composées de *bâtiments*, l'équilibre de combat n'existera que si, dans chaque groupe de deux bâtiments antagonistes, il est satisfait aux conditions réciproques de gisement, énoncés précédemment, et, pour que chaque adversaire, dans chaque groupe de deux, donne plein rendement à ses armes, le combat entre eux tendra à devenir circulaire, ou concentrique, ou parallèle.

Le fait *peut* se produire dans la mêlée; mais il est bien improbable et temporaire : la manœuvre de chaque bâtiment, indépendante de celle des bâtiments amis, amènerait des rapprochements et des éloignements inattendus entre bâtiments de groupes antagonistes différents, des collisions entre bâtiments amis. Les groupes antagonistes se modifieraient alors au gré des circonstances, et le combat chacun à chacun dégénérait, presque obligatoirement en une manière de combat collectif, masse contre masse, mais sans méthode : concentrations inattendues; bâtiments laissés indemnes; équilibre de combat rapidement rompu, au hasard, en faveur de l'un des deux partis; commandants de groupes et de masses perdant tous leurs droits.

D'où ordonnancement des masses de combat en lignes de feu manœuvrables, où l'initiative de la manœuvre n'est plus laissée à chacun des bâtiments engagés contre un adversaire.

Équilibre de combat entre masses ordonnées ou entre lignes de feu

S'il y a combat chacun à chacun, l'équilibre de combat peut exister toutes les fois que, dans chaque groupe de deux bâtiments antagonistes, la route de chacun fait avec la route de jonction des angles égaux; mais la canonnade n'aura son plein rendement des deux côtés que lorsque les lignes seront « de file » ou dérivant de la ligne de file, parallèles et s'encadrant (fig. 12, 12 *bis*, 12 *ter*, 13).

Enfin, ce plein rendement ne se prolongera, en durée, que lorsque les deux lignes de file s'encadrant feront mêmes routes, ou routes concentriques tout en continuant à s'encadrer.

L'équilibre de combat entre lignes de feu parallèles faisant du combat collectif, se manifestera, toutefois, et se prolongera, comme dans le combat chacun à chacun, à concentration identique, quand le décalage entre les lignes sera nul, quelles que soient les routes également inclinées du même bord de la ligne des milieux, suivies par les deux masses.

Mais la canonnade, encore, n'aura son plein rendement, prolongé, à distances constantes, pour l'un et l'autre parti, que lorsque ces routes seront parallèles et de même sens.

Et cette recherche, des deux côtés, de son propre meilleur rendement, qui conduit, à vitesses égales, au combat en lignes de files parallèles s'encadrant, qui conduit, à vitesses différentes, au combat en lignes de files concentriques, explique l'importance qu'ont prise dans les études de tactique navale, ces deux modes de combat qui caractérisent bien le « duel d'artillerie », quand ce duel ne s'appuie pas sur la manœuvre, quand il se réduit à deux écoles à feu, — duel au pistolet, sans avancer.

Est-ce à dire que ce duel d'artillerie, ainsi compris, sera la règle générale?

Non, non et encore non!

Peut-être en verrons-nous cependant des exemples : position initiale, dans une manœuvre de bataille mal engagée, où aucun des deux adversaires n'aura su prendre l'autre en défaut, où aucun des deux adversaires n'aura eu la supériorité de génie, ou simplement de vitesse. Alors, ce sera quelque chose comme la position égale : « En garde! » des sports, escrime ou boxe, permettant de tâter le fer, avant d'engager à fond; position de repos relatif créant l'indécision chez l'adversaire, sur l'attaque qu'on va prononcer. Ou bien position transitoire, survenant, accidentellement, — plutôt ne survenant pas du tout — au cours du combat.

Mais, pour nous, telle égalité ne sera que de très courte durée. Loin de la rechercher, on l'évitera, on l'écourtera au minimum. On ne se contentera pas d'être égal à l'ennemi, on manœuvrera pour lui être supérieur, ou bien lui-même s'y essaiera.

Rien n'empêche, cependant, pour ne pas compliquer indéfiniment les choses, d'adopter cette position d'équilibre comme point de départ d'une étude succincte, restant bien entendu que, la plupart du temps, on ne s'en remettra pas, entre adversaires entraînés, et manœuvrant, à la seule force brutale du canon (à moins que l'un des deux ne dispose d'une supériorité initiale écrasante), mais qu'on s'efforcera d'appuyer les effets de la canonnade par la manœuvre qui seule en accélérera, en multipliera les résultats.

Équilibre de combat entre masses de feu concourantes

L'équilibre existera tant que, les deux lignes étant à égale distance du sommet de l'angle que font les gisements, les routes seront également inclinées sur ces gisements, soit vers l'intérieur, soit vers l'extérieur de l'angle.

Il y a bien des chances pour que, même recherchant toutes deux, ce qui serait invraisemblable, le parallélisme de leurs gisements, deux forces antagonistes s'abordent, en premier contact, suivant des gisements concourants, et à des distances polaires inégales.

Ce sera, vraisemblablement, le cas initial général.

Et c'est ce qui le rend particulièrement intéressant.

II — RUPTURE DE L'ÉQUILIBRE DE COMBAT

Rupture d'équilibre

$F_1 + F_2 \ldots + Fn$, et $A_1 + A_2 \ldots + An$, identiques, combattant sur deux gisements parallèles, en ligne de file, s'encadrent au temps initial (fig. 14).

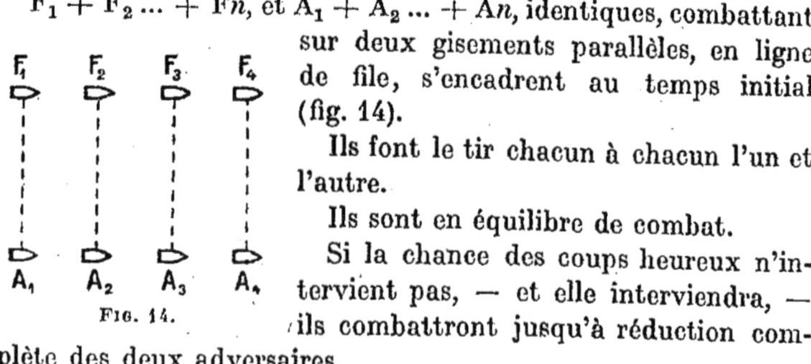

Ils font le tir chacun à chacun l'un et l'autre.

Ils sont en équilibre de combat.

Si la chance des coups heureux n'intervient pas, — et elle interviendra, — ils combattront jusqu'à réduction complète des deux adversaires.

En fait, l'histoire navale n'a jamais eu à enregistrer pareille absurdité.

Les F ou les A rompront l'équilibre. Évidence même !
Supposons que ce soient les F.

Les F rompront l'équilibre en leur faveur de plusieurs façons :

α) En accélérant le tir, ou en lui donnant un meilleur rendement, tout en conservant le tir $\frac{1}{1}$ (grâce à la manœuvre, ou à un tir plus efficace, ou en prenant la priorité du réglage);

β) En passant au tir de concentration ou tir $\frac{n}{1}$;

γ) En prenant, sans modifier le gisement, une formation de concentration;

δ) En prenant, par rapport à A_1, A_2 ... An, une position de concentration;

Enfin, en combinant à volonté tous ces moyens.

Examinons successivement ces différents procédés. Cherchons aussi à chiffrer grossièrement leurs résultats.

Des études précédentes ressort l'importance que prend, dans la bataille, la destruction du matériel (abri ou armes). C'est de la destruction, d'abord partielle, du matériel, que naîtront le plus généralement démoralisation, désorganisation, puis destruction totale du matériel, ces effets réagissant les uns sur les autres pour se multiplier.

Nous faisons entrer ici, sous l'appellation « canons » ou « armes », le canon, ses soutes et leur protection, sous l'appellation « abri », tout ce qui n'est pas arme (protection des équipages, des machines, de la stabilité, de la manœuvre, etc.) C'est ce que nous avons départagé, tout à l'heure, en c et en p.

A peut être mis hors de combat, détruit totalement, soit par destruction de c (*Yalu, Santiago, Souvarof* à Tsushima), soit par destruction de p, totale ou partielle (Dix Août; Tsushima : *Borodino, Oslabya*). Il est bien impossible de prévoir à laquelle de ces deux causes sera due la victoire. Il semble, toutefois, que le chavirement ou la submersion, sauf le cas de grave imprudence initiale, de surcharge fatale, comme à Tsushima, ou de construction surannée, ne sera pas le dénouement normal de la canonnade entre adversaires modernes. Encore n'est-ce là qu'une simple hypothèse.

Cette différenciation dans les effets est d'ailleurs toute théorique : elle *peut* se présenter dans la bataille. Et puis la question « moral » intervient. Quand la flottabilité est menacée, quand l'incendie se généralise, il faut démunir les pièces tirant. Quand les pièces cessent de tirer, le moral des équipes d'incendie ou d'avaries se désempare (cas du *Souwarof* à Tsushima). Un trou dans la coque, qui mettra, par rentrée d'eau, le bateau à une bande importante, interrompra, comme par destruction temporaire, le tir d'une bordée, fera un trou dans le feu. Une avarie de barre créera des girations importantes, intempestives, pendant lesquelles nulle artillerie n'est utilisable.

Destruction de p.

Si p_A est l'abri de A, les coups des F, destructeurs de p_A constituent pour F un résultat acquis. Mais ce résultat n'influe pas matériellement sur les coups, sur les gains à venir. Si le combat dure en équilibre, d'autres coups, ceux-là heureux, de A, intéressant p_F, pourront venir contrebalancer ce résultat.

Si le combat continue en rupture d'équilibre, en prépondérance des F, et que tous les coups, tous les buts *en plus* de F intéressent p_A, la victoire viendra à F suivant une loi se rapprochant de la progression arithmétique.

Destruction de c.

Mais il n'en est plus ainsi, si les buts *en plus* de F intéressent c_A. Non seulement le gain reste acquis, mais, par réduction progressive du tir des A, il se répercute sur la prépondérance à venir des F. Et la réduction de la valeur combattante des A se poursuivra, sur ce terrain, en accélération précipitée, suivant une loi se rapprochant de la progression géométrique.

Équilibre instable des batailles navales

Ainsi commence à s'expliquer cet équilibre instable des batailles navales, — j'entends les décisives ! — où le dénouement se précipite dès qu'un des partis a acquis, par le nombre, la manœuvre, ou bien une plus grande efficacité du tir, la prépondérance de feu effectif.

Priorité du tir efficace

Que F et A, bâtiments opposés et en équilibre (valeurs combattantes égales) combattent, ou ne combattent pas encore, la situation, au point de vue de la rupture d'équilibre, est évidemment la même.

Donnons ici à F la priorité de tir efficace. Supposons que ce soit au début du combat, pour que le phénomène soit le plus simple à chiffrer. Donnons à F, par exemple, quatre minutes de priorité de tir efficace.

Prenons $p_A = p_F = 10$ minutes ; $c_A = c_F = 10$ minutes.

Nous pourrons établir le tableau suivant :

AU BOUT DE LA MINUTE	$c_F =$	$c_A =$	$p_F =$	$p_A =$	$\dfrac{F}{A} =$ [1]
0	10.00	10.00	10.00	10.00	1.00
2e	10.00	9.00	10.00	9.00	1.30
4e	10.00	8.00	10.00	8.00	1.75
6e	9.20	7.00	9.20	7.00	1.96
8e	8.50	6.08	8.50	6.08	2.34
10e	7.80	5.23	7.80	5.23	2.87
12e	7.37	4.44	7.37	4.44	3.60
14e	6.93	3.70	6.93	3.70	5.03
16e	6.56	3.01	6.56	3.01	»
18e	6.26	2.35	6.26	2.35	13.00
20e	6.00	1.72	6.00	1.72	«
22e	5.83	1.12	5.83	1.12	86·00
24e	5.72	0.54	5 72	0.54	»
26e	5.67	0	5.67	0	∞

Ici, nous avons supposé, pour simplifier nos calculs, que

---

(1) $\dfrac{F}{A}$ est obtenu après chaque minute par la formule $n^2 \dfrac{c + \dfrac{p}{n}}{c + p}$.

$p = c$; il semble que, pratiquement p est en général $> c$ et qu'un bateau cesse son feu avant d'être coulé (cuirassés chinois au Yalu, *Souvarof* à Tsushima). Mais cela importe peu quant au dénouement. Une fois c_A réduit à 0, il est évident que p_A sera détruit, comme dans les exemples cités plus haut.

Que nous enseigne l'exemple du tableau?

1° Le dénouement, en combat réciproque, s'obtiendrait en vingt-six minutes. En école à feu, par hypothèse, il eût demandé vingt minutes. Vingt-six minutes, c'est à peu près la durée de la bataille de Tsushima.

2° Le dénouement tourne très rapidement en faveur de F, qui a pris pendant quatre minutes seulement la priorité du feu. Quand A est détruit, il reste encore à F les 0,6 de ses moyens. En vérité, il lui en restera bien davantage. L'effet moral, la désorganisation, accélèrent la dégringolade de A, qui sera réduit beaucoup plus vite.

3° A s'est laissé devancer en feu efficace. Réglât-il son tir ensuite, il lui est presque impossible, étant donnée l'accélération rapide du phénomène, de remonter la pente sur laquelle il roule à la destruction. Or, gageons qu'un seul, le premier, réglera son tir au cours du combat.

Une meilleure méthode de réglage de tir, un entraînement plus intensif des directeurs de tir et des pointeurs peut donner, au début du combat, cette priorité du feu efficace.

Pour obtenir un tel résultat, au cours d'une canonnade en équilibre, engagée et efficace entre F et A, il faudrait que l'un des deux, F, cessât d'être touché, tout en conservant l'autre, A, sous sa gerbe. Des bonds de déréglage peuvent être envisagés au cours d'une canonnade. L'emploi en sera éminemment délicat (Voir étude V : La manœuvre dans la bataille);

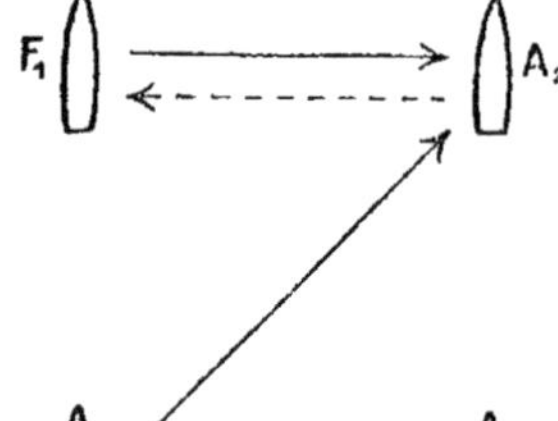

Tirs de concentration

F peut rompre l'équilibre en sa faveur en passant du tir chacun à chacun $\frac{1}{1}$, au tir de concentration, $\frac{n}{1}$, par une simple distribution des objectifs différente entre les bâtiments tireurs.

F_1 et F_2 concentrent leur tir sur A_2, alors que A_1 tire sur F_2 et A_2 sur F_1 (fig. 15). Mettons-nous encore sous les mêmes conventions : $p = c = 10$ minutes.

Nous aurons le tableau suivant :

MINUTE	F_1		F_2		$F_1 + F_2$	A_1		A_2		$A_1 + A_2$	$F_1 + F_2$
	p	c	p	c	$p + c$	p	c	p	c	$p + c$	$A^1 + A_2$
2e.	9.00	9.00	9	9	36.00	10	10	8.00	8.00	36.00	1
4e.	8.20	8.20	8	8	32.40	10	10	6.20	6.20	32.40	1
6e.	7.58	7.58	7	7	29.16	10	10	4.58	4.58	29.16	1
8e.	7.12	7.12	6	6	26.24	10	10	3.12	3.12	26.24	1
10e.	6.81	6.81	5	5	23.62	10	10	1.81	1.81	23.62	1
12e.	6.63	6.63	4	4	21.26	10	10	0.63	0.63	21.26	1

Et nous arrivons à cette conclusion, d'abord déconcertante :

La puissance totale combattante des deux partis est égale, aux différents temps, et ne cesse d'être égale.

Alors même que A_2, réduit à 0, disparaît du champ de bataille, le parti $F_1 + F_2$ ne bénéficie même pas de son dédoublement en deux bateaux. Il se trouve en effet dans des conditions telles que les bateaux ne sont plus identiques comme abris, et $p_{F1} + p_{F2} = p_{A1}$. Nous avons vu, aux Équilibres de combat, que, dans ces conditions, le combat se poursuit en équilibre, puisque la valeur combattante de chaque parti reste égale à I.

Bien mieux, en lignes de files, s'encadrant, parallèles, on ne verrait que réduction de la puissance destructive et combattante de F à user du tir de concentration, puisque la moyenne des hausses employées par F est plus grande que celle des hausses employées par A.

Mais ce langage est tout théorique :

Appelons à la rescousse, pour expliquer contre toute arithmétique l'effet historiquement indéniable des concentrations, le principe plus haut cité d'Ardant du Picq, si excellemment appliqué au combat naval par le commandant Daveluy : « De même qu'un homme n'est capable de supporter qu'une certaine quantité de terreur, dans un temps donné, de même un bâtiment n'est capable de remédier qu'à une certaine quantité d'avaries ou de coups, dans un temps donné. L'homme lutte contre la terreur avec sa volonté, avec son organisme,; le bateau lutte contre les avaries avec le moral de son équipage, avec certains moyens organisés. En deçà de la dose pour laquelle ils sont faits, ils luttent et frappent, sont combattants. Au delà, ils sont facteurs de déroute. La transition est brutale. »

Sur A_2, les causes de démoralisation et d'avarie s'accumuleront deux fois plus vite que sur F_1 et F_2; on vient à bout de deux incendies successifs, on franchit deux voies d'eau successives; autre chose si incendies ou voies d'eau sont simultanés. Il faut diviser ses moyens. Si on y parvient c'est en appelant les renforts de bras prévus ailleurs, au grand détriment de pièces ou d'organes qu'il faut désarmer; c'est en sortant, peut-être, de la ligne de feu, en se mettant volontairement hors de combat pour panser ses blessures (*Azuma, Souvarof*).

Mais, si se mettre hors de la ligne de feu c'est ne plus tirer, ne plus frapper, ce n'est point forcément ne plus recevoir de coups, ne plus être frappé (*Souvarof*).

Sur F_1 et sur F_2, il y aura bien certaines causes de terreur et d'avarie; mais à supposer, comme il est logique, que les bâtiments en présence soient outillés, organisés, entraînés, pour lutter, en chances normales du combat, contre *un* similaire, il n'y aura ni démoralisation, ni désorganisation; la destruction, même, sera réparée à faux frais à mesure qu'elle se produira, et la prépondérance sur A_2 s'affirmera beaucoup plus vite qu'il n'est montré au tableau.

Puis, à partir du moment ou A_2 sombre ou sort de la ligne de feu, intervient, triomphante, l'exaltation morale des $F_1 + F_2$. Cette disparition, tout le monde la voit. L'exaltation des F se multiplie de la dépression de A_1, qui se sent seul contre deux, *sans connaître l'état réel de ses adversaires.*

D'une façon générale, quand une ligne est inégalement battue, dans les zones plus intensément battues, les effets destructeurs et autres se multiplient les uns par les autres; dans les zones moins intensément battues, ces effets ne sont pas divisés dans le rapport inverse.

Pour frapper fort et détruire beaucoup, il faut les tirs de concentration.

Comment, dans une ligne de feu, se répartiront-ils?

Concentration normale des tirs

C'est celle sur un but tel que la somme des hausses employées soit minima.

En lignes parallèles, ce but est le point de la ligne antagoniste le plus rapproché du milieu du groupe qui concentre son feu, ou bien le bâtiment ennemi qui se rapproche le plus de ce point. Cela est à peu près évident, mais se démontre géométriquement.

En lignes concourantes, on adoptera la même règle. N'oublions pas que ce doit être ce cas le plus fréquent au combat.

Le groupement de concentration ne dépassera pas $\frac{3}{1}$. Au delà de ce chiffre, on perdrait, ou bien on risquerait de perdre, par augmentation des hausses extrêmes, une partie des avantages dus aux concentrations de feux.

Concentration totale des feux du groupe ou concentration partielle

Il y a cependant des défenseurs du tir chacun à chacun.

Ceux-là se basent sur ce que, en école à feu, les rendements du tir individuel $\frac{1}{1}$ sont meilleurs que ceux du tir collectif $\frac{n}{1}$.

Là est la difficulté : bien tirer collectivement; amener les rendements du tir $\frac{n}{1}$ à être comparables à ceux du tir $\frac{1}{1}$. A cela, précisément, il faut aboutir. Ne subordonnons pas conception tactique, chose d'intelligence et de génie, à méthode de tir, application d'une formule. Cherchons, au contraire, étudions les méthodes de tir suivant une idée tactique.

Le principe des feux de concentration admis, comme il l'était dans la marine japonaise (et ce n'a pas été un des moindres facteurs de victoire rapide), comment se fera cette concentration, partielle ou totale?

Les défenseurs du tir chacun à chacun, lorsque convaincus par l'histoire, de la nécessité des tirs collectifs, voudraient, toujours pour les mêmes motifs (réglage plus facile du tir, meilleurs rendements d'école à feu), et passant à l'extrême, le tir sur un seul but, la concentration totale de toutes les pièces de tous les bateaux du groupe de concentration.

Ils font valoir en outre, ralliés au point de vue tactique, que plus la concentration est puissante, plus vite elle a son plein effet : « Concentrons, soit, disent-ils; mais alors, accablons, d'abord, et uniquement, et rapidement, le bâtiment porteur des marques (1), le chef du groupe antagoniste ! »

C'est oublier le facteur humain.

D'abord, y aura-t-il des marques de commandement, à nous apparentes, sur les bâtiments ennemis? Y en eût-il, la mise hors de combat d'un chef de groupe, cause évidente de démoralisation, de désorganisation, a d'autant moins d'importance que les groupes sont mieux liés par le Mémorandum et la Doctrine. La mort de Nelson n'a pas empêché son triomphe à Trafalgar.

Puis, laisser *deux* ennemis sur *trois* indemnes, tirant sur nous en école à feu, est contraire à tout bon sens militaire. Sur ces deux bâtiments, le moral sera non pas intact, mais exalté : on s'y croira invulnérable. Sans atteindre aux pour-cent d'écoles à feu (Voir *Santiago*), le rendement du canon croîtra.

En conduite de tir, comme en tactique, comme en stratégie, en revenir toujours à la règle de Suffren : Engager l'ennemi partout, l'accabler là !

Chaque unité engagée dans le combat collectif, aura deux buts du même bord :

---

(1) On peut ne pas la voir. Pavillons « faisant chandelle ». Les historiens anglais prétendent que Villeneuve à Trafalgar n'avait pas arboré sa marque.

But naturel, c'est-à-dire, dans le combat parallèle, le plus rapproché.

But de concentration, plus haut défini.

Concentrations entre masses non ordonnées ou différemment ordonnées

En dehors de son effet propre, la concentration des feux aura, dans certains cas, pour effet, de détruire l'équilibre du combat par modifications dans les positions relatives des tireurs et des buts. Entre masses non ordonnées, par exemple, ou différemment ordonnées.

Si les deux masses A_1 ... A_4 et F_1 ... F_4, font le tir chacun à chacun en équilibre, la rupture d'équilibre par concentration de tous les F sur A_4 donnera l'avantage des hausses moyennes aux F qui sont la masse *la plus rassemblée*.

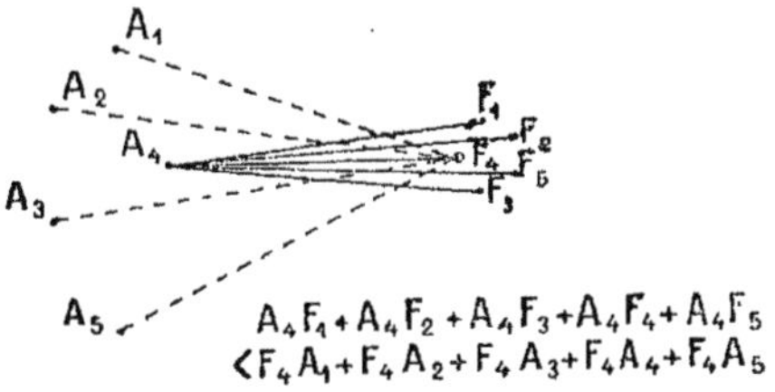

Et cela est de la plus haute importance pour le cas de mêlée, volontaire ou non (bataille de Lissa; bataille du Dix Août).

$$A_4 F_1 + A_4 F_2 + A_4 F_3 + A_4 F_4 + A_4 F_5$$
$$< F_4 A_1 + F_4 A_2 + F_4 A_3 + F_4 A_4 + F_4 A_5$$

FIG. 16.

Concentrations entre masses identiquement ordonnées

De même, entre masses identiquement ordonnées, en tir chacun à chacun, il y a équilibre de combat, nous le savons, toutes les fois que dans chaque groupe de deux antagonistes, la route de chacun fait avec la ligne de jonction des angles égaux.

Si ces angles sont de part et d'autre de la ligne de jonction, c'est passage à contre-bord; l'équilibre de combat continue à se manifester si l'on se livre, des deux côtés, aux mêmes combinaisons de concentration. Mais que les angles $\lessgtr o$ soient du même côté de la ligne de jonction, et qu'il y ait décalage des lignes, les concentrations normales conduisent à un combat où les fractions d'artillerie engagées et les angles au choc ne seront plus égaux chacun à chacun. Les totaux des distances resteront bien égaux; mais non plus les totaux des hausses ni la hausse moyenne. Les tirs de concentration s'imposent, tout au moins pour les F.

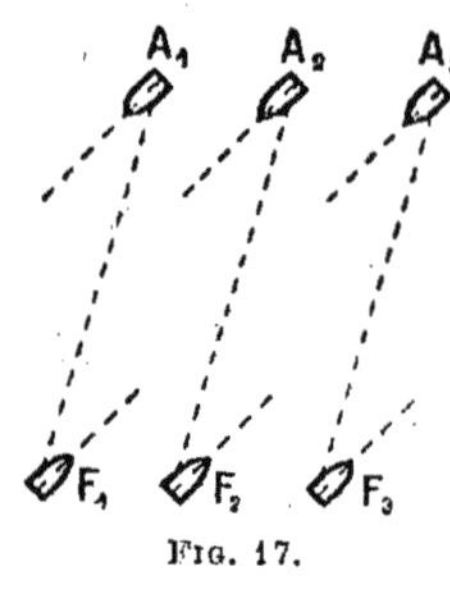

FIG. 17.

L'angle moyen sous lequel les A relèveront le but de concentration sera plus petit que celui sous lequel les F relèveront leur but. Cet angle mesure *grosso modo*, l'importance relative des artilleries mises en action, de part et d'autre : infériorité pour A dans le cas de la figure 17 *bis*.

D'autre part, l'incidence moyenne des coups sur le but F différera, en plus, de l'incidence moyenne sur le but A; ces incidences mesurent, plus ou moins exactement, la vulnérabilité relative des parties cuirassées de A et de F; supériorité pour A dans le cas de la figure.

D'autre part, enfin, la cible en profondeur qu'offrent les A sera plus grande : inconvénient pour A, surtout aux grandes distances.

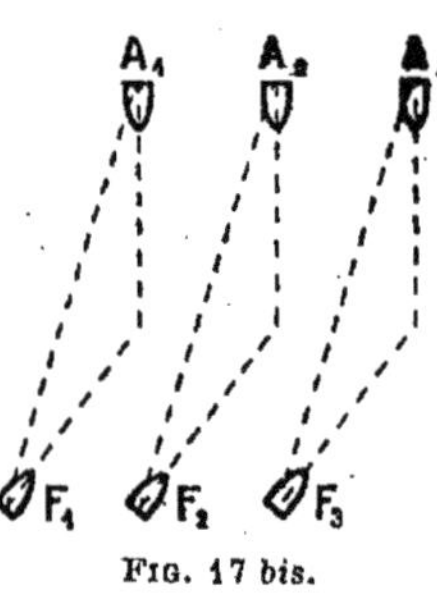

FIG. 17 bis.

L'ensemble des avantages et des inconvénients théoriques peut, dans la pratique, se balancer. Comme, cependant, dans la canonnade, le coup de rupture n'est pas, — loin de là, — le seul sur lequel il faille compter; comme le plus important sera toujours de « faire des buts », sans *trop* s'inquiéter de leur point d'impact et de leur incidence (le pourrait-on dans la bataille?) surtout avec certains obus; comme, enfin, c'est la puissance destructrice, l'arme, qui *agit;* l'avantage de position nous paraît, toutes choses balancées, devoir rester aux F, dans le cas de la figure, tant du moins que leur tir n'est pas déréglé par la grande vitesse de rapprochement imposée par les A, s'ils vont carrément au combat rapproché; tant, du moins, que leur moral n'est pas trop ébranlé par l'approche, en glorieux désordre, de la masse qui s'approche sur eux jusqu'à la mêlée.

Cette question des feux de concentration qui est de la plus haute importance au combat, est aussi une des plus controversées.

Qu'il suffise de penser : « On ne choisira pas son ennemi. »
Il se présentera égal en nombre, *ou* supérieur *ou* inférieur, en
lignes parallèles à la nôtre, *ou* en lignes concourantes, en position
s'encadrant avec la nôtre, *ou* décalée par rapport à elle. L'égalité,
le parallélisme, l'encadrement, seront l'exception, surtout si tous
réunis. Ne pontons pas sur cette triple coïncidence. *De toutes
façons*, pour donner à notre feu toute la *souplesse* nécessaire,
faisons de l'entraînement au feu collectif, de trois bateaux sur le
même but; entraînons-nous, sur chaque bateau, au feu sur deux
buts.

Disproportion du nombre

Nous sommes acquis, dorénavant, aux feux de concentration.
Mais, si les masses engagées sont à égalité de formations et de
positions, à tout feu de concentration de F pourra répondre un
feu de concentration identique de A.

Et nous retombons dans le combat en équilibre.

Comment le rompre?

F peut l'essayer, non plus seulement en modifiant l'intensité
de son tir, ou le choix, la répartition des objectifs, mais en dépla-
çant ses bâtiments les uns par rapport aux autres, en *modifiant
sa formation*. De cette façon, il pourra se mettre « plus près » de
la ligne de feu ennemi, qu'elle n'est elle-même de lui (Voir plus
haut, Paradoxe des distances). En même temps, il opposera
plus de bateaux à moins d'ennemis.

Essayons de chiffrer les gains ainsi obtenus, par notre méthode habituelle, de manière à dire : la concentration (par formation ou position) effectuée, tout se passe comme si les deux
partis luttaient dans la proportion de N bâtiments contre N'
bâtiments.

Mais d'abord, que signifie au combat ce terme : « Disproportion du nombre »?

Il est bien évident qu'il ne s'adresse qu'au nombre des bâtiments, *combattants effectifs*. Peut nous chaut qu'il y ait un Villeneuve, un Dumanoir, un Albini ou un Nébogatof à trop longue
distance, ou sous-venté, ou inactif, sur les champs de bataille de

Trafalgar, d'Aboukir, de Lissa ou de Tsushima. Seul nous intéresse le canon, à portée de canon, pouvant frapper et subir.

L'armée la plus faible numériquement doit espérer, quand même, être la plus nombreuse sur le vrai champ de bataille. Sinon, quelle espérance lui resterait-il? Le paradoxe du nombre ne nous apprend-il pas que, entre bâtiments engagés, la valeur combattante varie comme le carré des nombres?

Et cette valeur combattante est la valeur véritable initiale, avant tout combat. Dès que le canon détruit, la disproportion grandit, — et étonnamment!

Dressons, comme tout à l'heure, un tableau qui nous donnera le sens des phénomènes pour $N = 1$, $N' = 2$.

AU BOUT DE LA MINUTE	VALEURS DESTRUCTRICES DE			VALEUR DESTRUCTRICE de A	VALEUR COMBATTANTE de $(F_1 + F_2)_A$
	F_1	F_2	$F_2 + F_2$		
0	10.00	10.00	20.00	10.00	4.00
2	9.50	9.50	19.00	8.00	5.76
4	9.10	9.10	18.20	6.10	9.00
6	8.79	8.79	17.58	4.40	1.60
8	8.57	8.57	17.14	2.70	3.90
10	8.43	8.43	16.86	1.00	2.56
12	8.38	8.38	16.70	0	∞

Le tableau ci-dessus a été fait avec les mêmes conventions que précédemment, $c = p = 10$ minutes.

On voit que, dans l'espèce, le bâtiment unique A sera détruit en moins de 12 minutes, alors qu'en école à feu il eût, par hypothèse, été détruit en 10 minutes. On voit surtout que le parti $F_1 + F_2$ n'aura perdu qu'une quantité infime de sa valeur (tant c que p, p étant par hypothèse égal à c), et qu'il pourra rapidement passer à d'autres buts.

Au combat, en vérité, la destruction sera beaucoup plus rapide encore, par suite des effets propres à la concentration.

Les *formations*, comme les *positions de concentration*, tendent à créer cette disproportion du nombre, sans laquelle il n'est point de bataille décisive.

Formations de concentration

Ce sont des formations plus serrées, permettant des feux plus denses, ou bien de la ligne de feu tout entière, ou bien d'une fraction de cette ligne de feu.

Les formations de concentration entraînent, *ipso facto*, tir de concentration, combat collectif, puisqu'on se trouvera en disproportion numérique, vis-à-vis tout au moins du groupe d'ennemis le plus rapproché, donc le plus redoutable.

C'est ce but qui sera but naturel, en même temps que but de concentration. Toutefois, pour obéir à la règle générale d'économie des forces, la concentration des efforts ne doit pas être totale, mais partielle, soit qu'un certain nombre de bâtiments occupent ceux, à craindre, de l'ennemi, que ne vise pas la concentration ; soit qu'une fraction de feux, sur chaque bateau, reste distraite à cet effet de la concentration des feux : d'où, toujours, nécessité du tir sur buts multiples.

Le cas envisagé (fig. 18, pl. II) tend à donner, en le chiffrant pour le sens général du phénomène, une idée de la prépondérance, résultat d'une formation plus serrée. Évidemment, les distances adoptées respectivement, 200 et 400 mètres, n'ont rien de bien vraisemblable, même avec la formation en ligne double ; mais on peut fort bien supposer, d'un côté une formation en ligne serrée, de l'autre des postes mal tenus. J'imagine qu'à Tsushima, par exemple, alors que Togo manœuvrait d'une façon continue, pour doubler à bonne vitesse collective, la tête russe, déjà désemparée, la queue du serpent russe devait s'être terriblement allongée. De sorte que la proportion du simple au double peut parfaitement exister : voir encore Aboukir, premier projet de Nelson : faire mouiller ses bateaux dans la proportion de deux anglais pour un français, *sur une seule ligne.*

Dans les conditions du schéma, en tenant compte des distances respectives, des probabilités de toucher, tout se passera comme si 14 bâtiments et demi étaient opposés à 18. La valeur combattante des F_A sera voisine de $\dfrac{3}{2}$.

Encore ne tenons nous pas compte des effets propres à la concentration du tir, non plus que de la moins-value sur la bordée des derniers A, tant comme nombre de canons en ligne que comme effets sur les cuirasses obliques de F.

Les formations de concentration, évolutions intérieures des groupes, peuvent s'exécuter soit par simple *réduction* des intervalles, soit par *doublement* de la ligne de feu dans les créneaux. Mais, dans la première hypothèse, il y a danger de collision: une ligne de feu, au combat, se tiendra toujours, sauf cas très particulier, à la distance minimum permise à ses unités; elle n'a guère à compter serrer les rangs, ce qui entraînerait trop de difficultés pour les évolutions et la masse. Mais la ligne doublée peut présenter l'inconvénient, qui est grave, de gêner le tir de l'artillerie de la ligne qui double.

En fait, les formations de concentration seront beaucoup plus relatives qu'absolues. Une ligne, à vitesse collective supérieure, sera, d'elle-même, concentrée par rapport à la ligne adverse, qui s'essouffle à la suivre.

La vitesse, le rapprochement des deux lignes, seront de grands facteurs de concentration. Mais ce qui peut-être donnera surtout, au combat, la formation concentrée, c'est le bâtiment de plus en plus puissant en artillerie, l'abri restant identique : s'il équivaut, comme canons, à n bâtiments, il réalise, de lui-même une formation de concentration contre ces n bâtiments. Et nous ne parlons pas ici des facilités de manœuvre que donne la ligne courte, comparée à la lenteur, à l'encombrement de la ligne longue; nous ne parlons pas de la perceptibilité des signaux, etc.

Nous savons bien, toutefois, que le bâtiment n fois plus puissant en artillerie et de même abri n'équivaut pas, comme valeur combattante, à n bâtiments n fois moins puissants que lui-même. Mais cela n'est pas pour contrebalancer, en faveur du bâtiment à tonnage réduit, les avantages péremptoires que nous venons de citer : si la valeur combattante de $A_1 + A_2$ (puissance totale destructrice $c =$ à celle de F; même abri), est supérieure à celle de F, il aura aussi fallu pour réaliser un tel groupe, un tonnage, c'est-à-dire un prix d'achat, et un équipage total, c'est-à-dire un prix d'entretien, *beaucoup* plus grand.

Ces raisons : concentration naturelle des feux d'une ligne, rapidité des manœuvres d'une ligne, sont, je crois, celles qui doivent le plus victorieusement militer en faveur du porte-canons maximum, *superdreadnought* et mieux encore, à l'heure où les déplacements considérables semblent devoir effaroucher beaucoup parmi ceux qui s'intéressent à ces choses, ingénieurs, publicistes ou officiers.

Qu'on n'y objecte pas des axiomes comme celui-ci : « Rendre les bateaux de plus en plus puissants, c'est, à égalité de budget, réduire le nombre des bâtiments, et empêcher des combinaisons; *or, tout, à la guerre, est combinaisons.* » Nous y répondrions par cet autre, plus facile, peut-être, à démontrer : « *Tout, à la guerre, est concentrations.* »

Positions de concentration

Ces positions sont toujours prises par rapport à l'ennemi; si les feux sont déployés sur des lignes droites, les positions de concentration exigeront toujours le non-parallélisme des gisements pour les lignes antagonistes.

La masse ou ligne prépondérante sera toujours celle qui se trouve la plus rapprochée du sommet de l'angle que font entre eux les gisements.

L'exemple (fig. 19, pl. II) donne une idée de l'importance que peut prendre la *position* d'une masse par rapport à celle qu'elle canonne.

Nous y avons supposé une canonnade entre deux lignes de dix-huit bâtiments identiques, armés de 16^{cm} (tableaux ci-dessus); les bâtiments courant sur des gisements inclinés à 30° l'un sur l'autre; les bâtiments équidistants, à 400 mètres dans chaque ligne; la plus courte hausse employée étant 3.200 mètres; la plus forte étant 6.800 mètres. Conditions de combat en somme assez normales.

Si ces deux lignes de feu étaient à égale distance du sommet de l'angle, le combat se ferait en équilibre $\dfrac{18}{18}$. Il suffit que la ligne des F prenne un décalage, du côté de l'angle, de 2.400 mètres, pour que, si l'on fait entrer en ligne de compte les probabilités de tir et les moins-values dues aux vitesses restantes, la valeur combattante des deux lignes de feu, chaque bâtiment tirant sur son but naturel, devienne $\left(\dfrac{18}{10,3}\right)^2 = \dfrac{324}{100}$, ou, *grosso modo*, $\dfrac{3}{1}$. Du simple fait de la position de concentration à laquelle il a pu parvenir, la prépondérance de la ligne des F sera presque celle de deux bâtiments contre un. Nous avons vu que prolonger la canonnade dans de telles conditions, toutes autres choses égales d'ailleurs, serait comme une utopie.

Il va sans dire que les positions de concentration entraînent, *ipso facto*, tirs de concentration appropriés.

Elles peuvent se combiner avec formations de concentration. Voyons, par exemple (fig. 20, pl. II), ce que deviendraient les prépondérances de F si ces bâtiments réduisaient leur distance à 300 mètres. Si la distance au sommet de l'angle restait pour les têtes de ligne respectivement la même, avec le même décalage de 2.400 mètres, la prépondérance des F sera $\dfrac{18}{8,6}$, et leur puissance combattante $\dfrac{324}{74}$, soit près de 4, 4.

Encore n'avons nous pas tenu compte ici des effets des tirs de concentration, qui seront plus terribles sur la ligne A (concentration de 18 F sur 8 A), que sur la ligne F (concentration de 18 A sur 14 F).

La prépondérance des Japonais, du fait de leur position initiale à Tsushima était encore, plus nette que celle prise ici en exemple. Et cela surtout explique la rapidité foudroyante de leur victoire.

Combat concentrique

Toutefois, il faut bien admettre qu'une telle position ne sera pas toujours facile à prendre, à moins de paralysie ou d'incapacité manœuvrière absolue chez l'adversaire.

Lorsque A verra F forcer de vitesse pour le doubler (*to cross the T*), si la position est prise par rapport à sa tête, il appuiera vers son côté libre, pour rester à hauteur de F, en le conservant par le travers pour améliorer sa position relative, et parer aux pires situations.

Mais, pour une file de dix-huit bateaux, comme celle que nous avons envisagée, l'équilibre en combat concentrique, qui apparaît quand chaque groupe de deux antagonistes, A_1 et F_1, A_2 et F_2, etc., est sur le même rayon, disparaît quand, les lignes de feu étant concentriques, les distances entre bâtiments des lignes restent égales (500 mètres, par exemple).

Quelle prépondérance en résulte-t-il pour la ligne extérieure, c'est-à-dire celle de vitesse supérieure?

Supposons, ce qui a eu lieu à Tsushima, par exemple, que les vitesses relatives soient 3 et 2 (12 et 8 nœuds). La tenue réciproque des A_1 et de F_1 par le travers s'obtiendra quand les deux chefs de file décriront des cercles ayant respectivement 2 et 3 fois la distance de tir à laquelle on est censé se maintenir. La concentration naturelle des F se fera sur les deux premiers tiers de A. Tous les F, en supposant concentration totale, emploieront la hausse de 3.000 mètres. Les A du dernier tiers emploieront des hausses augmentant progressivement de 3.000 à 4.500 mètres, et plus la ligne de A sera longue, plus cette moins-value sera sensible.

Si nous prenons 450 mètres comme distance entre les bâtiments, la prépondérance de F équivaudra à plus de deux bateaux, la valeur combattante de F_A sera 1,3. Encore faut-il remarquer que les bâtiments en queue de A ne pourront utiliser toute leur artillerie.

Si nous prenons comme distance constante de tir 2.000 mètres seulement, avec 400 mètres de distance uniforme entre les bâtiments, nous aurons la prépondérance numérique des F égale à $\dfrac{18}{14,7}$ et nous portons la valeur combattante des F_A à 1,5; toujours sans tenir compte de la moins-value très sensible apportée à A du fait de l'incomplète utilisation de l'artillerie de sa queue de ligne.

Si, au lieu d'adopter 400 mètres dans le deuxième exemple, on avait pris comme distance normale 450 mètres, la valeur combattante de F_A eût été plus accrue encore.

Enfin, la ligne intérieure ne peut se livrer à aucune concentration, si ce n'est sur la queue de ligne, tandis que les 18 F se concentrent sur 12 A.

Si la ligne F, prépondérante, adopte une formation serrée, ou seulement bien tenue, par rapport à celle, lâchée, de la ligne A, sa prépondérance s'en accroit d'une façon facile à chiffrer.

N'est-ce point là ce qui s'est passé à Tsushima, pendant la deuxième phase de la bataille?

Conclusions de cette étude

Elles seront pour nous seulement d'ordre général; qualitatives, bien entendu, et nullement quantitatives.

Crions l'importance capitale de la supériorité numérique.

Qu'on ait, d'entrée, cette supériorité. C'est le plus sûr moyen de l'avoir. Efforçons-nous alors de la multiplier encore par le tir et les manœuvres de concentration.

Qu'on soit, d'entrée, en infériorité ou à égalité, efforçons-nous de gagner, par la manœuvre, la supériorité numérique relative : Faisons le nombre. La vitesse y aidera grandement.

Pas de tirs chacun à chacun, pas de tir sur un seul but; du moins, qu'ils soient accidentels. En thèse générale, le tir collectif $\frac{n}{1}$, et, pour chaque bateau, le tir sur deux buts du même bord.

De la souplesse dans les méthodes de tir.

Crions l'importance de la continuité du feu efficace porté à son maximum de rendement. Mais sachons distinguer l'école à feu du tir de combat ou tir réciproque.

Crions aussi l'importance de la priorité du tir efficace, et celle qu'il y aurait à dérégler le tir de l'adversaire en conservant le sien propre réglé.

Une affirmation, enfin, nous semble possible.

Dans les conditions modernes de la canonnade, la « défaite utile », celle où, en se sacrifiant, on fait subir aux ennemis engagés un mal proportionnel à celui qu'on subit soi-même, est une quasi-impossibilité.

Il faut donc se servir de ses armes et de ses moyens, canonner et manœuvrer jusqu'au bout *pour la victoire*.

Et quand, au cours de la canonnade, la victoire échappe, c'est qu'elle va échapper définitivement.

Demander alors la « défaite utile », et peut-être la victoire, — une victoire d'ordre différent; — à d'autres armes, à d'autres moyens que la simple canonnade à tir réglé; la demander au combat rapproché, au corps-à-corps avec toutes ses conséquences.

N'attendons pas pour cela qu'il soit trop tard. N'attendons pas qu'on se sente... perdus!

QUATRIÈME ÉTUDE

FACTEURS TACTIQUES DANS LA BATAILLE

I — FACTEURS MATÉRIELS

Vouloir mettre la victoire en formules serait nier la victoire elle-même.

Qui l'obtiendrait, de deux adversaires à égalité numérique, appliquant impeccablement les mêmes formules?

Ce serait nier l'inspiration.

Entre deux adversaires également entraînés, également tenaces et avertis, ne peut-elle donner, fût-ce seulement quelquefois, la victoire au moins nombreux, mieux inspiré?

Trop de causes entrent en ligne pour qu'on puisse viser à une formule aussi étroite et dogmatique dans sa forme que générale dans ses applications, hors de laquelle ne seraient ni victoire ni salut.

Telle manœuvre, téméraire et facteur de déroute contre un ennemi tenace, bien manœuvrant et manœuvrant bien, peut se justifier, s'appeler manœuvre hardie de victoire, contre un adversaire indécis, timide, déjà ébranlé, ou seulement malchanceux, qu'on a jaugé.

Si l'on admet, comme beaucoup, qu'il y ait des « distances de combat », et, comme quelques-uns, qu'on puisse, au combat, choisir, prendre, garder ces « distances de combat », le cuirassement relatif, l'armement de l'ennemi considéré peuvent les faire varier suivant l'antagoniste.

Même, au cours du combat, se produiront des modifications dans l'armement; les cuirassements moyens de notre artillerie étant détruits, il faudrait rapprocher les distances de tir, rien que pour mieux utiliser la cuirasse utile. Alors la formule varierait d'un ennemi à l'autre, et, pour le même ennemi, d'un moment à l'autre de la bataille! Et la bataille est chose simple!

Lorsque le tir relativement rapide de torpilles à grande vitesse et à longue portée sera assuré, s'il ne l'est déjà, le combat en pointe ne s'imposera-t-il pas?

Brume, soleil, mer, peuvent modifier profondément les manœuvres tactiques à faire. Pendant la canonnade, on doit s'efforcer d'en tirer parti. Commencé par calme, un combat peut se continuer avec brise fraîche. Alors d'où viendra le vent? Et les dispositions prises judicieusement par un des adversaires peuvent se retourner contre lui. L'éclairage peut changer, un ciel couvert faire place à un soleil gênant pour l'un ou l'autre adversaire. Influences combinées du vent et du soleil peuvent modifier en quelques moments l'aspect d'une bataille. Brume (Tsushima), fumées (Trafalgar), faire écran opaque, masquer le tir ou la vue générale sur la bataille.

Si on doit tenir grand compte, toutes les fois qu'il est possible, des circonstances atmosphériques dans le poste initial à choisir pour combattre, il faut bien reconnaître qu'on sera rarement maître de le faire, et se garder de baser une tactique de combat sur ces circonstances aléatoires, qui sont loin d'avoir le caractère permanent du « terrain ».

On ne sera pas beaucoup plus maître de l'heure.

Or l'heure de la journée influera beaucoup sur la manière de mener le combat. Le délai jusqu'à la nuit imposera souvent la manière tactique à l'un des deux adversaires. Veut-on, parce que notablement supérieur, parce que l'ennemi attend des renforts, parce que soi-même on ne dispose que temporairement de la totalité de ses forces, parce que près des côtes ennemies (crainte des lance-torpilles de nuit), ou près de ses propres côtes (coopération active des lance-torpilles), veut-on une action décisive immédiate, coûte que coûte, alors que le délai de clarté est très réduit? Alors, brusquons l'attaque au plus court; supprimons le combat de manœuvre, peut-être la canonnade; allons tout de suite à bout portant. Voulons-nous, très inférieur en force, nous maintenir intacts, pour recourir, dans la nuit qui suivra, à une brutale offensive, en mêlée, dont les résultats peuvent être si grands pour celui qui en prend la bonne initiative? Prolongeons, de dérobade en dérobade, le combat traînant, pour faire tête, en pleine nuit, à l'heure voulue.

La vitesse collective dont on dispose, celle dont dispose l'ennemi, imposeront ou interdiront l'emploi de certains procédés tactiques appropriés à la supériorité ou à l'infériorité de vitesse. — Des circonstances géographiques, la proximité d'une côte — sienne ou ennemie, — (réparations faciles ou non), — obliger l'ennemi à faire côte ou à désarmer dans un port neutre, — modifieront un plan tactique; à plus forte raison rendraient impossible une *formule* tactique, si on y avait jamais songé.

Enfin, surtout, l'autre volonté, celle de l'ennemi, en jeu, elle aussi, à tous moments; l'autre volonté agissante, qui est la moitié de la bataille !

Une tactique de combat ne doit donc pas être enserrée, enfermée dans une formule. Le commandement, aux différents degrés de la hiérarchie, surtout au degré suprême, doit prendre l'entière initiative de ses ordres, des manœuvres qu'il ordonne, comme il en portera l'entière responsabilité.

De fait, il ne peut y avoir de « tactique de combat » obligatoire : chaque chef apportera la sienne au jour le jour, suivant son tempérament. Et c'est sa manière de combattre qui, précisément, en fera un grand général.

Mais s'il n'est pas de formule tactique, de formule de victoire, il est des moyens, il est des liens tactiques : il est des facteurs de victoire.

Les coups, avons-nous dit, sont destructeurs du matériel, désorganisateurs des liens et des cohésions, démoralisateurs des énergies et des volontés. Les facteurs agissants seront de même, ou matériels, ou moraux, ou organiques.

Facteurs matériels : Nombre relatif et valeur militaire des bâtiments face à face, bordée-minute (canons et torpilles) en tonnes d'acier ou d'explosif, résistance matérielle aux coups reçus, priorité ou non du feu; vitesse en route libre des bâtiments, etc., etc.

Facteurs moraux : Hardiesse et génie des chefs. Confiance

qu'ils inspirent. Doctrine, discipline, entraînement à l'idée de bataille. Degré d'enthousiasme ou de dépression morale. Activité, ténacité, ou lenteur et versatilité sur le champ de bataille. Priorité ou non, de manœuvre; indécision qui en résulte pour le surpris; priorité du feu, encore, et effet démoralisateur qu'elle entraîne. Orientation enfin, polarisation vers un même but, de tous les efforts rendus solidaires, ou dispersion des efforts restés individuels, etc., etc.

Facteurs organiques : Distribution des unités et des groupes. Liens tactiques entre ces unités et ces groupes. Hiérarchie; vitesse collective. Règlements et Instructions d'armes (évolutions; artillerie; signaux, etc.). Degré d'entraînement aux évolutions, subjectives, et aux manœuvres, objectives. Entraînement à l'emploi subjectif et objectif des armes, etc.

Si les moyens, les procédés tactiques à employer ne sont pas toujours identiques, — et loin de là! — ne sont pas toujours réglés comme quadrille ou passe d'armes, ces moyens tactiques doivent toujours être tels choisis qu'ils utilisent les moyens tactiques, les facteurs tactiques, à leur plein rendement, et les portent à leur maximum pour la victoire.

Ce n'est point ici l'étude complète des facteurs matériels. Reportons-nous, à titre d'ébauche, à l'étude précédente : *Le Canon dans la bataille.* Toutefois j'insiste encore sur le rôle, plus grand bien des fois qu'à terre, du nombre.

L'infériorité numérique, comme la destruction de son matériel, réagira dès le début sur le moral et l'organique du moins nombreux. C'est par le nombre, par le nombre que sur mer chacun peut compter, que se traduit au début cette importance du matériel, reconnue aux études précédentes.

Nous l'avons montré, — forme paradoxale d'une vérité presque évidente, — deux nombres N et N′ sont entre eux, au combat, comme $\dfrac{N^2}{N'^2}$. C'est proclamer la magistrale supériorité de $N' > N$.

Efforçons nous donc, par nos programmes, surtout par leur réalisation, d'avoir le nombre absolu contre l'ennemi éventuel.

Pour l'obtenir, ne comptons pas par millions, mais par milliards.

Mais si, au jour du combat, nous ne l'avons pas encore, ne nous décourageons pas : dans la bataille, où rien n'est absolu, le nombre l'est moins que toute chose.

Et là peut éclater le génie du chef : transformer le nombre par la manœuvre. De l'infériorité numérique absolue, faire la supériorité numérique relative, sur le point qu'il a choisi, où il impose le combat.

Mais il faut pour cela, d'abord qu'il ait les mains libres, et qu'on ne lui impose pas une FORMULE de combat.

Supériorité relative : Clé de voûte de toutes les batailles décisives, que ce soit sur terre ou sur mer !

D'ailleurs, comme les coups destructeurs, démoralisateurs, désorganisateurs, les facteurs, les résistances matérielles, morales, organiques, que nous rencontrons à tout moment de la bataille, agissent et réagissent les uns sur les autres, enchevêtrant leurs effets, s'entre-divisant, à grands diviseurs, dans la défaite, mais, à des puissances de puissances, s'entre-multipliant dans la victoire.

II — FACTEURS MORAUX

Le génie ne s'apprend pas.

Mais l'histoire porte à croire que, jusqu'à un certain âge, il se forme, se développe, chez ceux qui sont pour lui bouillon favorable de culture.

Jusqu'à un certain âge, et à partir d'un certain âge. On ne peut prétendre qu'un chef de génie, sur mer, soit nécessairement, un adolescent glorieux, Hoche ou Bonaparte. Jeunesse n'y est point fatalement synonyme de victoire. Pour commander à la mer, il faut savoir commander. Cela s'apprend en commandant. C'est en forgeant, etc..... Ferragut et Togo, vieillards, donnent à ces jeunes hommes : Nelson et Téghetoff, réplique péremptoire.

Si le génie d'un chef est facteur de victoire, le plus prépondérant sans doute, le devoir élémentaire, — d'où son droit le plus strict, — d'un corps militaire, est de choisir, — sélection rigoureuse entre toutes, — parmi ses officiers, ceux dont l'étoffe promet ; de les marquer, chefs de génie de l'avenir, d'une étoile au front ;

par bonne école, de les mettre tout de suite en mesure de savoir commander plus tard.

Ce n'est point forcément qui mieux obéit, ou qui mieux navigue, ou qui mieux, en ingénieur documenté, dirige un service subalterne et fait tourner ses moteurs, ou qui mieux rédige un rapport et une dépêche, qui mieux saura, dans le feu et sous le feu de la bataille, tirer le rendement maximum d'armes diverses, de lignes et de masses : la technicité quant au matériel et l'esprit général de bataille sont de lignes, sinon incompatibles, du moins très divergentes. Commander un bâtiment de ligne supporte encore une certaine science du détail des choses de bord, permet encore quelque subjectivité dans l'esprit. Déjà, pourtant, s'impose à un commandant le sens des nécessités générales de combat; celui de la solidarité des armes, de la fusion des petites chapelles de bord, toujours envahissantes, hors de chacune desquelles il n'est volontiers ni efforts ni salut; de la mise des divers services au plan qui leur convient, au plan qu'ils auront dans la guerre ou la bataille. Mais, quand on passe aux lignes et aux masses de feu, toute subjectivité disparaît : ce sont, — rien de plus ! — des unités, des groupes, à animer pour battre un objectif vivant !

Nous n'irions pas jusqu'à soutenir, en France où bien des exemples nous démentiraient, que bons officiers de spécialité ne sauraient être bons commandants, voire bons commandants en chef. Mais, pour s'élever jusque-là, ceux-ci ont dû volontairement oublier, — chose difficile, — tout ou partie du détail matériel où ils ont excellé. Le bon spécialiste se laisse trop facilement entraîner aux points de vue particuliers, sinon particularistes. Le bon machiniste devient trop facilement le serviteur attentif de ses machines. Il lui faut, pour savoir *commander*, que son esprit d'analyse et minutieux se soit transformé en un large esprit synthétique.

Défendons-nous, une fois de plus, par des faits, de chercher un facile paradoxe : dans la Marine Anglaise, où l'on sacrifie beaucoup, — beaucoup d'argent et beaucoup d'intérêts particuliers, — à cette sélection du commandement, on voit des amiraux très jeunes, sans que faits de guerre soient intervenus pour les classer hors pair. Ces amiraux ont, pour ainsi dire, toujours commandé : ils ne peuvent se perdre dans les minuties d'un matériel, qu'ils ignorent. Ils savent, par contre, le parti qu'on peut tirer d'un bateau. Ils apprennent pendant de longues années à mener lignes et masses. Cela suffit, et c'est très bien !

Dans les marines démocratiques, il y a, paraît-il, susceptibilités et intérêts particuliers à ménager.

Cela peut coûter cher dans la bataille. Est-ce que, pour des raisons d'ordre particulier, les institutions militaires d'une démocratie, dont la règle ne peut être pourtant que l'intérêt de la chose publique, seraient frappées d'infériorité ? Les armées de la Révolution, pépinières de celles de l'Empire, sont là pour, péremptoirement, prouver le contraire. Alors ? Alors en revenir aux traditions des glorieux ancêtres (1).

Doctrine

S'il faut laisser au commandement, à tous les degrés, et dans la sphère qui lui est dévolue, libre arbitre et mains libres quant au choix des procédés tactiques (2), en face de telle ou telle situation, ce libre arbitre doit être, pour qu'il y ait cette coordination, cette polarisation des efforts qui sont les gages principaux de victoire, guidé, soutenu, par une doctrine, la même pour tous. Il faut qu'une situation tactique donnée évoque chez tous la même pensée de botte à porter, de parade, de riposte, de choix dans les objectifs. Ainsi chez tous les chrétiens, chez tous les libres-penseurs, chez tous les musulmans, telle circonstance de la vie sentimentale évoquera la même pensée et fera naître le même geste.

____

(1) La sélection, faite jeune, de ceux parmi lesquels seront surtout choisis plus tard ceux qui doivent commander comme officiers généraux, non seulement assurerait un cadre d'officiers ayant l'habitude du commandement, mais encore aurait une bonne influence sur les autres. Les déceptions de carrière les atteindraient en pleine jeunesse : celles de l'âge mûr sont autrement pénibles. On verrait, parmi les bons officiers laissés pour compte par l'avancement, — il y en a toujours, — plus de philosophes, et moins de « m'a fait tort ».

(2) Entre ceux qui lui sont offerts par les Règlements et Instructions.

Cette communion d'idées est particulièrement nécessaire en France, mais aussi particulièrement difficile à obtenir.

Difficile : L'esprit français, — surtout celui de la classe où se recrute en général l'officier — se fait un mérite de la divergence. Excellent, cela, dans la libre discussion. Déplorable à l'heure de l'action.

Nécessaire : Mieux le Français comprend, mieux il exécute : un chef de groupe, un commandant, — le plus discipliné, — même un équipage, obéiront mieux s'ils approuvent que s'ils critiquent. Le Français, — et ceci à son éloge, — aime comprendre. Il met alors du « cœur à l'ouvrage », qualité bien française! Le plein rendement de l'effort collectif dans la bataille sera s'il y a, d'instinct, pour les ordres donnés, transmis et reçus, la même et unanime approbation, la même et unanime communion de pensée dans une religion unique. Credo tactique!

Première restriction au libre arbitre? Non pas! Mais formation de ce libre arbitre.

Cette doctrine, pour être comprise et assimilée, devra tenir compte de bien des choses.

Il lui faudra s'adapter, en particulier, aux caractères nationaux de notre race, de nos équipages français. Il semble que toujours, sur mer, l'attitude offensive nous fut plus favorable, nous mit mieux en valeur, que le long combat traînant. Les Anglais craignaient fort notre abordage : bateau à bateau, le long du bord, ils ne se sentaient plus à égalité. Il semble que les avaries, fatalement consécutives, d'une canonnade prolongée faite par un ennemi efficace, influeront plus, peut-être, sur notre moral collectif, que sur celui de Russes, d'Allemands, d'Anglo-Saxons. Nous aimons « en finir vite ». On peut soutenir qu'il nous sera plus difficile de tenir un poste en ligne, sous le feu de l'ennemi, que de lui courir sus. On peut dire : le combat en autonomie très large des groupes et des sous-groupes est mieux notre fait que le contact en une seule masse compacte; plus on reculera les limites de cette autonomie, meilleure sera l'utilisation combattante, parce que plus grands seront la compréhension et l'enthousiasme du combattant.

Ce Credo, il faut que chacun le sache et croie, de la foi du charbonnier; chacun, du petit au grand, les pointeurs, comme les amiraux.

Je dis : les pointeurs. Peut-être parce que la bataille navale est plus simple, à plus grandes lignes, plus facile à saisir même pour des esprits simples, j'ai vu des équipages entiers se passionner, à leurs pièces ou à leurs drisses de signaux, pour les péripéties d'un simple combat figuré. Devant une escadre supposée ennemie, en paquets sous les canons de la nôtre, j'ai senti passer sur un bateau un véritable souffle de compréhension et presque comme un souffle de victoire (1). Que serait-ce donc au combat, canons tirants, si l'éducation est faite, du haut en bas? L'habitude se répand, d'ailleurs, à bord comme à l'armée, d'expliquer aux simples combattants le but d'une manœuvre d'exercice, la manière dont elle sera exécutée. Ce serait bien le moins qu'on doive, au combat, à la chair à canon : mais l'impossible! Alors, que chacun sache, d'instinct acquis, au vu de telle manœuvre, pourquoi telle manœuvre; qu'il y trouve l'application des maximes puisées dans son Credo de soldat que, machinalement, tout en chargeant sa pièce ou en hissant son signal, il se répétera, phrase à phrase.

Credo tactique

Qui dit Credo, dit concile. Qu'on réunisse un concile! Qu'il nous donne un petit nombre de fortes maximes (2), à la portée de tous, facilement gravées dans tous les cœurs et dans tous les cerveaux; guides, dès le temps de paix, au matériel, au moral, à l'organique, de tout détenteur d'autorité militaire.

Dès le temps de paix : les principes de bataille ne sont point, en effet, spéciaux à la bataille. Elle n'est qu'une des formes, la plus parlante pour nous, de la lutte universelle. Que la concentration des efforts en quelques points doive vaincre des efforts uniformément dispersés, que des efforts convergents doivent

____

(1) Manœuvres de 1901.

(2) Vérités de La Palice pour quelques-uns. Commandements pour d'autres. Quand une doctrine est trouvée évidente, c'est qu'elle est bien établie.

vaincre des efforts divergents, cela est aussi bien vrai dans la vie sociale que dans la vie courante, ou dans la guerre : les grands magasins mangent le petit commerce; les grands ports entrepôts ruinent les petits ports en cordon. Et pourtant, intégrons dans les deux cas : il y aura peut-être plus d'efforts ici que là. Deux surfaces polies s'usent à frotter, l'une et l'autre. Mais transformez-en une en râpe ou en lime, rassemblez sur les aspérités toute la puissance d'attaque, celle-ci effritera, désorganisera, raiera, la surface polie de l'autre, et s'en tirera à peu de frais.

Ce Credo doit nous rappeler entre autres choses que :

Au matériel :

Pour vaincre, au point de brèche, il faut concentrer en temps et en lieu : effets, surprise, violence; armes, forces, feux. Tendre vers cet idéal; maximum d'effets, dans le moindre temps, sur le moindre espace;

Ne frapper que les redoutables, mais les frapper tous. Frapper à la tête et frapper de près. Frapper sans répit. Frapper tous ensemble. Frapper trois contre un.

Canonnade mal engagée ne se rattrape qu'au bout portant.

Au moral :

Sur mer, il n'est pas de « défaites utiles »; seule vaut la victoire décisive. Il faut penser non seulement à combattre l'ennemi, mais à le battre; non aux coups reçus, mais aux coups portés; non au combat, mais à la victoire.

Il faut savoir au besoin risquer pour gagner. Qui ne risque rien risque de tout perdre, car l'ennemi peut risquer pour tout gagner.

Il faut imposer sa volonté, en tir, manœuvre, et position. Il faut « commander à l'ennemi ».

La simplicité, la rapidité, la ténacité, sont les trois vertus théologales du combattant.

A l'organique :

De la bataille navale, acte collectif, doit être chassée toute pensée, toute action individualiste. Quand la parole est donnée à l'un, les autres y doivent subordonner tous leurs efforts ; hommes, armes, bâtiments, groupes, sont un seul faisceau, solidaires de leurs frères d'armes et de toute l'armée ; le feu de l'un doit couvrir l'évolution de l'autre.

L'isolé est impuissant : pas de « cavalier seul ».

Détacher est plus facile que concentrer. Partons toujours de la concentration.

Etc...

Discipline

« La discipline, étant la force principale des armées, etc.... »
En fait, sans discipline, pas d'armée.

Discipline, c'est force organique par le réseau de liens permanents qu'elle crée, qui s'étendent, impérativement, sur toute l'armée ; par la hiérarchie qu'elle consacre. C'est force morale. Elle donne, plus haute que l'obéissance passive, l'obéissance volontaire, l'esprit de *discipline* : un homme discipliné n'est pas un homme soumis ; il va, de bonne humeur, de bon cœur et de bonne volonté, dans la route que lui ouvrent les ordres qu'il reçoit ou les règlements qu'il suit.

Discipline militaire : A bord, à l'armée, en paix, à la bataille, subordination de toutes volontés à celles, supérieures et anonymes, des Règlements ; à celles, intermédiaires et précises, des détenteurs d'autorité consacrés par ces Règlements. Ensemble des devoirs de chacun vis-à-vis des autres, chefs, pairs ou subordonnés.

Même formule pour les deux armes, guerre et marine. Application peut-être différente.

Moins il faudra changer, entre le dernier jour de paix et le premier de guerre, mieux un organisme militaire sera prêt, fort, pour la bataille. Si donc certains facteurs de victoire peuvent être, dès maintenant, intégralement acquis, nous devrons les acquérir, intégralement, dès maintenant, dès le temps de paix.

Le facteur de victoire moral et organique : discipline, est, à bord, de ceux-là.

Discipline de Bataille. Permanence

Flotte, équipages de la flotte, bâtiments de la flotte, ont, sur armée de campagne, ce considérable avantage : la permanence. Demain, la guerre éclate. Tels sont aujourd'hui constitués nos bâtiments, tels, à bien peu près, ils appareilleront pour le combat. Nous pouvons, dès le temps de paix, établir au complet nos groupements de guerre, du haut en bas de l'échelle. Nous n'avons pas, — ou rarement, — nous pourrions ne pas avoir, ces détachements, ces détachés, dont se plaignent à juste titre les officiers des « troupes squelettes ».

A vrai dire, la marine détache hors embarquement autant que les compagnies de la guerre hors service de troupes, mais c'est sacrifice fait définitivement. Si le bâtiment, une fois constitué, n'est pas toujours au complet d'armement, comme il faudrait, du moins ne « détache »-t-il personne à terre.

Pas d'apport de réservistes, non plus, à la mobilisation. Ceux de la marine sont destinés à d'autres emplois, ou bien, s'ils sont embarqués sur les bâtiments de combat, c'est en paquets, pour main-d'œuvre, et non en vue d'un poste défini de combat.

Dans la bataille donc, fût-elle le premier jour, chacun connaîtra par son nom, par sa valeur, ceux qu'il aura sous ses ordres, ceux qui lui donneront des ordres, ceux qui, à côté de lui, exécuteront les mêmes ordres, solidairement.

Il doit en naître, naturellement, une plus grande confiance réciproque pendant l'action.

Groupements de bataille permanents

A une condition, toutefois : le groupement de bataille sera pris, rigoureusement, dès le temps de paix; sera celui du service quotidien. Hommes, gradés, officiers, vivront par groupements de combat. Nous exercerons, ferons manger, coucher, canoter, aller à terre, les groupements de combat, tels qu'ils sont constitués au rôle.

Cela, certes, n'est pas toujours d'application facile : sur un même bateau, nos groupements de combat sont très disparates;

nous sommes loin de l'escouade uniformisée à tant d'hommes, de la section à tant d'hommes, dans toute l'armée française. Mais le petit train-train journalier du bord se pliera, fût-ce aux dépens de la commodité du service, au développement d'un facteur de victoire aussi important que la discipline de bataille (1). N'ayant pas, nous, à passer brutalement du service de caserne au service en campagne, nous vivrons toujours sous le régime du service en campagne.

S'il y est apporté, à titre général ou particulier, des adoucissements du temps de paix, qu'il soit bien entendu que c'est alors dérogation bienveillante et révocable.

Donc, premier point d'une bonne discipline de bataille : tout homme, tout groupe, dès le temps de paix, suivra, puisque cela est possible, son chef de bataille; l'aura, avant tout autre, pour chef hiérarchique. Corollaire évident : le chef de bataille marchera toujours avec son groupement.

Dans l'armée de campagne, les ordres à donner dans la bataille visent des choses plus simples, relativement mieux définies, certainement plus étudiées sur le vif. L'éducation de toutes les escouades, de toutes les sections, de tous les régiments, est uniforme. Les ordres de bataille seront plus faciles dès lors à formuler, à comprendre, à exécuter. A bord, chaque supérieur

---

(1) Toutes les marines de guerre ont-elles profité de ces conditions particulièrement favorables pour développer à la limite ce facteur de victoire, cette cohésion par l'habitude de la vie commune, qui est bien l'agent le plus actif d'une bonne discipline collective ?

Ou bien la routine inhérente à d'anciennes, et méritantes, et respectables institutions, fait-elle encore conserver, du moins pour le temps de paix, des groupements tactiques (de combat et simples du temps des vaisseaux de 120 canons, mais qui ne répondent plus à aucun besoin militaire), ou des groupements subjectifs, comme ceux par spécialité ?

Depuis que la marine française se débat pour sortir de son passé chaotique, au risque de s'y enliser définitivement, une belle évolution semble se dessiner pour se rapprocher de cet objectif, seul conforme à la saine logique de bataille.

Je dis « une évolution ». Tandis que l'Amirauté britannique, le plus traditionnaliste des corps de la traditionnaliste Grande-Bretagne, se tournait franchement, avec un amiral, premier Lord naval, révolutionnaire, vers des méthodes et des vues nouvelles; tandis qu'elle rompait brutalement avec tout un passé glorieux, qu'elle ensevelissait il est vrai sous des fleurs, la France, qui se réclame de ses révolutions, la Marine Française, pleine d'intempérances de langage et de réprobation pour un passé qu'elle veut liquider, s'en détachent lentement, comme à grand effort : ainsi le char de nos rois fainéants, malgré ses quatre bœufs et du renfort, n'arrivait pas, autrefois, à se désembourber des ornières mérovingiennes.

aura sa manière de commander, moins uniforme, parce que les ordres eux-mêmes seront plus variés; chaque inférieur aura sa manière propre de comprendre et d'exécuter. L'instruction très composite du marin de bord ne pourrait malheureusement tenir, comme format, dans les admirables petits fascicules bleus de l'Infanterie. Il faudra assimilation continuelle entre l'échelon supérieur et l'échelon inférieur. Dans une tourelle, dans une escouade d'incendie, dans une chaufferie, chacun a un poste, une fonction très différente à remplir. Il doit aussi remplir au pied levé la fonction voisine, dont le titulaire défaillerait. Dans ces conditions, « savoir se retrouver promptement et sûrement dans toutes les phases du combat »! Comparer cela avec une ligne de tirailleurs, où chaque tirailleur a les mêmes devoirs.

La discipline collective de bataille exige que, sans perte d'énergie, sans frottement déperditeur, ces différentes fonctions s'amalgament, fassent un tout vivant, bien organisé, de bonne santé, obéissant bien, à la demande et sans à-coups, aussi haut en moral qu'en entraînement ; exige que le commandement s'adapte aux commandés, inversement. Adaptation, assimilation dans les deux sens, exigent habitude quotidienne.

La bonne santé morale d'un équipage, le jour de la bataille, il a fallu la préparer de longue main. Exaltons *tous* les courages. Évitons qu'à bord, en temps de paix, l'éducation de bataille soit donnée seulement à certaines catégories. Tout marin embarqué sera combattant au même titre; qu'il le sache, et que le plus humble en tire orgueil.

Le plus grand péril ne sera point pour les hommes sous cuirasse. Les plus exposés, ce seront les équipages des bâtiments légers; les armements d'artillerie légère, montés à la rescousse contre les torpilleurs; les timoniers à leurs drisses; les escouades d'incendie à leurs lances combattant... le feu, sous tôleries; les soutiers qui ne verront de la bataille que le poussier de leur charbon, mais dont tout sauvetage est impossible, en cas de catastrophe. Quel serait l'enthousiasme de combat de simples matelots sans spécialité, chauffeurs auxiliaires ou autres, s'ils ont été toute leur vie, en temps de paix, traités en pauvres bougres?

Pas de catégorie jouant à bord les troupes d'élite!

Esprit de discipline

A singulièrement évolué. A suivi la loi générale.

L'élément mécanicien, par exemple, a introduit dans les équipages un important contingent d'ouvriers des villes, moins passifs, plus raisonneurs, plus « droits du citoyen », que les pêcheurs et nos anciens inscrits maritimes. Ne nous en plaignons pas ; au contraire ! J'ai vu moi-même, dans un équipage de sous-marin, presque uniquement composé d'ouvriers, de superbes groupements de discipline intelligente (1).

Cas particulier, peut-être, que celui du sous-marin? Risques de plongée sont presque risques de bataille (surtout alors où l'on travaillait un peu dans l'inconnu). Discipline de plongée est celle de bataille. Chaque homme remplit une fonction telle que le sort tout entier du bateau est à la merci d'une faute de sa part. Il s'en rend compte, en tire un légitime orgueil. Il apporte à sa fonction toute son intelligence en éveil, disciplinée. J'ai eu dans mon équipage un homme mal noté ailleurs ; je l'ai soupçonné d'être vaguement anarchiste. Toujours à l'affût de quelque perfectionnement à apporter à son outil, il était peut-être le meilleur parmi mes très bons.

Cas particulier? Alors tirons-en une seule conclusion ; elle nous suffira : Comprendre sa valeur dans le combat est le plus efficace des facteurs de discipline. Que tous comprennent. En dehors de quelques illuminés, peut-être absorbables dans la masse, et de quelques fripouilles, à rejeter des navires de combat, on ne verra ni mollesse, ni mauvaise humeur, ni mauvaise volonté.

Faire comprendre ! C'est dans ce sens, toujours plus loin, que la discipline subalterne doit évoluer. Telle évolution peut sembler possible, facile, à bord : le contact y est permanent entre commandement, officiers, sous-officiers, marins. Au temps lointain de la voile, au temps même du bâtiment mixte, que nous avons connu, le Commandant « Maître après Dieu » se manifestait rarement aux équipages, hors la passerelle ou la dunette. Une

---

(1) Je n'avais admis là qu'une seule punition, le renvoi au service général : je n'ai jamais eu à l'appliquer.

ou deux fois la semaine, il descendait de son Olympe pour une inspection. Les gants blancs étaient de rigueur, dit la légende. Malheur, s'il en souillait, au contact de quelque pièce grasse de machine ou d'artillerie, la glace immaculée ! Cette conception a totalement disparu : l'officier d'aujourd'hui passe bonne moitié (1) de ses heures de service en bourgeron bleu, toujours très sali, faisant démonter sous ses yeux le matériel qu'il dirige, mettant la main à la pâte, courant, d'inspections en instructions, dans les fonds du bateau : seuls les galons de sa casquette le distinguent de l'ouvrier de bord. Le commandant d'aujourd'hui, comme les officiers, endosse le « bleu de mécanicien », va voir dans les machines comment elles tournent, s'assure lui-même du fonctionnement général des tourelles et des monte-charges. Il promène partout l'œil du maître. Les jours de grand ravitaillement, tous les officiers sont au charbon, noirs de poussier. On a vu, une première fois, un amiral, — tout le monde l'a connu, — prendre sa vedette, un jour de charbon, parcourir la rade de Toulon, monter à bord de chaque cuirassé, encourager les chaînes au travail, constater les résultats, féliciter les meilleurs. Ce jour-là fut le premier où, dans la marine française, on ait approché, en dépit des défectuosités du matériel, des records fameux de la marine anglaise.

Voilà la vraie discipline moderne à bord des bâtiments de combat !

A ces mœurs nouvelles s'adaptent naturellement des rapports nouveaux, plus paternels, plus amicaux si l'on peut dire. Les distances diminuent, et c'est tant mieux ! On redoute moins, on apprécie mieux, qui l'on connaît davantage. La discipline navale ne doit pas être à base de crainte, mais de mutuelle confiance. C'est la confiance qui élève le moral d'une troupe, confiance de bas en haut et de haut en bas. Si resserrer la discipline resserre les liens organiques, la rendre de plus en plus « réciproque » exalte le niveau moral : l'un et l'autre ne sont point incompatibles.

---

(1) L'autre est prise par la paperasse.

Sanctions disciplinaires

Alors les sanctions disciplinaires continueront à évoluer (1) : un homme, — c'est à des hommes, non à des écoliers, que nous avons affaire, — n'est militairement fautif que s'il montre mauvaise volonté ou mollesse : hors de là, un livret devra rester vierge. Pour ces fautes graves, les sanctions seront graves : être sans pitié. Seuls à bord, le commandant ou, par délégation, le second commandant, peuvent punir. S'ils jugent nécessaire de punir, que ce soit lourdement. Sinon, sursis, réprimande ou absolution.

Règlements de service

Règlements, comme hiérarchie, comme discipline, renforcent ou relâchent, selon qu'ils sont bons ou mauvais, appropriés ou non au siècle, aux circonstances, aux hommes, à la fois les liens organiques et les facteurs moraux.

Nous aurons, avons-nous dit, comme unique Règlement de service, un « Service en Campagne ».

L'amiral Makharof, quand il prit le commandement de l'escadre de Port-Arthur, supprima la multiplicité des honneurs rendus, simplifia la tenue et bien d'autres choses, ordonna de toutes pièces un service de guerre, disant ironiquement : « Mes enfants, nous avons mieux à faire. Après la guerre, si Dieu veut, nous reviendrons à l'application des règlements! »

C'est donc que les règlements de service étaient mauvais ou

---

(1) Elles ont déjà commencé. Les punitions corporelles ont vécu. On a proscrit la « barre de justice », les « fers », comme habituelle punition. Et ce n'est pas trop tôt. J'eusse aimé, cependant, les voir maintenir pour ivresse. Là où la faute est dégradante, — et c'est vraiment faute trop commune à bord, — il ne saurait être question de dignité humaine.

Les « petites punitions » énervent inutilement : répétées, uniformément réparties, au hasard des infractions commises, ou reconnues, sur les hommes de bonne et de mauvaise volonté, elles sont sans action sur ceux-ci, énervent ceux-là, émoussent leur sensibilité à la réprimande ; dès lors, nuisent à l'entrain de l'ensemble. Et l'entrain, l'*allant* collectif en service commandé, sont la première des qualités militaires du temps de paix, d'abord. Les petites punitions ne prédisposent pas à l'enthousiasme de la bataille. Il est bien évident qu'on n'en donnera pas en temps de guerre. Alors?

L'application aux punitions disciplinaires de la loi de sursis a déjà fait faire un grand pas à cette question.

superflus, champignonnades du temps de paix, puisque, en temps de guerre, il convenait de n'en pas tenir compte. Qu'ils fussent vains et pernicieux, Rodjestvinsky le confessait, lui aussi, par la suite, lorsque prisonnier au Japon.

Que cela nous serve de leçon.

Pour bien obéir aux Règlements de service du temps de guerre, les bien connaître. Pour les bien connaître, se les être assimilés sans efforts parce qu'aussi règlements du temps de paix.

Cela est l'évidence même.

Il ne suffit pas, d'ailleurs, que Règlement soit édicté, pour être Règlement obéi : le faut-il encore applicable ! Rien n'est plus antimilitaire, ne prédispose plus un corps militaire à l'anarchie ou à la « libre interprétation » dans la bataille, que de laisser subsister des Règlements surannés, si ce n'est de légiférer des Règlements inexécutables, trop rigoureux, trop minutieux : ils ont été faits pour un cas particulier de circonstances, et étendus, — par esprit, un peu borné, de généralisation, ou, mal compris, de réglementation, — à tous les cas possibles et impossibles. Rien n'est plus antimilitaire que de donner des ordres, de laisser subsister des prescriptions qui resteront lettre morte. Profiter d'une permission explicite c'est encore obéir; profiter d'une tolérance implicite, c'est déjà désobéir; enfreindre un ordre, une prescription même désuète et surannée, tolérer cette infraction, c'est déjà faute militaire; demander l'impossible ou l'ordonner, c'est plus grande faute militaire encore.

A l'usage continuel, en temps de paix, nos Règlements de Service du temps de Guerre acquerront la souplesse indispensable, se consacreront comme bons ou mauvais. Si mauvais, en faire d'autres au plus tôt.

Nous ne disons pas : « Règlements de Service pendant le Combat ou la bataille ». A première vue, cela paraîtrait tentant (1), étant donnée la thèse que nous poursuivons : tout vers la bataille.

____

(1) Après avoir longtemps, dans la marine française, tout réglé comme sur le temps de paix, en semblant considérer la *période de guerre* comme une improbable exception, où l'on finirait bien par se « débrouiller », une grande vague, nécessaire d'ailleurs pour nous sortir de cette léthargie par trop optimiste, nous a rejetés

La période de guerre doit être considérée comme le temps normal; l'heure du combat, comme un paroxysme du temps de guerre : le service pendant le combat procédera de celui en temps de guerre, sans transitions, par renforcement.

Entraînement à l'idée de bataille

Hiérarchie, groupements, doivent, eux, être *toujours* de bataille. C'est ainsi seulement qu'on s'entraîne réellement à l'idée de combat. Tout subordonner à cette pensée : chacun, alors, la prenant au sérieux, sinon au tragique, le jour de la déclaration de guerre ne créera la surprise morale chez aucun de nous. Rôle constant de l'officier, du haut en bas : répéter au personnel sous ses ordres : « Une marine de guerre est faite pour se battre, peut être demain. Elle n'est pas de paix, de régates, de rade et de beau temps. La guerre, la bataille, pensons-y toujours; mais parlons-en souvent, pour être sûrs d'y penser quelquefois! » Ne craignons pas d'être traités de rabâcheurs, d'empêcheurs de pacifier en rond ! C'est seulement en pensant à la guerre que nous pourrons nous y entraîner — notre rôle. En en parlant, y entraîner les autres — encore notre rôle.

Le commandant du *Re d'Italia* n'avait peut-être jamais pensé à la bataille navale. Il voit, à Lissa, en pleine bataille, par tribord à lui, le *Ferdinand-Max* qui lui coupe la route : il stoppe, *comme il aurait fait en navigation* (1). Et son *Re d'Italia* reçut ainsi le plus illustre coup d'éperon du siècle.

L'enthousiasme

Une telle habitude d'envisager en face la bataille éloignera, des

---

dans la fièvre opposée, pour ne considérer que *l'heure du combat,* et vouloir tout y subordonner, rôle du bâtiment, entraînement, service quotidien du temps de paix.

In medio veritas. La vie normale du bâtiment, celle de la force navale, seront la vie sur le *pied de guerre.* Le commandement y apportera les tempéraments qu'il croira bons, — tempéraments et non règle. — Rôle, service intérieur des bâtiments, ceux des escadres, leurs formations de navigation, de mouillage, s'organiseront en conséquence. Là encore, les commodités du temps de paix se plieront aux exigences du service en temps de guerre.

(1) Commandant ROUYER, *Cours de Tactique.*

combattants qui en auront fait leur coutumière méditation, les vagues de dépression surgies des fonds obscurs des bas instincts collectifs. L'enthousiasme, au contraire, montera à mesure que se déroulera la bataille, telle qu'on l'avait prévue, telle qu'on l'avait imaginée.

Comptons sur l'enthousiasme collectif. C'est un de nos plus précieux, un de nos plus actifs facteurs de victoire : caractéristique du Français, comme aussi le « cœur à l'ouvrage » et le « désir d'en finir vite ».

Nous apparaissons parfois décohérés, en pleine Byzance, en plein gâchis. La chaudière, source des énergies, est refroidie. Les lampes vont mourir. Les énergies se dégradent. Soudain, sous un choc, pour une idée, vers un idéal, des étincelles jaillissent du foyer. La dynamo, sur l'heure en pression, tourne et tourne plus vite. Le courant passe et monte à haut voltage. Les résistances passives sont vaincues. Sous la lumière éblouissante, les Français, tous, se polarisent, enthousiastes, et l'enthousiasme français, formidable, jette les Croisades Franques par-dessus l'Europe, jusqu'en Terre Sainte, lance les Révolutions Françaises à travers le monde. Gestes frères, d'un même rythme et d'un même peuple, qui balafrent l'Histoire, éternellement.

Mais, pour que pareille flambée crépite dans la bataille, il faut qu'en temps de paix ne s'éteigne pas le feu sacré au foyer qui l'engendrera.

C'est au corps d'officiers, surtout, qu'en appartient la garde.

A lui, surtout, il faut la foi vigoureuse, et l'espérance, génératrice des triomphes.

L'officier

L'officier? N'est-ce point à son propos qu'on a parlé de désarroi moral, de fatigue, de découragement? Ah! n'entrons pas dans le vif de cette question pénible : elle pourrait l'être trop. Mais ne l'écartons pas délibérément dans des Études sur la Bataille. La lassitude du corps d'officiers serait un facteur de trop certaine défaite pour qu'on ne veuille pas tenter l'impossible afin de rehausser les cœurs.

Eh bien ! Reconnaissons-le franchement, car c'est le seul

moyen d'en guérir : la lassitude existe, du moins partielle :
lassitude discrète de fond, due à de multiples causes d'ordre général, elle monte en surface surtout quand des déboires personnels y viennent ajouter la violence de leur ressac : déceptions
de carrrière (1), embarquements de certaines natures.

Qui n'a lu, en quatrième page des journaux maritimes, l'annonce célèbre : « Officier de marine *menacé* d'une campagne
lointaine, demande permutant? » C'est la joie des carrés et des

---

(1) Il y a dans l'*Annuaire de la Marine* des pages entières d'officiers combattants
découragés. Tel, qui figure sur ces pages, s'avouera las, parlera de son « ressort brisé ».
D'autres s'évertuent encore à croire, à lutter, à batailler pour l'idée, à travailler.
Mais, de tel rang d'ancienneté jusqu'à la tête de liste, il semble que certains officiers
aient renoncé à tout.

A qui la faute? Au mode d'avancement. Vers leur vingt-cinquième année de
service, la moitié des lieutenants de vaisseau éprouvent la « déception du tableau »,
déception qui coïncide, à peu près, avec la première étape du « droit à la retraite ».
Puis, d'année en année, les laissés pour compte de l'avancement au choix (on n'exa-
mine plus leurs services : ils seraient désormais trop vieux pour rajeunir les cadres),
les laissés pour compte de l'avancement au choix se voient vieillir, en laissant
passer devant eux des camarades plus heureux. *Ils perdent des rangs.* Certes, il
ne faut pas douter que ce soit en faveur de meilleurs, ou de plus, ou d'aussi méri-
tants; mais c'est quand même, pour eux, voir nier, par une Commission, représentant
toute la Marine, tout l'effort de toute leur vie. Ils sont dès lors condamnés, quoi qu'ils
fassent, à une médiocrité peu dorée. S'il en est, — rares, — à garder toute leur combativité, on peut vraiment excuser un peu la lassitude avouée des autres.

Le Remède? Il nous apparaît simple : que l'avancement au choix soit *permanent!*

La carrière d'un officier de marine se fait à peu près tout entière sur son Ins-
cription au tableau d'Avancement pour le grade de capitaine de frégate.

Une Commission (6 ou 8 amiraux), se réunit vers novembre, pour discuter ces
titres. Elle élimine d'abord ceux que, cette année-là, elle juge trop anciens, ou
trop jeunes. Il y a 100 ou 150 candidats, la plupart excellemment notés, pour
une douzaine de places sur le tableau.

Vous pensez bien que chaque membre de la Commission vient avec sa liste en
poche. Et cela est bien naturel : entre deux officiers très bien notés, la voix de
chaque membre ira à celui qu'il connaît, qu'il a vu à l'œuvre. Il serait stupide
de vouloir qu'il en fût autrement. Si la Commission de classement discute, c'est
pour la forme. « *Do ut des* », comme on me le disait un jour, à propos d'une de
ces séances.

Mais si, par son rang malheureux sur l'Annuaire, un officier, fût-il très bon, ne
peut être « discuté » qu'une seule année; si cette année-là il ne connaît personne
dans la Commission, qui l'impose, il reste sur le carreau, sans avoir compté aucune
voix, ou, ce qui peut paraître plus triste encore à un esprit chagrin, il a, après
quelques chances au début, servi, au ballottage, de monnaie d'Échange.

Et je ne mets pas au compte des tristesses de celui-là, les visites dites « académiques » qu'il a dû faire, déprimantes et humiliantes!

Ce que je voudrais, c'est que tant de bons officiers ne jouent pas ainsi, sur
une seule carte, toute leur carrière.

En revenir alors au système des points. Pareille commission les décernerait.
Positifs ou négatifs, tous les ans il y en aurait pour tout le monde.
Et chaque officier saurait où il va!

canots-majors. Et l'on dit : « Que diable ce sédentaire est-il venu f... aire dans la marine? » sans sonder sa propre conscience, sans se demander ce qu'on ferait soi-même, si l'on était « acculé » à la campagne forcée.

Avouons ici : faire campagne, aujourd'hui, ne suscite point, chez la plupart, des explosions d'enthousiasme ; d'aucuns même, pour l'éviter, se détachent complètement du métier actif. Leur foi meurt. Ils se terrent, s'embusquent, rondecuirisent. Ou bien ils se « débrouillent ». On en cite dont le nom jamais ne figura sur liste d'embarquement.

Leur exemple est contagieux; leur dérobade pernicieuse : c'est, sinon les mêmes qui toujours se font tuer, du moins toujours les mêmes qui marchent aux corvées.

Corvées, les campagnes? Oui, pour beaucoup, et voici pourquoi.

Sans grand intérêt de tourisme (1), elles sont dénuées d'intérêt de carrière, car on tient meilleur compte des services rendus sur les bâtiments de bataille.

Ont-elles quelquefois un intérêt militaire, un intérêt d'action? Oui, mais si rarement! (Défense des Légations; colonne Seymour, etc.) Ce ne sont que des cas isolés.

Voyez au Maroc : on aurait pu croire que nos officiers, jeunes et vieux, se précipiteraient pour embarquer sur les bateaux de la Force Navale Détachée : Ce fut à qui se déroberait. Quel défilé dans les carrés! Quelle répugnance à faire le « poteau télégraphique » à Casablanca, Mogador ou Mazaghan ! à rouler, six mois durant, en travers de la houle, devant quelque sépulcre blanchi de marabout ! à jouer, pour les camarades des troupes qui, eux, glorieusement combattaient, l'unique rôle de train flottant des équipages! Corvées ingrates, corvées gratuites, sans gloire, sans but et sans récompenses, puisqu'on n'agissait point ! Comme tous ceux qui pouvaient s'en aller sentaient bien que leur place n'était pas là !

Non ! la campagne, même la campagne de guerre faite dans de

---

(1) Peut-être un peu d'exotisme se conserve-t-il encore loin des côtes, là où le marin ne peut guère aller ou séjourner; mais les campagnes, sauf exception, gravitent autour de quelques ports français, vite trop connus.

telles conditions, n'intéresse ni ne peut passionner. Les occasions, d'ailleurs, s'en font plus rares.

Et cette rareté relative des campagnes vient, d'une cause nouvelle, réduire l'enthousiasme qu'elles pourraient provoquer : les officiers de marine, séjournant plus longtemps en France, sachant ne devoir en quitter que rarement les abords, se marient plus jeunes.

Reconnaissons-le : un marin marié est moins « disponible à tous services », perd, dès lors, de sa valeur militaire. Si, fort heureusement, l' « esprit de caste » disparaît, si le ménage d'officier fusionne de plus en plus, et complètement, avec l'élément bourgeois, il s'assimile lui-même, — et c'est si facile, — les idées bourgeoises. L'attrait est tombé singulièrement des beaux départs et des plus beaux retours : leurres de poète ! La fable des *Deux Pigeons* reprend ses droits. Matériellement, les absences compliquent l'existence; sentimentalement, elles l'attristent. Il n'y a guère d'officiers de marine ayant quelques années de mariage, pour qui les commodités de famille n'aient pas, à un moment donné, triomphé dés considérations de métier, imposé quelque dérobade devant la séparation, ou quelque permutation dissimulant une dérobade.

Et il serait contre nature qu'il en fût autrement !

Il faut que la Marine en prenne son parti : si la bataille et l'entraînement qu'elle impose passionnent de plus en plus son corps d'officiers, la « campagne lointaine » y devient de jour en jour plus impopulaire, même chez la plupart des jeunes.

Il en faut, pourtant, comme écoles de navigation? Soit. Mais alors pas de tireurs au flanc ! La même règle (1) pour tous !

Réduire l'incertitude au minimum. Que disparaisse la hantise *continuelle* de la campagne (2), on aura, du coup, reconquis à la marine *de guerre* une foule d'officiers.

---

(1) Faut-il des bâtiments de guerre faisant campagne pour Écoles de navigation? J'aimerais autant, j'aimerais mieux, moi qui veux tous les bâtiments dans la plus grande flotte de bataille, tous les efforts dans la bataille, j'aimerais mieux voir les jeunes officiers embarqués, obligatoirement, sur des paquebots subventionnés, s'y consacrer bons marins navigants. N'est-ce pas là qu'on navigue pour de vrai, et en vitesse?

(2) Que l'on sache d'avance ceci, par exemple : les trois premières années d'enseigne, les deux premières de lieutenant de vaisseau, se passeront *obligatoirement* en campagne, sur des paquebots ou non.

J'en ai la conviction profonde : beaucoup de ceux qui, bientôt, n'aspireront plus qu'au repos et à la « bonne retraite », retrouveraient l'enthousiasme de leurs jeunes galons s'ils se sentaient moins le jouet des circonstances ou du hasard inconscient, tant dans les commissions de classement que sur les listes d'embarquement.

Et, surtout, qu'ils sachent vers quelle étoile marcher; qu'ils sentent que, hors toute rivalité d'écoles et de chapelles, tous parasites proscrits, toutes champignonnades réséquées, les efforts totalisés de la marine, solidairement, tendent vers le même but collectif : le combat; qu'on leur montre ce but; qu'ils le comprennent; alors tous, même les fatigués de ce soir, d'aplomb, du pied gauche et coude à coude, repartiront joyeusement s'entraîner pour la « plus grande bataille », en songeant à la « plus grande victoire ».

Tels officiers, tels marins. Le jour, — et nous l'avons vu, — où l'étincelle de la foi, de l'espérance ou de l'enthousiasme, passe dans la voix, le geste ou les yeux d'un chef de bataille, quel que soit son grade, le groupe tout entier sous ses ordres, sur l'heure, s'exalte à l'unisson.

Pour allumer belle flambée il faut un tison : ne le laissons pas s'éteindre avant la bataille.

III — FACTEURS ORGANIQUES

Liens tactiques et moyens tactiques

Comme les armes dont on dispose évoluent; comme le commandement, à tous les degrés, se renouvelle sans cesse (et ce n'est pas ce qu'il fait de mieux!) tandis que la « plus grande flotte » devrait être toujours prête à donner son maximum de puissance, donc entraînée jusqu'à saturation d'entraînement; comme l'entraînement doit être le même pour tous les groupements, pour toutes les unités du même ordre, il est nécessaire d'avoir un certain nombre de bases permanentes, connues de tous, et intangibles à toute initiative.

Les unes concernent la façon dont les unités, les groupes, les hommes et les armes sont reliés entre eux : constitution du matériel et des masses, hiérarchie du personnel; les autres concernent les procédés suivant lesquels les uns et les autres peuvent être employés, au mieux, sur le champ de bataille.

Enfin, les méthodes d'entraînement à la bataille doivent être identiques pour les unités et les groupes du même ordre.

Nouvelle restriction au libre arbitre du commandement? Non pas. Mais mise à sa disposition des moyens jugés les meilleurs. A lui de les appliquer, d'en jouer, selon ses vues, conformément à la commune doctrine.

Ces liens et moyens seront définis dans des Règlements : Règlements constitutifs; Règlements d'armes; Règlements sur l'instruction et l'entraînement; Règlements sur les manœuvres.

Règlements constitutifs

Dans une force navale, matériel et personnel :

Un lien organique réglera les rapports des hommes entre eux : ce sera hiérarchie.

Un lien organique réglera les rapports des hommes avec le matériel : ce sera répartition, adaptation.

Un lien organique réglera les rapports des bâtiments armés entre eux : ce sera constitution des forces.

Faute de ces liens, ou ces liens inopérant, il n'y aurait pas *une* force navale, mais *des* forces éparses, incapables de polarisation.

Rien n'empêcherait, — au contraire! — que les forces navales, que la plus grande flotte, soit constituée, organisée par une loi, comme l'armée : cependant, ici, intervient volontiers l'importance exagérée du matériel : alors qu'il n'y aura pas de régiment défaillant, il peut y avoir des bâtiments indisponibles.

Nécessité quand même d'une loi organique.

Hiérarchie

Deux éléments, dans la hiérarchie : la *marque*, l'*homme*. La permanence de l'homme? Impossible dans une marine où la valse générale du personnel est en honneur, où le commandement se renouvelle continuellement. Et cela est bien dommage! (Voir *Tsushima*.) Togo était à la tête de la flotte japonaise depuis dix ans. Le haut commandement tout au moins était formé à sa manière depuis dix ans (Sémiénof). Cela n'a pas été un des moindres facteurs de sa victoire.

Permanence de l'homme dans la fonction ou permanence de la fonction

A défaut de la permanence des hommes, ayons du moins celle des fonctions, celle des marques d'officiers généraux. Que le cadre au matériel, et la disposition des unités ou masses dans le cadre, soient permanents, ne supportent aucune transition brusque en passant du temps de paix au temps de guerre.

Si, par exemple, on admet (ne fût-ce que dans certaines éventualités, sinon toujours), que toute la force navale française soit concentrée en « plus grande flotte », doive agir en une même masse tactique, elle doit être hiérarchisée, adaptée, constituée, vivre et s'entraîner sous une unique marque de commandement. A tous points de vue, *il est plus facile de détacher que de concentrer.*

Sinon, à l'heure critique, il faudra assimilation organique, et de toutes pièces. Jointe aux autres préoccupations inévitables et d'ordre plus apparent, parce que matériel, cette assimilation pourrait bien ne pas être même commencée à l'approche du combat. Alors on y marchera sans liaison, ou mal lié.

Permanence des fonctions est un minimum. Mais pourquoi donc impossible, dans la Marine, la permanence relative des hommes dans les fonctions, dans les emplois différents de la hiérarchie? Pourquoi la durée du commandement, indéterminée pour un régiment ou une compagnie, est-elle fixée à dix-huit mois pour un cuirassé ou un torpilleur? Est-ce routine? Est-ce amour de l'égalité? Il faut que tout le monde commande. Et comme il y a pléthore d'officiers demandant à commander, ou, mieux, pénurie de commandements, on en arrive, conception dérivant vraiment trop peu de préoccupations tactiques, à mesurer la durée des commandements..... au nombre d'officiers à faire «conditionner ». Passe encore si là s'exerçait une sélection, si un officier, capitaine de vaisseau, par exemple, ou amiral, ayant montré des qualités plus grandes au commandement, on le confirmait définitivement dans sa charge!

On comprendrait à la rigueur qu'on les essaie tous, pour n'en pas laisser perdre de très bons. Mais tel n'est pas le cas.

Avec le système actuel, tous commandent, les meilleurs et les médiocres. Ceux-là quittent leur bateau quand ils commencent à bien connaître le parti qu'on en peut tirer, leur division ou leur escadre quand ils commencent à savoir présenter au combat une ligne ou une masse, quand leur assimilation personnelle est faite. Les médiocres, eux, n'apprendront jamais. Et quand la guerre nous *surprendra*, les douze bateaux qui constituent toute notre force, se trouveront, un peu au petit bonheur, sous les ordres d'amiraux, de capitaines de vaisseau, d'officiers de spécialité, ou bien encore peu entraînés à leur rôle, et n'ayant pas fait leurs preuves, ou bien quelconques !

Est-ce ainsi qu'on intensifie les facteurs de victoire dont on a la chance de pouvoir disposer dès ce temps de paix? Est-ce que, encore une fois, une déplorable compréhension de l'idéal démocratique doit mettre une organisation militaire qui s'y conforme, en infériorité initiale dans la bataille?

Si le désir de « faire conditionner » nous mène là, qu'on change les conditions ! Si les avantages pécuniaires accordés au commandement font que chacun veut y parvenir, qu'on supprime, en les répartissant également, — voilà bien l'égalité ! — les avantages pécuniaires ! Nous ne voyons, nous, à la permanence des hommes dans les fonctions, qu'un empêchement, l'incapacité ou la fatigue, ou l'élévation à une fonction supérieure. Tout ce qui, possible, paraît facteur de victoire, doit être fait.

Mais si la permanence des hommes dans les fonctions est impraticable, — et nous attendons pour le croire qu'on nous l'ait démontré, — s'il faut, dès lors, à chaque mutation du personnel, une assimilation personnelle, qui se propagera dans les deux sens, du moins peut-on tendre, sans tenir compte de désastreux intérêts particuliers, à une permanence du matériel, des unités, des groupes, dans la flotte. Permanence au matériel, non moins nécessaire que permanence au personnel. Si l'on ne veut, si l'on ne peut pas, laisser au commandant cet atout précieux, : savoir au juste, à tous moments, par une étude prolongée des caractères, ce que peut donner chacun de ses sous-ordres, quels sont ses dominantes et ses points faibles, pour en tirer l'effort et l'effet maximum appropriés; s'il faut, dès lors, jusqu'à l'approche du combat, que se poursuive et se renouvelle cette double assimilation personnelle, remontant et descendant la hiérarchie; du moins qu'il sache, le commandement, pour les avoir vus longtemps à l'entraînement, ce que peuvent son matériel, collectivement les groupes, individuellement les bateaux, sous ses ordres.

Il importe même, quand ce ne serait que pour la bonne tenue du poste, que l'amatelotage du temps de guerre des bâtiments et des divisions soit respecté et immuable en temps de paix. Tel bateau s'habitue à tenir son poste par rapport à tel bateau, telle division par rapport à telle division. On s'accoutume à avoir tel numéro compté à partir du régulateur. Ce sont les conditions permanentes qui créent l'instinct. Changement équivaut à éducation à refaire.

La coutume qui, par exemple, ferait modifier, en vertu de l'ancienneté des commandants, le poste du bâtiment ou du groupe dans la bataille, dériverait de commodités ou de règlements mauvais. A terre, le chef d'un groupe marche et combat avec son groupe toujours constitué des mêmes éléments. La mutation d'un colonel n'entraîne pas dénumérotage et renumérotage de tous les régiments du corps d'armée. Le groupe continue à se présenter, identiquement formé, au combat, quelle que soit l'ancienneté respective de ses colonels.

Nos règlements constitutifs prévoiront toutefois, pour la force navale, adjonction, et surtout retrait (détachement) de bâtiments et groupes, à titre temporaire ou définitif. Ce sont éventualités à redouter, mais inévitables dans tels organismes : bâtiments mobilisés; bâtiments neufs entrant dans la ligne; bâtiments défaillants ou en mission. Règlements constitutifs seront assez souples, assez élastiques, pour y parer, sans troubler l'organisme. Ils pareront aussi, par un jeu harmonieux des unités et groupes, aux différents dispositifs de guerre, surveillance, éclairage, répartitions stratégiques, combinaisons tactiques inspirées par une bonne économie des forces (1).

---

(1) Ces considérations de souplesse influeront beaucoup sur la constitution du groupe élémentaire de combat. La division à *deux* bateaux offrira les plus grandes garanties de souplesse.

Ils traiteront de la « proportion des armes » dans la force navale. Deux types seulement *valent*, au combat : porte-canons cuirassés, lance-torpilles légers. Établir la proportion $\dfrac{porte\text{-}canons}{lance\text{-}torpilles}$. De même la proportion $\dfrac{porte\text{-}canons\ de\ ligne}{porte\text{-}canons\ de\ ligne\ et\ d'éclairage}$. Enfin celle $\dfrac{lance\text{-}torpilles\ de\ surface}{lance\text{-}torpilles\ de\ plongée}$, tant que les lance-torpilles ne sont point fusionnés — problème d'ingénieur, — et si l'on fait place aux sous-marins dans la plus grande bataille.

Important! Les règlements constitutifs seront soustraits à l'initiative, à la fantaisie d'un chef, d'un ministre, d'un homme quelconque. Ils seront fermes, impératifs. Ils seront obéis. *Pour avoir force de loi, il dériveront d'une loi.* Surtout, qu'ils ne soient pas fictifs! Marine, armée, sont avant tout, — doivent être, — œuvres de réalisation!

Cette loi, dont le leitmotiv sera « stabilité », cette loi, qui stabilisera recrutement, commandement, places, nombre et fonctions, *cette loi organique*, nous l'attendons.

Moyens tactiques

Voilà constitués, reliés statiquement, les différents éléments, les membres essentiels d'une force navale. Il faut, avec cela, autre chose pour la préparer à la bataille.

Un corps humain est solide, au complet, bien proportionné, ni obèse, ni squelettique, apte à toute escrime. Il lui faut, avant d'être champion à l'épée, savoir en quoi consistent bottes et parades, puis, surtout, savoir les porter. Méthodiquement, quotidiennement, un exercice approprié l'y entraînera.

De même, à une force navale constituée, reliée, — organisée, — au mieux pour la victoire, il faudra, pour devenir apte à la victoire, s'entraîner aux manœuvres de bataille, aux manœuvres en face de l'autre volonté manœuvrante.

A tort, à travers, en marine, on emploie ce mot « manœuvre ». Un canot, un cuirassé, manœuvrent bien lorsqu'ils ont de bonnes qualités d'évolution. Acception toute matérielle du mot manœuvre !

Un commandant manœuvre bien son bateau, quand il prend hardiment son poste ou son corps-mort. Un amiral manœuvre bien son escadre ou sa division, quand il l'a bien en main, et lui fait faire de belles évolutions.

Le « maître de manœuvre », à bord, est chargé des embarcations, des agrès, des crachoirs, et de bien autres choses encore.

En somme on manœuvre le matériel, le matériel manœuvre. Il est très rare qu'on entende parler de « manœuvrer l'ennemi ».

C'est cependant des manœuvres objectives, l'objectif étant l'ennemi, que parlera le « Règlement sur les manœuvres de bataille ». Méthode de combat. Non point méthode d'évolutions. Méthode de combat appropriée à la réalité du combat !

« Il est des hommes, dit Ardant du Picq, ... qui naissent guerriers par le caractère, l'esprit, l'intelligence, le tempérament ; ils recommandent et démontrent par leur exemple..... une tactique admirablement appropriée au caractère national et à leur propre caractère. Mais l'application de cette tactique exige des chefs qui leur ressemblent, au moins par le courage et la décision. Tous les chefs ne sont pas de leur trempe. Il faut donc une tactique réglementaire appropriée au caractère national qui soit le *guide-âne* du chef ordinaire et n'exige pas de lui les qualités exceptionnelles d'un Bugeaud. Cette tactique prescrite sert au chef comme servait au chef de la légion romaine la tactique parfaitement claire et définie de la légion ; le chef ne peut s'en départir sans faillir au devoir. Certes, elle ne fera pas de lui un chef hors ligne, mais, à moins d'une incapacité absolue, elle l'empêchera de manquer absolument à sa tâche, de faire des bévues ineptes ; elle n'empêchera pas les chefs trempés comme un Bugeaud d'agir comme celui-ci ; elle les aidera, au contraire, mettant dans leurs mains des hommes préparés, et que ne surprendra pas un mode d'action auquel ils seront de longue main préparés. »

Points délicats entre tous, dans l'éducation en vue de la bataille : Se débarrasser des habitudes, de la routine, du coup d'œil, acquis dans la vie ordinaire ou en navigation. La vie ordinaire d'une force navale ? Toute subjective. La navigation ? Objective, peut-être, mais seulement pour le guide, et par rapport à un point fixe, passif. La manœuvre de combat fera abstraction de toute préoccupation subjective du temps de paix, géographique, cartographique. Le système des coordonnées était rectangulaire (méridiens, etc.). Il devient polaire, et à pôle variable (1). Comme l'a dit un maître en tactique navale : « Au combat, le pôle, c'est l'ennemi. »

Le « Règlement sur les manœuvres de bataille », après avoir posé les bases mêmes de la doctrine, proposera les moyens tactiques de « faire le nombre ». Il dira comment atteindre aux formations, aux positions de concentration. Il dira la bataille type « appropriée aux conditions nationales », laissant au tempérament du chef le soin d'en brusquer, d'en supprimer tels actes ou telles transitions. Il réprouvera surtout le combat en équilibre, et poussera impérativement le chef à la victoire décisive.

A côté de ce Règlement sur les Manœuvres, des Règlements d'Armes.

Règlements d'Armes

a) Sur les formations, évolutions, transformations du champ de bataille;

b) Sur les tirs de bataille;

c) Sur les signaux de bataille;

d) Aussi, service des éclaireurs, service des bâtiments légers hors la bataille, etc.

Formations

A et A′ sont des bâtiments sur la mer. La ligne A A′ les joint. Ils sont formés « en ligne ». A et A′ peuvent donner lieu à des lignes d'une infinité de longueurs différentes : deux bâtiments peuvent donc donner lieu à une infinité de formations. A plus forte raison une force navale.

---

(1) V. Étude. Le canon dans la bataille. La position FF′ est dominante de AA′, lorsque O pôle est plus près de F′ que de A′.

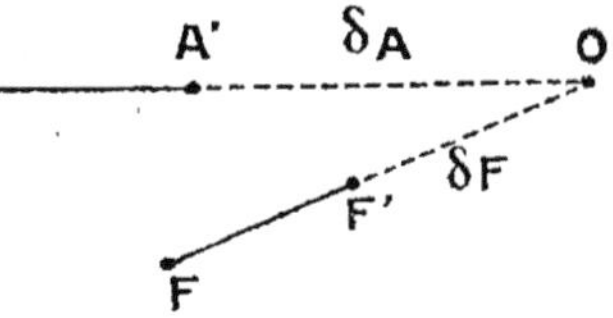

Le Règlement d'armes sur les Formations etc... retiendra seulement les formations raisonnables, à utiliser dans la bataille.

Elles seront simples — car la bataille est chose simple —; n'exigeront pour la tenue, même relative, du poste, ni une attention exclusive, — c'est déjà trop, au combat d'une attention soutenue! — ni la complète disponibilité, pour unité ou groupe, de *tous les moyens* de tenue du poste (réserve de vitesse, réserve de giration). Simplicité des formations facilitera évolutions et transformations, permettra au commandement de mieux apprécier l'ensemble et la tenue du combat.

On se les rendra coutumières, quotidiennes. Respecter rigoureusement, dans la navigation pacifique, les formations du temps de guerre, qu'elles soient de combat proprement dit, ou bien qu'elles s'en inspirent directement et permettent de passer dans le délai minimum, aux formations de combat (formations de manœuvre ou d'approche). (V. Duel tactique.)

Pour que telle ou telle formation puisse être considérée comme *acceptable au combat*, il faut qu'on ne puisse la considérer comme *dangereuse dans la navigation*. Si elle y offrait un danger quelconque, la répudier résolument : ardeur et emballement de bataille suffiraient à mener, fût-on sur le point de vaincre, à collision, à désastre, à déroute.

La perte d'une seule unité est plus irréparable dans la bataille que dans la paix.

Le Règlement sur les Formations exigera que nos dispositifs de mouillage eux-mêmes soient les dispositifs de bataille, ou bien ceux, spéciaux à tel ou tel mouillage, de sûreté ou d'attente. Mais la même règle subsistera : formations *du temps de guerre,* toujours, partout! amatelotage, groupements *de bataille,* toujours, partout!

Les formations retenues par le Règlement d'Armes faciliteront enfin, — clause absolue, — l'emploi collectif des armes et le déploiement des feux, et — clause secondaire, — l'usage, l'interprétation des signaux.

Faciliter l'emploi des armes, c'est d'une pierre deux coups : un feu bien déployé ne se présente pas à l'ennemi en cible profonde : éviter les paquets! Alors? La ligne, les lignes, simples ou

doubles, maigres ou épaisses, droites ou déformées. Lignes de feu (1)
sur toute la ligne !

Mais, surtout, que la formation, sous prétexte d'épure et de
géométrie, n'entrave pas l'action ! Qu'elle reste souple, articulée.
Qu'elle soit un ralliement, comme le dit Nelson au Mémorandum.
Pas plus que nous ne rechercherons les pour cent d'écoles à feu
dans le tir réciproque de bataille, nous ne rechercherons dans les
formations de bataille, donc, dans celle du temps de paix, des
précisions de postes, telles qu'en exercice de parade. Toute la
victoire n'est pas, tant s'en faut, dans un feu géométriquement
déployé. Le signal de formation sera, tels ceux de Nelson et de
Collingwood, surtout une indication sur le genre de combat que
veut mener le Commandant en chef.

Évolutions. Transformations

Une masse navale formée se déplacera sur la mer, par rapport
à l'ennemi : c'est évolution (2). Elle se déformera, pour présenter
un nouveau déploiement : c'est transformation (2).

De même que les formations, les évolutions et transformations
seront simples avant tout, et quotidiennes pour devenir instinctives et rapides. Le *Règlement sur les Formations, Évolutions,
Transformations*, ne retiendra que celles du combat réel. Rien
n'empêchera, d'ailleurs, le commandant d'une masse de faire
exécuter, sous sa responsabilité, figures de circonstance et de
fantaisie. Rien de mieux : cela forme l'œil. Rien de mieux, si
cela, maladroitement interprété, ne fausse pas la conception
que chacun doit avoir de la bataille, chose simple !

Les transformations et évolutions, nous en verrons la raison
dans l'étude suivante, seront ou bien très rapides et très soudaines, ou bien très lentes et continues : pas de milieu.

---

(1) Quand nous disons « ligne de feu », il s'agit, bien entendu, d'un feu déployé
dans la direction générale d'une ligne, mais subordonnant à l'intérêt général du feu,
du combat collectif, la rectitude de la ligne. Lignes, mais non point lignes droites.

(2) Ces termes ne sont pas ceux usités habituellement en Marine, où le mot
« Formation » signifie tout aussi bien l'action de se former, que l'état, la figure,
résultant de cette action, où le mot « Évolution » signifie tout aussi bien changement régulier de formation que manœuvre objective.

Le Guide

La plus délicate question, dans les évolutions de combat, sera toujours celle du « guide ».

Là, les deux conceptions simplistes font faillite.

Première conception simpliste : en transformation, en évolution, se guider, subjectivement, sur le guide, qui, lui, manœuvre objectivement.

Deuxième conception simpliste : chacun se guide, objectivement, sur l'ennemi.

Appliquez la première : la formation est trop rigide.

Appliquez la seconde : les liens tactiques se relâchent, s'allongent. On risque d'aller trop « à la part ».

Question complexe : dans quelle limite l'objectivité sera-t-elle laissée aux groupes, voire aux lignes de feu, fût-ce aux dépens de la bonne tenue, de l'indéformabilité des déploiements. Matière à continuels exercices à double action.

Une masse de combat de quelque importance pourra-t-elle au combat se guider sur un guide? Et le commandant de cette masse, si son propre bâtiment n'est pas guide, pourra-t-il, effectivement, *au combat*, imprimer au guide des directions objectives, si celui-ci ne les prend pas *proprio motu* (parce qu'il n'aura pas été accoutumé à les prendre), en vertu de principes admis, connus de tous, communs à tous, *sans signal?* Ne faut-il pas proscrire, impitoyablement, toute aire de vent, quand on donne une route de combat? Ne doit-on pas toujours, pour traiter de ces questions, s'inspirer des marches de combat d'une troupe, où l'objectif prime le guide, sans le supprimer tout à fait. Faut-il une règle absolue? La faut-il modifiable avec le degré d'entraînement?

C'est toute une méthode qui est en jeu.

Règlement sur les tirs de bataille

Une chose est l'école à feu. Autre chose, la canonnade bilatérale, le tir de bataille reciproque.

Répudiant, comme exceptionnel, le combat chacun à chacun, le *Règlement sur les Tirs de bataille* traitera de l'action collective de feux déployés contre feux déployés.

Voyant simple, voulant rigoureusement simple, ne cherchant pas les records et l'entraînement sportif, mais se plaçant résolument dans les conditions historiques du combat décisif, il rappellera que les méthodes de tir doivent se plier aux conceptions tactiques, et non point, *a priori*, les conceptions tactiques dériver d'un emploi déterminé des armes. Ne pas mettre la charrue avant les bœufs, le matériel avant l'homme.

Le *Règlement sur les Tirs de bataille*, Règlement d'Armes, donnera des Instructions, des Méthodes, des Procédés de Tirs, appropriés aux diverses éventualités du Combat réel. Mais les règles pour l'Emploi des feux, pour la détermination des objectifs sont avant tout une affaire de tactique générale, et rentrent, naturellement, au *Règlement sur les manœuvres*.

Règlement sur les signaux de bataille

Là, encore et toujours, visons à la simplicité. A bord du *Souwarof*, la dernière drisse a été rapidement coupée. Ne compliquons pas les signaux en temps de paix. Ne comptons pas sur eux pour agir, au combat. Ce qui importe, ce n'est pas qu'un signal puisse être fait; mais que la pensée du chef, commune à tous, plane sur la bataille, soit interprétée et exécutée.

Entre ces deux termes, il y a place pour toutes les défaillances et tous les désastres : Lissa, Trafalgar, Dix Août. Entre ces deux termes peuvent se dérober toutes les responsabilités et toutes les passivités. Quand il n'y a pas de signal possible, ou bien quand on en n'attend pas, l'initiative s'impose. Quand il y a signal battant, l'obéissance est impérative. Là où le signal est incompris ou mal compris, c'est incertitude, pagaille, déroute.

Soyons, au combat, avares, même de signaux simples. Qu'ils soient adaptés à notre tactique, d'ordre général, puisque nous ferons intervenir comme facteur de victoire l'initiative de chacun, contenue, coordonnée par la commune doctrine. Entraînons-nous à les bien faire, mais n'en faisons que le moins possible usage. Il est très vraisemblable que la mauvaise présentation russe à Tsushima fut due — initialement, — à une simple faute de timonier. Ayons un code alphabétique simple, une lettre, deux au plus, pour les signaux de bataille, que propageront dans la ligne, le long des feux déployés, l'étamine, à toutes les drisses disponibles, les ondes hertziennes, les sirènes stridentes, des microphones, à la fois, tous à la fois : que chaque bateau crie par tous ses pores la volonté du chef. Une des émissions passera bien jusqu'au serre-file.

Et c'est tout ce qu'on demande aux signaux.

L'alphabet ! L'alphabet Morse ! Qu'on l'apprenne à l'école primaire !

Règlements spéciaux

Les services de guerre hors bataille auront leurs règlements spéciaux. On en bannira tout sport ou toute fantaisie. L'ordre dispersé pour les reconnaissances sera tout aussi bien proscrit que l'action individuelle des lance-torpilles.

Règlements sur l'entraînement

C'est l'entraînement qui met les moyens tactiques en bon état de rendement. Entraînement du personnel à l'emploi de ses armes ; entraînement du bâtiment ; entraînement des groupes homogènes ; entraînement des forces navales ; entraînement et préparation à la bataille, toujours ! La série de nos Règlements codifiant les moyens tactiques fournira les règles générales de l'entraînement, pour qu'il soit permanent et d'allure uniforme.

Son rôle est incontestable dans la bataille. Il n'est pas illimité : le mieux a une limite, le parfait. Y tendre ; atteindre à l'instinct, à la perfection dans l'exécution instinctive !

L'entraînement ne sera jamais trop intensif : la perfection n'est pas de ce monde.

Thèse générale : l'entraînement triomphe d'abord des causes de désorganisation intérieure, avant de rendre dispos pour les victoires sur les forces adversaires extérieures. Un organisme quelconque, végétal, animal, vit : il est en butte, — vivre c'est lutter, — à des toxines qui se renouvellent, à des parasites qui l'assaillent, causes de faiblesse et de mort.

De deux choses l'une :

Il est faible et veule, passif : Il finit, de lutte lasse, par s'accommoder de ses toxines, de ses parasites. Il se dégrade. Il fait ménage, bon ménage, avec eux. Certaines orchidées (1) ont ainsi sort lié avec champignons qui vivent d'elles ; elles meurent si on opère leur kyste.

De même des organismes sociaux, de sang, de suc ou de race affaiblis, envahis de parasites, ont donné aux champignonnades voraces la place d'honneur. Sacrifiés, condamnés à disparaître.

Organismes du temps de guerre que rongent parasites du temps de paix !

D'autres, plus forts, plus virils, combatifs, luttent : leurs organes de lutte se fortifient, s'aguerrissent. L'entraînement apporte d'abord cette victoire première : l'anéantissement de leurs propres germes de faiblesse ; puis les victoires successives contre les germes extérieurs.

Soyons, par l'entraînement, par l'entraînement à l'idée de bataille, par l'entraînement au geste de bataille, — d'abord pour éliminer nos toxines naturelles, faiblesse physique, individualisme à outrance, efforts et dépenses parasites, découragement, peur ; puis, pour exalter nos organes de lutte contre l'ennemi qui toujours guette, — soyons ce bon organisme, vite dispos pour toutes victoires.

Choses bien connues des officiers de troupe : seul, ce qu'on fait d'instinct, on le fait convenablement dans la bataille. L'instinct humain, naturel, inférieur, c'est fuir, c'est se cacher. Rester en masse navale, bien ordonnancée sous le feu, chaque bâtiment à sa distance, dans les limites où elle est définie, à découvert, contribuant à l'effet collectif, ni trop près, pour se ruer avant l'heure, ni trop loin, pour flancher, c'est instinct supérieur, acquis. Il a fallu coutumière habitude de tous les jours ; il a fallu habitude de toutes les nuits, si l'on combat de nuit.

Il faut avoir, toute sa vie, tenu son poste, fait tout son devoir, pour être sûr de le bien faire, d'instinct acquis, devant l'ennemi.

Mais il faut pour cela que le devoir de bataille soit pour chacun *une chose simple*, ne nécessitant, surtout, ni réflexion ni calcul. D'instinct, frapper, riposter. C'est tout.

Et cela implique, nécessairement, deux choses :

D'abord sélection rigoureuse pour certaines fonctions plus

____

(1) Le Dantec, *La Lutte universelle*.

importantes du combat, télémétristes, pointeurs, par exemple, ces deux bornes de prise de contact au canon avec l'ennemi. Il leur faut vertus guerrières comme aptitudes physiques. Les meilleurs d'exercice ne seront point, forcément, les bons de combat. Chercher une autre pierre de touche.

Ensuite maintien, permanence en fonction de ceux-là bien entraînés. Et nous en revenons toujours au même point : permanence ! Seule, elle nous promettra le geste instinctif dans la bataille. Un bon pointeur ! Mais qu'on en fasse l'homme de sa pièce. Qu'on l'y enchaîne par des entraves d'argent, par l'or de la vanité, par les grades et les récompenses. Le nommer sur place sous-officier, officier, pourquoi pas? Il y avait dans la Grande Armée des capitaines illettrés, — ou tout juste assez lettrés pour être vaguemestres de la Garde. C'étaient de bons grenadiers récompensés.

Mémorandum

Guidé par la commune doctrine, tenu d'appliquer les règlements auxquels sont accoutumés, entraînés jusqu'à l'instinct de bataille, les éléments dont il dispose (et ce n'est point nouvelle restriction au libre arbitre), le commandant en chef aura encore une autre obligation, celle-là vis-à-vis de ses subordonnés : il devra leur faire part de ses intentions, pour que chacun soit à même d'y collaborer de toute son énergie et de toute son intelligence.

Restreindre encore, sur nous, l'effet de la surprise. Empêcher que l'inattendu des bottes qu'on nous porte se double, se multiplie de l'inattendu des ordres que nous recevrons. Le commandant en chef nous expliquera, avant l'action, comment il compte, — inchallah ! — concilier, suivant circonstances de bataille, doctrine, règlements et réalité.

Ce sera son Mémorandum.

Attaquer, c'est imposer déjà sa volonté à l'adversaire, déranger, retarder ses plans, son attaque. C'est commander l'ennemi, c'est le surprendre ! Surprise, à la mer, où manque le couvert, demande soudaineté dans l'exécution. C'est même là l'unique facteur de surprise. Les communications entre chefs et subordonnés seront lentes à établir : temps mort et temps perdu !

Pour y obvier, visons à un entraînement de manœuvres et d'évolutions, intensif, soit! à une lecture rapide des ordres par signaux, soit encore! Premier point : percevoir rapidement les ordres; deuxième point : se les assimiler rapidement; troisième point : les exécuter sur-le-champ.

Se les assimiler rapidement. Pour y atteindre, chacun connaîtra, *préconnaîtra* le plan du chef. Ordres, signaux, seront confirmatifs, complétifs peut-être, modificatifs tout au plus, de cette pensée décrite au mémorandum, pensée dont chacun, la retournant sous toutes ses faces, aura fait « sa pensée ».

Alors, si la manœuvre est prévue par qui l'exécute, la surprise est multipliée pour qui la subit.

Mémorandum. Le mot est pris à Nelson, ou à ses historiens.

Mais Suffren, Téghetoff, Togo, n'ont pas agi autrement que Nelson. Tous ont, d'avance, communiqué leurs instructions à leurs capitaines. C'était, d'ailleurs, montrer qu'ils avaient des intentions, et donner la confiance. Aucun ne s'est avancé sur l'Ennemi avec l'idée préconçue de mener la bataille à coups de signaux.

Et, par-dessus les règlements et les doctrines, par-dessus les actions individuelles et les combats collectifs, par-dessus les canonnades et les catastrophes, leur pensée, à chacun, planait sur la bataille.

CINQUIÈME ÉTUDE

LA MANŒUVRE DANS LA BATAILLE

I — CARACTÈRES DE LA BATAILLE NAVALE

L'importance que prend le matériel dans la bataille constitue la différence essentielle entre bataille terrestre et bataille navale. Il en est d'autres : l'absence du terrain, par exemple.

Analogies, toutefois, à défaut de similitudes : utilisation de l'éclairage, du vent, de la houle, des conditions géographiques ou climatériques; les rapprocher de l'utilisation du terrain.

Le général de mer devra en profiter, s'il le peut. Sauf circonstances bien particulières, les subir sera la loi générale : le temps change; la mer a des caprices de jolie femme; l'heure presse, toujours, de livrer bataille, à qui veut se battre. En finir avant la nuit ! Sinon, c'est le contact perdu avant destruction totale, ou la mêlée nocturne avec tous ses aléas.

Le marin transporte avec lui son abri : des deux éléments que donne le terrain, le couvert seul lui manque, mais totalement : toute manœuvre sera faite, commencée, exécutée, sous les yeux de l'ennemi.

Or, toute manœuvre comporte, théoriquement du moins, sa contre-manœuvre, sa parade, souvent sa riposte.

Prétexte à dire : « Bataille navale ne peut être que lutte d'artillerie, toute manœuvre y sera inutile, donc nuisible. » Enterrée, la manœuvre : Négation d'Aboukir, de Trafalgar, de Lissa, de Tsushima !

Reconnaissons-le toutefois : pour être élément de victoire, une manœuvre doit, sur mer, surprendre l'ennemi au dépourvu.

Alors, de quatre choses l'une : il ne saura pas parer; il n'osera pas parer; le temps matériel lui manquera pour parer; le temps moral (réflexion + exécution) lui manquera pour parer.

Villeneuve, Persano, Rodjestvinsky, Brueys même, avaient le temps matériel de parer. Ils ne l'ont pas fait. Surprise! Facteur « surprise » qu'on retrouve dans toutes les batailles décisives (1).

La surprise, — j'entends par des bâtiments de ligne, du corps de bataille, — est-elle possible à la mer?

Le couvert en est, à terre, l'élément principal.

Nous n'aurons, nous, comme éléments de surprise, que :

a) L'inattendu de l'action;

b) La rapidité, l'opportunité dans la conception;

c) La soudaineté dans l'exécution;

d) La proximité dans la position.

a) Inattendu de l'action

La manœuvre surprendra si elle est inattendue.
Inattendue?

J'attends toujours une manœuvre de l'ennemi; je le veille, l'ennemi; en général, je le vois tout entier; j'épie ses moindres mouvements dès qu'il est en vue de mes éclaireurs. Mais si son geste est un geste nouveau, rompant, du moins, avec les habitudes courantes? Mais si son geste diffère, simplement, de celui que j'attends? Mais si l'ennemi fait une feinte de botte? Mais si sa route, sa formation, sa position relatives lui permettent, à un moment donné, plusieurs formes d'attaques efficaces? Je ne définirai l'attaque qu'il prononce, l'attaque imminente, qu'après une certaine indécision : « L'ennemi manœuvre; mais que fait-il? Quelles sont ses intentions? » Les jumelles se braquent, les voix discutent. Controverses! C'est ceci! C'est cela! L'heure passe. Distance, fumées gênant, il faudra des minutes, peut-être, pour se faire une certitude. Cette certitude sera-t-elle la vérité (2)?

---

(1) Décisives. J'entends bien le raisonnement suivant : « Mais il n'y aura pas, sur mer, que batailles décisives; l'histoire maritime est riche d'engagements indécis. » Possible! mais celles-là, et non ceux-ci, il faut chercher. Y accoutumer notre pensée. Autrement, inutile de se battre.

(2) Voir les rapports absolument différents, sinon contradictoires, des commandants français sur la manœuvre de *Nelson* à Trafalgar (DESBRIÈRES).

Surtout, ne parons pas avant d'être sûrs : parer à faux, c'est confusion; ce peut être désastre; c'est toujours retard fatal pour la bonne parade.

Minutes d'indécision + secondes de réflexion sur la contre-manœuvre efficace + minutes de transmissions pour les ordres + etc. = temps mort, retard à la parade.

Prix des simples minutes ! (Voir Étude n° III).

b) Rapidité, opportunité dans la conception

La manœuvre, la botte, surprendra, si rapidement conçue, et portée en temps opportun.

Lorsque deux forces navales, capables chacune d'une vitesse collective de 16 nœuds, manœuvrent l'une par rapport à l'autre, la vitesse soutenue du rapprochement peut atteindre un kilomètre à la minute. Soit cinq minutes pour passer de 7.000 mètres (admettons ici empiriquement cette distance pour l'ouverture du feu), à 2.000 mètres (combat rapproché).

C'est dire quelle précision en temps, en lieu, en positions respectives, il faudra apporter dans la manœuvre (1). Telle précision demande rapidité dans la conception, sûreté absolue du coup d'œil, opportunité dans le choix du moment : toute botte mal conçue, mal portée en temps ou en lieu, peut conduire à une position désastreuse (2), et, dans de telles conditions de rapidité, on ne se « rattrapera » pas.

c) Soudaineté dans l'exécution

La manœuvre surprendra, quand soudainement exécutée. Cela va de soi. Toute perte de temps est du temps mort à

---

(1) Entendons-nous sur le mot « manœuvre ». Autrefois, « l'exercice de manœuvre » était un exercice dans le gréement. Actuellement encore, on dit un commandant « bon manœuvrier », quand il tient bien son poste dans la ligne, quand il prend élégamment un corps mort. Il s'agit ici, bien entendu, de la manœuvre des masses ou des lignes de feu, changements de positions relatives, par rapport à l'ennemi, objectivement.

(2) Exemple schématique à l'appui de cette assertion : F veut barrer le T à A et prend la route indiquée par la flèche. Suivant qu'il a bien ou mal apprécié les déplacements relatifs, il se trouvera en F_2 (position dominante), ou en F_3 (position dominée). — (V. planche I, fig. 1.)

déduire de celui sur lequel on table. La parade de l'adversaire en bénéficie. Là interviennent, non plus les qualités immédiates du commandement, mais les procédés et l'entraînement tactiques des unités et des groupes.

d) Proximité dans la position

La surprise, enfin, sera d'autant plus efficace que la botte aura été portée plus proche de l'ennemi.

Toute manœuvre objective visera, en effet, à apporter un changement de position entre ma masse et celle de l'ennemi, à modifier nos distances respectives au sommet de l'angle des gisements (1).

La manœuvre-parade de l'ennemi, si elle est exécutée, sera toujours décalée d'un temps mort θ par rapport à ma manœuvre-attaque, à la botte que je lui porte; plus je serai près de l'ennemi, plus, en ce temps θ, nos positions respectives peuvent se modifier à mon avantage, pour un même chemin que j'aurai parcouru.

Considérez la manœuvre de Togo à Tsushima : ces qualités (sauf la soudaineté : procédé tactique, contre-marche) y sont évidentes. Encore cette contre-marche regagne-t-elle en simplicité et en bon ordre ce qu'une évolution tous à la fois (2) eût gagné en temps. C'est la part du feu. N'allons pas, pédantesquement, reprocher à Togo de n'avoir pas voulu trop bien faire — théoriquement — au risque de tout manquer.

La manœuvre de Nelson, effectuée à Trafalgar, ne remplit pas, non plus, toutes ces conditions. Le calme empêcha, là aussi, la soudaineté. Mais la manœuvre projetée au Mémorandum les réunit pleinement.

Les éléments ci-dessus notés *a*), *b*), *c*), *d*), concourent aussi, évidemment, à la surprise dans les batailles terrestres : ils nous paraissent pour plusieurs raisons, surtout parce que le « couvert » intervient, y tenir une place moins prépondérante.

---

(1) V. Études antérieures : F contact A. L'angle des gisements est FOA. F sera dans une position dominante si $\delta < \delta'$ (V. pl. I, fig. 2). Géométrie sur papier ! Coup d'œil au combat !

(2) Les figures 3 et 3 *bis* (pl. I) parlent d'elles-mêmes.

PLANCHE I

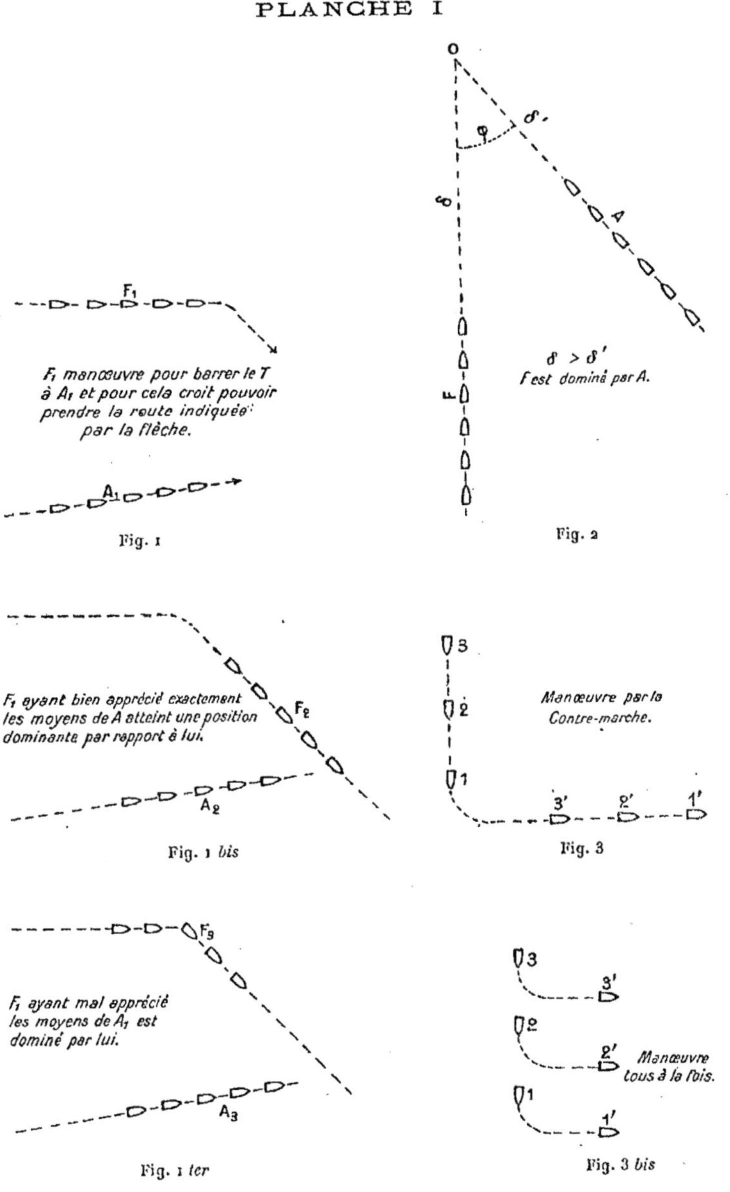

F₁ manœuvre pour barrer le T
à A₁ et pour cela croit pouvoir
prendre la route indiquée
par la flèche.
Fig. 1

δ > δ'
F est dominé par A.
Fig. 2

F₁ ayant bien apprécié exactement
les moyens de A atteint une position
dominante par rapport à lui.
Fig. 1 bis

Manœuvre par la
Contre-marche.
Fig. 3

F₁ ayant mal apprécié
les moyens de A₁ est
dominé par lui.
Fig. 1 ter

Manœuvre
tous à la fois.
Fig. 3 bis

La manœuvre à terre, si elle demande autant de coup d'œil et certaines qualités d'intuition moins indispensables sur mer, laisse peut-être un plus long délai de réflexion, exige moins d'immédiate spontanéité.

Réserves

Ici, à propos de l'absence de couvert, se pose déjà la question des réserves (1).

Elles jouent un grand rôle — l'événement — dans la bataille napoléonienne.

La bataille nelsonienne n'en comporte pas : on ne peut appeler ainsi la « colonne du vent » à Trafalgar. C'est une simple masse de manœuvre.

Figureront-elles, aujourd'hui, dans la bataille navale?

Si oui, recourons, pour créer l'événement, aux marches de vitesse, qui seules peuvent nous procurer la surprise.

Mais, nous le verrons, la bataille, entre bâtiments de ligne, se livrera souvent, sinon toujours, à vitesse collective maxima.

Alors? Alors, la « cavalerie navale » : croiseurs-cuirassés, si on en dispose; et mieux, cuirassés d'éclairage, plus rapides et aussi forts que ceux des corps de bataille; surtout bateaux lance-torpilles.

Encore, de par la brièveté de la bataille utile, l'emploi total et intensif de ces réserves s'imposera-t-il au moment précis du choc, de la première attaque brusquée (2), et sans relâche, dans la suite de la bataille.

Pour donner avec chance de succès, il faudra que ces réserves de manœuvre se trouvent à immédiate proximité des bâtiments engagés. Moins puissamment cuirassés, pas cuirassés du tout, leur maintien en réserve inactive ne saurait se prolonger. De toute rigueur, qu'elles donnent dès l'abord. Sinon, le moral

---

(1) Il est ici question, non point de réserves quantitatives (réservoirs d'hommes où on puise pour combler les vides), mais des réserves de manœuvre conservées intactes pour frapper un coup imprévu. La brièveté de la bataille, la nécessité de frapper tout de suite le plus grand coup, parce qu'il n'y en aura peut-être qu'un, interdit au général de mer toute réserve quantitative.

(2) Voir plus loin, même étude.

tombe avant l'heure d'agir. Et l'action à découvert demandera, pour l'élan initial, une très grande force morale.

Le maintien de ces réserves en vue, mais à l'écart des coups, démoraliserait les combattants engagés : « On a toujours tort, dit Ardant du Picq, de ne pas compter avec la « manie d'égalité » du Français; et s'il est une circonstance où il la veut entière, c'est devant le danger. »

Obtenir le plus tôt possible l'effet maximum dans le temps et l'espace minimum. Ne sortons pas de là. Si le plan et les moyens de combat comportent des réserves, les employer dans cet ordre d'idées.

Peut-être Togo, à Tsushima, avait-il conçu sa bataille suivant ces vues. Son souci de garder près de lui toute sa flottille de légers semblerait assez l'indiquer. Il est assez malheureux, pour les études tactiques, de ne pas les avoir vus œuvrer en liaison avec les porte-canons. Mais la houle les ayant contraints, pour la plupart, à rentrer au gîte, ses nombreuses divisions de lance-torpilles n'ont donné qu'ensuite, dans la nuit, hors la bataille proprement dite.

Brièveté

Autre caractère de la bataille navale : la brièveté.

Aboukir, Trafalgar, Lissa, Tsushima, ont été des batailles brèves. Les temps de Trafalgar et ceux de Tsushima sont comparables. Si ceux de Trafalgar semblent moindres, ne nous étonnons pas : Nelson et Villeneuve ont combattu à bout portant, Togo et Rodjestvinsky à distance de canonnade. Les catastrophes dans la ligne russe sont-elles attribuables à l'action japonaise seule, ou bien la surcharge en charbon des cuirassés russes y aida-t-elle? A Trafalgar, sauf l'*Achille*, il n'y eut pas de catastrophe dans la flotte vaincue. Par contre, rien n'égale, à Tsushima, les bordées d'enfilade subies à Trafalgar par la ligne combinée : *Bucentaure, Santa-Ana,* 400 hommes hors de combat en *quelques minutes.* A Trafalgar, le vaincu est réduit par reddition. A Tsushima, par destruction. Est-ce à dire que le moral russe de 1905 était, dans la bataille, supérieur au moral français de 1805? Je ne crois pas. Pensons plutôt que le combat prolongé à bout portant amènera plus vite grandes vagues de dépression que, à pertes ou avaries égales, la canonnade à distance. On voit les *bâtiments ennemis*. On ne voit pas l'*ennemi*. Tout posé, les temps s'équilibrent, et l'on doit estimer qu'une flotte moderne (moral et matériel), combattant rapprochée, sera réduite, ou réduira plus vite, beaucoup plus vite, que la flotte en bois d'il y a un siècle. Pourtant, ces temps resteront des grandeurs d'ordre comparable. Les batailles terrestres, au contraire, tendent de plus en plus à se prolonger. En Mandchourie, elles ont duré plusieurs jours, la victoire peut alors balancer : une manœuvre de génie peut « rattraper » une affaire mal engagée. En quelques minutes, il ne peut en être ainsi. Sur mer, quand la balance penche, elle bascule.

En fait, sur mer, — enseignement magistral de ces batailles décisives : Trafalgar, Aboukir, Lissa, Tsushima, — presque tout dépend de l'engagement, du choc, des premiers effets destructeurs, désorganisateurs, démoralisateurs. La manœuvre faite, par laquelle on s'engagera à fond, en première attaque brusquée, il reste peu de place en avant et trop peu de temps pour de fréquentes manœuvres subséquentes.

Fréquence des manœuvres au cours de la bataille

Même avec l'espace, avec la journée devant soi, verrait-on des manœuvres fréquentes ?

Des considérations développées plus loin nous font croire que celui qui se dessine comme le vainqueur ne les recherchera pas, ne manœuvrera guère, restreindra les manœuvres, tant que le plus faible sera encore redoutable. Si quelqu'un multiplie les manœuvres sous le canon, c'est le plus faible, s'il le peut. Mais le pourra-t-il ?

Par définition même, un navire est un « flotteur allongé dans le sens de la marche ». On y occupe tous les postes de tir disponibles. Il y en a généralement plus dans la longueur que dans la largeur. Le feu d'un navire sera nécessairement plus nourri par le travers de sa route, moins nourri ailleurs.

Au combat, le bâtiment donnera, son travers à l'ennemi, le rendement maximum de violence. Toute évolution l'écarte, temporairement du moins, de cette position, et tend à réduire l'intensité de son feu.

Mais garder une telle position ne le rapproche point de l'ennemi.

Son maximum d'efforts — en épure — sera pour ce gisement du travers, qui ne correspond ni à un rapprochement, ni à une dérobade, par rapport à l'ennemi, mais est, à proprement parlé, une position inerte.

Et comme les deux partis y trouveront, à côté des mêmes inconvénients pratiques, les mêmes avantages de rendement subjectif, se présenter de flanc, marcher de flanc, *montrer à l'ennemi le flanc de sa colonne*, constituera peut-être une phase normale de combat entre adversaires qui veulent se mesurer au canon. Tous deux, prétend-on, la rechercheront, chacun pour son propre avantage, tant, du moins, qu'il n'est pas fixé sur sa force relative. Différence tactique essentielle avec la bataille à terre.

Lignes parallèles

La première pensée, quand, en épure du moins, on voit deux masses navales en présence, c'est qu'elles se feront face, s'avanceront l'une vers l'autre en se canonnant, s'entre-croiseront. C'est là conception normale de l'homme de guerre, pour qui « vaincre c'est avancer ». Il vise avant tout à refouler l'ennemi, à lui imposer sa volonté en lui prenant sa place, en le chassant de ses positions occupées. C'est un terme de la victoire à terre, entraînant démoralisation, déroute, parce que l'homme croche au terrain.

Sur mer, il *peut* en être autrement. De cette tendance réciproque à tenir l'ennemi par son travers, naît cette fameuse figure du combat naval type : les lignes parallèles.

Figure de combat, comme on dirait figure de quadrille !

Est-ce logique? Est-ce seulement sensé?

S'il s'agissait simplement de se battre en lignes parallèles, rien n'empêcherait les adversaires de stopper, de se canonner jusqu'à réduction, comme deux lignes de tours rivales.

Cependant les deux lignes se déplacent. Pourquoi? De toute leur vitesse, et parfois sans courir l'une sur l'autre. Pourquoi?

C'est qu'il ne suffit pas, pour vaincre, ou du moins pour se donner par la position des chances de vaincre, pour « faire le nombre », de relever l'ennemi par son propre travers; il faut l'empêcher d'en faire autant.

Et toute la lutte de manœuvre, avant canonnade, pendant canonnade, pendant combat rapproché, est là : prépondérance dans la position.

Nous avons tenté de chiffrer (IIIe étude), à titre de curiosité, la prépondérance de certaines positions dominantes sur les positions qu'elles dominent.

Chercher la position dominante, si on ne l'a pas; la conserver, l'améliorer, si on la tient : but de toute évolution objective entre masses. La vitesse supérieure, j'entends la vitesse collective supérieure, permettra souvent, si elle est habilement employée, d'atteindre à la position dominante.

Figurez-vous deux troupes à terre. Elles courent dans des directions parallèles. Elles s'essoufflent. Chacune cherche, et de toutes ses jambes, à gagner sur la tête de l'autre. Celui qui, non prévenu, les verra, louchant de côté, échanger, à but de se détruire, des coups par le travers, s'écriera : « Quelle stupidité est la leur! Que ne se précipitent-elles l'une contre l'autre, pour en venir de plus près aux mains? Voilà l'emploi judicieux de leurs jambes! »

C'est cette anomalie, cette apparente stupidité que nous impose le matériel, *si l'on s'en tient uniquement à lui et aux considérations d'épure,* depuis le jour où, dans la guerre anglo-batave, les bâtiments porte-canons eurent leur intensité maxima de feu portée par le travers, alors qu'ils continuaient à marcher droit devant eux. D'où ce nom de « bâtiments de ligne », la ligne (de file), s'imposant à eux comme formation, parce qu'elle déployait le feu maximum.

La chose était déjà vraie, bien plus vraie qu'aujourd'hui, du temps de Nelson. Nous savons le compte que Nelson a tenu du plan de battage de ses bateaux pour ses plans d'attaque!

Si l'on fouille la bataille navale, on y trouve d'ailleurs d'autres anomalies apparentes au moins aussi curieuses : Considérons (1),

---

(1) Voir le *Tsushima* du capitaine LAUR.

par exemple, la phase la plus destructrice de la bataille de Tsushima, celle de canonnade prolongée. De l'inspection des croquis
il semblerait résulter ceci : les divisions russes donnent la chasse
à l'escadre japonaise! celle-ci fuit devant celles-là!

Apparences trompeuses que donne l'épure.

*
* *

L'absence de couvert et ce qui en découle, cette brièveté de
l'engagement décisif, cette simplicité, ces figures possibles de
quadrille, cette rareté, peut-être, de manœuvres entre masses
engagées, qui lui laisse l'aspect schématique, nous semblent
être les caractéristiques principales des batailles navales décisives, telles que se montrent à nous les plus complètes de ces
batailles, telles que nous entrevoyons, en dépit des évolutions
du matériel, celles de l'avenir.

Et cette simplicité relative sous laquelle se présentent à nous
un Trafalgar, un Tsushima, met bien en évidence les principes
supérieurs qui ont coordonné ces faits historiques, la négation
volontaire d'une logique apparente, l'extrême surprise due à la
manœuvre, le paroxysme dans le choc, qui, sur mer comme sur
terre, restent les facteurs magistraux de la victoire.

II — LA BATAILLE NELSONIENNE

Suffren avait conçu des victoires décisives. Nelson en a réalisé.

Nelson est sans conteste le plus grand général de mer des temps
modernes.

Comme aux armées de campagne la bataille napoléonienne,
la bataille nelsonienne nous servira de phare et de ralliement.

De Nelson, la plus belle et décisive manœuvre de victoire
est celle de Trafalgar.

Beaucoup d'Anglais, quelques Français, l'ont discutée, ana-
lysée.

Nous ne prétendons pas ici, faire œuvre ou recherches d'his-
torien. Ceci, une fois pour toutes.

Il y a, des détails de la bataille, deux narrations : celle des vainqueurs, celle des vaincus. La vérité totale, ingrate à définir, superflue peut-être à établir, court sans doute de l'une à l'autre.

Mais qu'importe! Les grandes lignes sont désormais suffisamment connues (1). La page de doctrine nous apparaît nettement tracée. Lisons-la.

*
* *

Victoire napoléonienne, victoire nelsonienne : application de la même et unique doctrine.

Celle-ci, résumée pour les armées de campagne dans la conversation célèbre (2) :

MOREAU. — « *C'est toujours le grand nombre* (3) *qui bat le petit nombre.*

BONAPARTE. — *Vous avez raison : C'est toujours le grand nombre qui bat le petit nombre* »,
se trouve développée, quelques années plus tard, en vue de son application la plus illustre sur mer, Trafalgar, dans un document également célèbre, le « Mémorandum » de Nelson.

Relisons le Mémorandum, et, parallèlement, — deux hommes, deux écoles sont en présence, — les Instructions données par Villeneuve à ses capitaines avant d'appareiller pour la désastreuse campagne.

Il m'a fallu répéter ici ces documents bien connus, pour souligner, annoter au passage les mots magistraux où se précisent la tendance, la doctrine, ou l'absence de doctrine, de leur auteur.

---

(1) Commandant Édouard DESBRIÈRES, *La Campagne maritime de 1805. Trafalgar.* Œuvre du plus puissant intérêt sur laquelle nous nous sommes la plupart du temps appuyé. Voyez aussi : *Naval History* de JAMES.

(2) Conversation chez Gohier. — FOCH, *Des Principes de la guerre.*

(3) Le plus grand entraînement fournit, à nombre égal, plus de coups, et mieux portés : il multiplie le nombre.

Le plus grand courage fait plus de « vrais combattants » et les retient plus longtemps à combattre : il multiplie le nombre.

Plus grand courage, plus grand entraînement, liens tactiques plus serrés, sont toujours les facteurs du plus grand nombre, *ultima ratio.*

MÉMORANDUM

(Se référer, pour les renvois de la colonne de gauche, à la colonne de droite)

Considérant comme presque impossible de *mettre en ligne de bataille* (5), une flotte de quarante voiles, par vents variables, temps douteux, ou toutes autres circonstances qui peuvent arriver, *sans une perte de temps telle* (2) que l'on manquerait probablement la chance d'amener l'ennemi à une bataille telle que l'affaire *soit décisive* (1), je me suis décidé à tenir la flotte dans une position de navigation telle que *l'ordre de navigation devienne l'ordre de combat* (3), en plaçant la flotte sur deux lignes de seize vaisseaux chacune: avec une escadre avancée de huit des plus rapides vaisseaux à deux ponts, laquelle formera toujours, *en cas de besoin* (4), une ligne de vingt-quatre vaisseaux sur celle des lignes que le commandant en chef décidera.

Le commandant en second assure, après avoir reçu mes instructions, *l'entière direction* (6) de sa ligne pour attaquer l'ennemi et poursuivre le choc jusqu'à sa capture ou *sa destruction* (7).

Si la flotte ennemie se montre *au vent* (9), en *ligne de bataille* (8), et si les deux lignes et l'escadre avancée peuvent aller la chercher, elle occupera probablement une telle étendue que leur

(1) Préoccupation de rendre l'affaire décisive : pensée principale de Nelson.

(2) Préoccupation : gagner du temps pour avoir le loisir de mener l'affaire jusqu'à ce qu'elle soit décisive; et (Nelson ne le dit pas, mais cela découle de la manœuvre proposée) pour surprendre l'ennemi, dans la limite où cela est possible sur mer, pour lui laisser le temps minimum de réflexion et de contre-manœuvre. La soudaineté est le premier atout de qui veut mener le combat.

(3) Préoccupation de réduire le nombre et la durée des manœuvres; gagner du temps sur l'ennemi, qui, lui, aura à manœuvrer.

(4) Préoccupation de la souplesse des masses de combat.
Une masse de 16, une de 8, une de 16.

$$\text{Combinaisons :} \begin{cases} 16\text{-}8\text{-}16 \text{ ou } 2\text{-}1\text{-}2 \\ 24\text{-}16 \text{ ou } 3\text{-}2 \\ 16\text{-}24 \text{ ou } 2\text{-}3 \end{cases}$$

En aucun cas, l'égalité des masses.

(5) Préoccupation du maintien du commandement *réel*. Commandera celui qui « peut » commander.

40 voiles à 200 mètres = 7.800 mètres. Nelson juge le commandement efficace d'un seul impossible sur 7.800 mètres. D'où, ordre de combat en trois masses autonomes, s'étendant sur 3.000, 1.400, 3.000 mètres.

(6) Préoccupation de l'indépendance des masses de combat après qu'elles ont reçu leur objectif, et liberté de manœuvre pour coopérer à l'œuvre commune.

(7) Préoccupation : destruction de l'ennemi. Corollaire de (1) : rendre l'affaire décisive.

(8) Nelson *préjuge* de la formation ennemie : « la ligne de bataille », c'est-à-dire l'ennemi formé sur une seule ligne. C'est la routine. Mais lui innove : cause de succès. Il *préjuge* encore que l'avant-garde ne pourra venir *à temps* au secours de l'arrière-garde.

avant-garde *ne pourra venir* (8) au secours de leur
arrière-garde.

Je signalerai donc proba-
blement au commandant en
second de *percer* (12) vers
le *douzième vaisseau* (10) à
partir de leur *arrière-
garde* (12), ou bien là où il
pourra les atteindre (12),
s'il ne peut aller aussi avant;
ma ligne *percerait* (12) *vers
leur centre* (10), et l'escadre
avancée aurait à *couper* (12),
deux, trois ou quatre (10) des
vaisseaux en avant de ce
centre, de façon à être assuré
d'atteindre (12) leur *commandant en chef* (11), qu'on doit
s'efforcer de capturer.

Tout l'effort de la flotte
britannique doit être *d'acquérir la supériorité* (10-14)
depuis deux ou trois vaisseaux en avant de leur commandant en chef, supposé
au centre, jusqu'à *l'arrière-
garde* (13).

Je supposerai que vingt
vaisseaux ennemis ne seront
pas atteints; il leur faudra
du temps avant de pouvoir
manœuvrer de façon à ame-

(9) Remarquer que Nelson résout d'a-
bord le cas le plus difficile : l'ennemi au
vent.

(10) Préoccupation : « Faire le nombre ».
Opposer 16 à 12, 16 à 11, 8 à 2, 3 ou 4, en
tout 40 à 26. Ne dirait-on pas que le Mémorandum est une paraphrase de la *Conversation chez Gohier*.

Supposition de Nelson : 46 Français,
40 Anglais.

Ailleurs, Nelson dit en marge que, si
ses suppositions numériques ne se réali-
sent pas, les points d'attaque doivent être
tels que les Anglais soient d'un quart supérieurs aux ennemis coupés. Mais il s'agit
là, et Nelson le sait bien, d'ennemis inférieurs, tant comme manœuvre que comme
organisation (flotte combinée), et comme
artillerie. Cela, dans son esprit, doit bien
équivaloir à un autre quart de supériorité. Admettons que, pour lui, « faire le
nombre », ce soit se battre deux contre un.

(11) Effet moral, tant immédiat sur le
combattant que surtout pour la suite. Le
commandant en chef pris, il ne faut pas
compter sur la rescousse de l'avant-garde.
Effet encore sur l'opinion publique; effet
matériel : frapper à la tête. Les amiraux
montent les plus puissants vaisseaux, aussi
les mieux armés, les mieux manœuvrants. Leur reddition frappera davantage.

(12) Préoccupation constante de Nelson,
le *combat rapproché* : Pour couper, atteindre.

(13) Attaque sur l'arrière-garde. C'est
un pis aller, l'arrière-garde pouvant plus
facilement être soutenue par l'avant-garde
qu'inversement. Mais l'ennemi est supposé
au vent.

(14) Doctrine énoncée, et non point
indication du procédé : « Tout l'effort de
la flotte britannique », les chefs de masse
restant libres des évolutions concourant
au but indiqué.

(15) Nelson admet bien, semble-t-il,
que certains de ces bateaux, les plus rapprochés, rallieront au combat puisqu'il
oppose 8 bateaux à 2, 3 ou 4. Mais là, il
obtient un écrasement presque immédiat,

ner leur force *compacte* (15), pour attaquer une fraction quelconque de la flotte anglaise déjà engagée, ou pour secourir leurs propres vaisseaux, ce qui serait *impossible* (21) sans se mêler avec ceux qui seront déjà engagés.

Il faut laisser quelque chose au hasard. Rien n'est sûr dans une bataille navale par-dessus toutes les autres. Les boulets emportent les mâts et les vergues des amis *aussi bien que des ennemis* (17). Mais je *compte* (15) sur une victoire avant que l'avant-garde ennemie ait pu secourir leur arrière-garde, et qu'alors la *plus grande partie* (17) de la flotte anglaise sera en état de recevoir leurs vingt vaisseaux, ou de les *poursuivre* (17) s'ils cherchent à s'enfuir.

Si l'avant-garde ennemie vire de bord vent devant, les vaisseaux capturés doivent courir (32), sous le vent de la flotte anglaise; si l'ennemi vire vent arrière, les Anglais se placeront entre lui et les prises ou les vaisseaux désemparés, et si l'ennemi s'approche, je ne doute pas du résultat.

Le commandant en second

et ces huit bateaux sont présumés presque indemnes. Noter que ses forces relatives sont d'autant plus grandes qu'elles combattent plus près de la réserve française, réserve que, automatiquement, crée sa manœuvre.

Ce *dosage des forces* est un des traits caractéristiques du génie nelsonien.

$$\frac{16}{12},\ \frac{16}{11},\qquad \frac{8}{2,\,3,\,4},\qquad \frac{0}{20}.$$

(dont le commandant en chef) (réserve)

La ligne franco-espagnole, non atteinte, est supposée de 20 bâtiments, soit longue de 3.800 mètres (2 à 3 milles). Il faut une demi-heure, à 6 nœuds, à cette avant-garde, pour faire tête, une demi-heure pour virer de bord et réfléchir, soit une heure. Nelson espère qu'en une heure, combattant dans cette proportion, mais corps à corps, il en aura fini avec les Franco-Espagnols qu'il aura délibérément engagés.

(31) Bénéfice du combat corps à corps : l'ennemi ne pourra venir à la rescousse, sans tirer sur les siens, s'il tire de loin. Il lui faudra s'engager à fond, de tout près; c'est encore le forcer au combat décisif : préoccupation principale de Nelson.

(17) Aussi bien? Non, mieux! Mais Nelson a une telle confiance dans la supériorité numérique qu'il crée! Il sait les méthodes « à démâter » du tir franco-espagnol. Pourtant, combattant dans la disproportion voulue, non seulement il veut en avoir fini, en une heure, au centre et à l'arrière-garde, mais encore il espère que la plus grande partie de la flotte anglaise sera indemne ou presque, puisque capable de poursuivre des bâtiments ennemis indemnes.

(32) Les faits n'ont pas été tout à fait cela. Mais, contre le retour offensif à droite et à gauche, il y a un rempart de bâtiments indemnes. Chaque capitaine a agi, *suivant l'esprit* du Mémorandum.

(18) Préoccupation, non pas de la tenue du poste, mais de la concentration du feu: le poste, dans la ligne, est un « point de ralliement », donc passe après ce devoir « d'action ».

D'ailleurs des bâtiments anglais se sont

s'efforcera de conduire les mouvements de sa ligne en les conservant aussi *serrés* (18) que possible : les capitaines regarderont leur ligne comme le point de *ralliement* (18). Mais au cas où les signaux ne seraient ni vus, ni parfaitement compris, aucun capitaine ne pourra être dans son tort s'il a placé son navire *bord à bord* (19-31-32) avec un vaisseau ennemi.

DE L'ATTAQUE PROJETÉE ÉTANT AU VENT, LA LIGNE DE BATAILLE ENNEMIE ÉTANT PRÊTE A RECEVOIR L'*attaque* (20).

Les divisions de la flotte anglaise seront amenées à près d'en dedans d'une portée de canon du *centre* (22) *ennemi* (21). Le signal sera probablement alors donné à la ligne sous le vent d'arriver *tous ensemble* (23) et sous toutes voiles, même les bonnettes, de façon à arriver *aussitôt que possible* (23) sur la ligne ennemie, et la *percer* (12-15) en commençant au douzième (10) vaisseau à *partir de l'arrière* (26).

Fig. 5

Certains vaisseaux ne pourront pas *percer* (12) exactement à leur place; mais ils seront toujours à même de secourir leurs

promenés dans toute la bataille, d'un ennemi à l'autre, toujours en quête de qui détruire.

(19) Préoccupation : le combat corps à corps. C'est un point de doctrine chez Nelson : toute sa tactique est basée sur la rapidité de sa victoire partielle. La rapidité ne s'obtient qu'au bout portant; ou, du moins, elle est d'autant plus grande qu'on est plus rapproché, en disproportion. Le signal n° 16, à deux pavillons, le supérieur, « écartelé rouge et blanc »; l'inférieur, « trois bandes horizontales bleue, blanche, rouge » : « *engager l'ennemi* LE PLUS PRÈS POSSIBLE », était familier à Nelson.

(20) Nelson suppose l'ennemi en garde.

(21) Préoccupation de la surprise. Le feu ne sera pas commencé avant d'être efficace. Nelson sait bien qu'à la distance dite « une portée de canon » (1.200 mètres), le feu n'est pas meurtrier. Il sait que plus la manœuvre est effectuée proche de l'ennemi, plus elle est d'effet réel; que plus les changements de position sont rapides, moins il est facile d'y parer. Comme plus tard Togo, il manœuvrera « sous le feu », mais non sous le feu efficace.

(22) Recherche de la position centrale, laissant l'indécision, la prolongeant chez l'ennemi, jusqu'au dernier moment : position napoléonienne.

(23) Recherche de la rapidité, de la simultanéité dans l'attaque, sur le théâtre principal choisi.

(25) Corps-à-corps et mêlée au canon. Pendant ce temps, il y a forcément arrêt ou ralentissement des bâtiments engagés. L'avant-garde combinée continuera, s'éloignera. Le Mémorandum ne précise ni règles ni procédés pour le combat rapproché. Il y avait certainement une doctrine établie dans la flotte anglaise : poursuite de la position dominante dans le corps-à-corps. Tous les combats particuliers de Trafalgar dérivent de la même compréhension tactique.

(26) Ne pas s'étonner que ce soit encore l'arrière-garde choisie comme théâtre principal. C'est la plus facile à atteindre en vitesse. Les deux autres groupes de Nelson

amis, et si certains peuvent *doubler* (27) l'arrière-garde ennemie, ils achèveront de régler le compte des 12 vaisseaux ennemis.

Si les ennemis virent tous à la fois, ou arrivent et prennent le grand largue, les 12 vaisseaux composant l'arrière-garde ennemie *restent* (28) l'objectif de la ligne sous le vent, sauf ordre contraire du commandant en chef, cas peu probable, car la conduite de la ligne sous le vent, après que les intentions du commandant en chef auront été signifiées, doit être laissée *entièrement* (29) au jugement de l'amiral commandant cette ligne.

La tête de la flotte ennemie, *34 vaisseaux* (30), doit être laissée aux soins du *commandant en chef* (30), qui s'efforcera de prendre garde à ce que les mouvements du commandant en second soient aussi peu interrompus que possible.

se tiennent au vent, et Nelson lui-même manœuvre, au vent de son commandant en second, pour le couvrir pendant que celui-ci détruit les douze bâtiments qui lui sont dévolus.

(27) Souvenir d'Aboukir.

(28) Permanence de l'objectif. Le Mémorandum prévoit bien la possibilité de signaux le modifiant ou le contredisant, mais aussi leur improbabilité. En face de l'ennemi, Nelson ne cherchera pas à « faire mieux », mais à « faire bien ».

(29) Voir ci-dessus. Indépendance complète, autonomie de cette ligne, de cette masse, après objectif défini.

(30) $\frac{24}{34}$: ici la proportion est renversée. Principe de l'économie des forces, aussi cher à Napoléon. Il s'agit simplement, en principe, de protéger Collingwood.

Nelson, commandant en chef, ne se fixe pas de manœuvre par le Mémorandum, et c'est naturel. Il s'attribue un rôle, le plus difficile, celui qui présente le plus d'imprévu, le plus de *manœuvre :* protéger son second à l'œuvre.

On a vu d'ailleurs, par les faits, comment il l'entendait. Pas de bataille défensive. La feinte, puis l'attaque, d'après les mêmes principes : deux ou trois contre un.

*
* *

Le commandant Desbrières note, à bien juste titre, la différence de « procédé », pour porter l'attaque sur le théâtre principal (arrière-garde à écraser) : ligne de file si l'on est sous le vent, c'est-à-dire s'il faut à Collingwood remonter le vent pour chercher l'ennemi ; attaque de front tous à la fois, si l'on est au vent. Ses considérations sont des plus judicieuses. Je ne crois pas, cependant, qu'en aucun cas, le Mémorandum *impose* au commandant en second de l'escadre un mode un « procédé » d'attaque particulier, suivant qu'il est au vent ou sous le vent. Cela serait en opposition avec le paragraphe précédent. « *Le second en commandement aura, après que mes intentions lui seront connues, l'entière direction de la ligne, pour faire l'atta-*

que sur l'ennemi, etc. » Il fera donc les évolutions de circonstances.

Il paraît probable que Nelson préfère l'attaque simultanée, quand elle est possible, ou du moins l'attaque au plus tôt paré : en fait, Trafalgar l'a montré, comme Aboukir, — et Villeneuve l'avait prévu — : que l'approche soit ordonnée en ligne de file ou en ordre de front, le choc se produit par « pelotons ».

INSTRUCTIONS DE VILLENEUVE

.....Je ne me propose point d'aller chercher l'ennemi. Je veux même l'*éviter* (1) pour me rendre à ma destination.

Mais, si nous le rencontrions, point de manœuvres *honteuses* (2); elles décourageraient nos équipages et entraîneraient notre défaite.

Si l'ennemi est *sous le vent à nous* (3), maîtres de notre manœuvre, nous *formerons* (4) notre *ordre de bataille* (13).

Nous arriverons sur lui tous à la fois (6).

Chacun de nos vaisseaux combat celui qui lui *correspond* (5) dans la ligne ennemie, et ne doit pas hésiter à *l'aborder* (7) si la circonstance lui est favorable.

Je vous ferai très peu de signaux, mais j'attends tout du courage de chaque capitaine, de celui des officiers et des équipages, et de la circonstance heureuse qui aurait réunie à bord de mes

(1) Préoccupation initiale : éviter l'ennemi. Il y a loin de là au préambule de Nelson : Intention de la victoire décisive. (V. note en fin du tome IV de James, et approbation d'Éperon, Prigny, Decrès, Napoléon; c'était la doctrine et les ordres d'alors.)

(2) C'est-à-dire : pas de manœuvre de retraite, devant l'ennemi, sans combat. Le mot « manœuvre honteuse » est, je crois, de Suffren. Mais l'application en est différente.

Si Villeneuve ne recule pas devant la bataille, c'est seulement, semble-t-il, pour ne pas se laisser détruire en détail, comme M. de la Clue, par suite du découragement des équipages.

(3) Villeneuve envisage d'abord, pour le résoudre, le cas le plus facile (V. Nelson).

(4) Nelson, lui, est toujours en ordre de bataille, de par son ordre de navigation. Comparaison des temps morts.

(6) Villeneuve, qui connaît son adversaire, au moins par Aboukir, estime bien qu'il aura, *s'il est au vent,* une autre tactique que la sienne. Il l'a encore incomplètement jaugé, puisque Nelson fait, dans son Mémorandum, l'enveloppement de l'arrière, même s'il lui faut serrer le vent, pour y atteindre.

(5) Combat chacun à chacun, dans toute son erreur. Aucune idée de l'économie, du dosage des forces.

Et si l'on est plus nombreux, comme c'est le cas?

Et si l'on est moins nombreux?

vaisseaux une *portion* (8) des plus braves troupes de l'Empereur.

Tout capitaine - commandant qui ne serait pas dans le feu ne serait pas à son poste; celui dont le matelot d'avant ou d'arrière serait plus près de l'ennemi que lui ne serait pas à son poste, et un signal pour l'y rappeler serait une tache déshonorante pour lui.

Les frégates doivent également prendre part à l'action; je n'en ai pas besoin pour répéter mes signaux; elles doivent choisir le point où leur coopération peut être avantageuse pour décider la défaite d'un vaisseau ennemi, pour soutenir un vaisseau français trop vivement pressé, lui donner le secours de la remorque ou tout autre qui lui serait nécessaire... (15).

Si l'ennemi, au contraire, se présente au vent à nous et témoigne l'intention de nous attaquer, nous devons *l'attendre* (9), sur une ligne de bataille bien serrée. C'est à l'intelligence et à l'habileté du *vaisseau de tête* (10) à ne faire que la voile nécessaire, à ne tenir le vent qu'autant qu'il le faut pour favoriser la formation de cet ordre.

(7) Le salut d'une escadre française contre une anglaise était alors l'abordage. Les marins le sentaient et réclamaient l'abordage (rapport Lucas). Les rapports des combats particuliers de Trafalgar, après et avant tant d'autres, le prouvent. Autant les Anglais devaient *éviter* ce mode de combat, confiants dans la supériorité de leur manœuvre en liaison avec leur artillerie, autant les Français devaient le *rechercher*, pour faire valoir leur élan et leur mousqueterie. Il ne suffisait pas d'aborder *si les circonstances sont favorables*. Celui du vent peut *toujours* chercher à aborder.

(8) Raison de plus pour les utiliser par l'abordage.

(13) Alors que Nelson scinde le commandement de sa force, supposée numériquement plus faible, en deux ou trois masses, avec, à chacune, son objectif, Villeneuve, lui, garde tout dans sa main débile.

Pourtant Villeneuve prévoit, comme Nelson, que les ordres ne parviendront pas, et que tous liens tactiques seront brisés. Mais il n'en conclut rien.

(15) Tout cela est bel et bon, mais a, comme le paragraphe précédent pour beaucoup de vaisseaux, été lettre morte pour les capitaines des frégates.

(9) Combat défensif. Ligne inerte dans toute son horreur, dans toute son erreur! Confiance ridicule dans le canon pour arrêter la volonté!

Villeneuve prévoit pourtant les intentions de l'ennemi Nelson. Il comprend la manœuvre nelsonienne. Il la définit bien. Sans doute il ne l'apprécie pas, imbu qu'il est de vieilles idées classiques et médiocres, puisqu'il n'emploie pas les mêmes procédés.

Connaissant, ou présupposant, cette manœuvre « à traverser »; connaissant l'importance des feux d'enfilade à bout portant, instruit par Aboukir, comment met-il toute sa confiance dans une « ligne de bataille bien serrée »? A-t-il l'espérance *d'arrêter par le travers?* Trafalgar a montré qu'on n'arrêtait pas par le travers un ennemi décidé qui s'avance, même lente-

L'ennemi ne se bornera pas à se former sur une ligne de bataille parallèle à la nôtre, et à venir nous livrer un combat d'artillerie dont le succès appartient souvent au plus habile, mais toujours au plus heureux (A).

Il cherchera à entourer notre arrière-garde, à nous traverser, et à porter sur ceux de nos vaisseaux qu'il aura désunis des pelotons des siens pour les envelopper et les réduire. Dans ce cas, c'est bien plus de son courage et de son amour de la gloire qu'un capitaine - commandant doit prendre conseil, que des signaux de l'amiral qui, *peut-être* (11) lui-même engagé dans le combat et enveloppé dans la fumée, n'a plus la faculté d'en faire. C'est encore ici le cas de répéter qu'un capitaine qui n'est pas dans le feu n'est pas à son poste. L'*ordre étant rompu* (12), tous les efforts doivent tendre à se porter au secours des vaisseaux assaillis, et à se rapprocher du vaisseau amiral, qui en donnera l'exemple.

A cette manœuvre défensive doit en *succéder* (14) une offensive. Par suite de cette manœuvre, l'ennemi doit avoir des vaisseaux démâtés qui doivent rester au milieu des nôtres; c'est à les réduire que chacun doit s'appliquer...

ment. La preuve est encore à faire pour des bâtiments modernes, à vapeur. *Mais la preuve du contraire est à faire, tout aussi bien.*

(10) Pourquoi, alors, laisser comme bâtiment d'aile, un *Neptuno* espagnol? Il y avait des amiraux, Magon, Alava. Nelson fait conduire ses masses par lui et son second.

(A) Littérature incompréhensible : C'est tout de même s'en rapporter un peu trop à la « chance », dans le combat d'artillerie. Pourtant Villeneuve a une lueur : il a l'intuition qu'un Nelson ne s'en tiendra pas à un combat d'artillerie en figure de quadrille. Ces choses-là sont bonnes pour un Villeneuve !

Villeneuve aurait pu faire un « autre Nelson ». Mais voilà : il n'était qu'un « Villeneuve ». En vérité, tout courageux qu'il fût, il avait *peur* de Nelson, ne pensait qu'à l'attaque de celui-ci, y réfléchissait, l'analysait, y rêvait peut-être, sans penser à ses attaques propres, et guère à ses parades. Mentalité, sans doute, de la proie qui se sent suivie par le fauve !

(11) Ce « peut-être » est de toute beauté.

(12) Villeneuve admet la rupture de l'ordre; c'est donc qu'il ne croit guère à sa résistance. Il vaut mieux rompre l'ordre de soi-même que d'en subir la rupture; rompre l'ordre « en ordre », si l'on peut dire; contre-attaquer; le *Pluton* l'a fait, et a évité l'enfilade.

(14) Pourquoi, toujours, cette attitude défensive? Villeneuve doit bien savoir, cependant (Aboukir, toujours) que tout bateau « enfilé » à courte distance est hors d'état de prendre ensuite l'attitude offensive : il résiste encore, mais comme un îlot.

Donc, qu'il soit plus nombreux ou moins nombreux, qu'il soit au vent (conditions favorables [1]), ou sous le vent (conditions pires [1]), jamais Nelson n'envisage qu'il doive combattre en ligne ou masse défensive, inerte, qu'il puisse combattre sans courir au choc ou en attendant le choc.

Plus nombreux ou moins nombreux, au vent ou sous-venté, il veut frapper lui-même, frapper le premier, frapper comme il l'entend, mener le combat.

Et cela nous remet en mémoire cette appréciation d'ensemble sur la bataille napoléonienne : « Lié ou non à un point fixe, Napoléon... *n'a jamais recours à une bataille défensive :* c'est par le mouvement, la vitesse imprimée à ses troupes, et aussi en utilisant les obstacles du terrain pour séparer l'adversaire, qu'il arrive à le battre. Ainsi la victoire est encore le triomphe du plus grand nombre sur le petit. » (Général CAMON, *La Guerre napoléonienne.*)

---

(1) Bateau, ligne ou masse au vent étaient plus favorisés pour la manœuvre de combat que les sous-ventés.

A, au vent de B, peut se permettre toutes routes comprises dans le secteur MM_1M_2. Il peut courir directement sur B. Il a « barre sur B ».

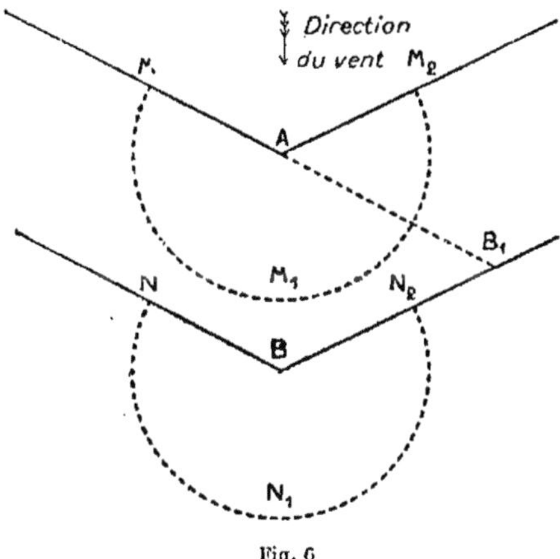

Fig. 6

B peut bien se permettre les routes comprises dans le secteur NN_1N_2, mais ce sont des routes d'échappement. Aucune ne le mène directement sur A, la plus courte, pour l'atteindre, est BB_1A. Il lui faut louvoyer. En louvoyant, il n'aura qu'une vitesse moindre que celle de A, en route vent arrière sur lui.

Contrairement, les instructions que donne Villeneuve (héritier des traditions de toute une école d'inertie, l'école française du dix-huitième siècle, celle qui n'a pas voulu vaincre avec Suffren), se retranchent derrière la conception des timides :

Sous le vent, établir la ligne défensive, et n'en pas démordre jusqu'à ce qu'elle soit rompue.

Au vent, mais au vent seulement, on peut se permettre d'attaquer, de se rapprocher, rendre sa ligne offensive (1).

Encore Villeneuve se range-t-il, en paroles du moins (2), plutôt dans les hardis de cette école, hardi entre les timides. N'a-t-on pas vu des batailles navales se livrer entre deux lignes simplement défensives, au vent comme sous le vent : canonnades à distance, où les adversaires s'éloignent sans, à proprement dire, s'être battus?

Contraindre à l'acte décisif, c'est bien là le but de la ligne offensive. Y courir, c'est bien là le propre du génie de Nelson comme de celui de Napoléon.

La lecture des observations suggérées par ces deux documents aura déjà mis en évidence, sur d'autres points, l'opposition formelle entre les deux pensées.

*
* *

Étant donnée, donc, l'idée directrice de chaque flotte, comment ont-elles œuvré, face à face?

Schématisons routes et évolutions des masses en présence (21 août 1805, de 6^h 40 du matin à passé midi, heure du choc).

C'est la période de combat tactique et de combat collectif.

Nous chercherons (3) ensuite, autre précieux renseignement,

---

(1) Ces expressions : lignes ou masses offensives, défensives, inertes, dérobées, ne sont d'usage ni officiel, ni habituel en tactique navale. — Nous les gardons ici, y trouvant commodité pour simplifier le discours : offensive : qui cherche à se rapprocher de l'ennemi; — Défensive : qui laisse l'ennemi se rapprocher et ne veut que l'arrêter; — Dérobée : qui manœuvre pour l'empêcher de se rapprocher.

(2) En discours. — Voir pour l'application son affaire avec Calder, indécise, quoiqu'il fût au vent.

(3) Autant, du moins, que nous y verrons clair. Les récits de James sentent la vantardise des « témoins oculaires », surtout vainqueurs. Les rapports officiels français cherchent nécessairement à pallier la défaite ou la reddition. Les premiers ont « triomphé du nombre »; les seconds ont « succombé sous le nombre ». Un commandant français, prisonnier en Angleterre, présentait à Lord Jervis, pour le faire parvenir au

quelles notions générales surgissent des combats particuliers, du corps-à-corps advenu entre bâtiments après que les masses, collectivement présentées, se sont dispersées sous les chocs.

La manœuvre d'approche (Voir pl. I)

Les armées s'aperçoivent. Nelson au vent. Villeneuve sous le vent. Le cas est envisagé par chacun d'eux (V. *Mémorandum* et *Instructions*).

Chacun, aussitôt, applique ses méthodes de combat.

Nelson, qui naviguait sur trois masses, se forme en deux masses (et non en deux lignes, car, à part pour les bâtiments de tête, — et encore! — il n'y eut jamais lignes alignées). *Tout en se formant,* il va, sous toutes voiles, chercher la position menaçante, d'où il dominera l'ennemi. Une éventualité se présente à son esprit : la retraite sur Cadix de l'armée combinée. De sa position choisie, il pourra tout à la fois lancer Collingwood vent arrière sur l'arrière-garde ennemie, et couper à la flotte franco-espagnole la retraite vers le nord. Les circonstances géographiques, le refuge Cadix, lui font donc faire route plus au nord qu'on n'attendrait de lui, s'il combattait au large.

Même au large de la côte intervient souvent la côte dans la décision à prendre.

Vers 8ʰ 15, Collingwood doit être bientôt rendu au point voulu pour bondir en se déployant. Nelson va, sans doute, rendre ses masses offensives. Il est temps!

Alors Villeneuve, qui s'est formé sur une seule ligne, vire de bord (1).

Manœuvre toute défensive, suffisante cependant pour modifier l'attaque et déconcerter un moment Nelson.

---

ministre de la marine Decrès, un rapport sur le combat où avait succombé son bâtiment. « Je ne vois à cela qu'une objection, remarquait Jervis, c'est qu'il n'y a pas, là-dedans, un mot de vrai. — Il faut bien s'excuser ! » répliqua le commandant prisonnier.

Et le rapport partit.

(1) Pourquoi? Veut-il offrir une immédiate retraite possible (Cadix) à ses bâtiments s'ils sont battus? Espère-t-il, en mettant sous le vent à lui les écueils de San Pedro, empêcher Nelson de pousser jusqu'au combat décisif? Les risques sont grands. même pour un vainqueur, si ses bateaux désemparés sont drossés sur les dangers par la houle qui grossit et la tempête qui monte.

Mais le plan survit : son exécution continue. Elle reste en tout conforme au génie du chef et à l'esprit du Mémorandum. Le schéma seul se modifie : au procédé prévu se substitue, *automatiquement*, un procédé de circonstance, à tous risques.

Et l'on ne sait vraiment lequel plus admirer, de Nelson, poursuivant son attaque, du même geste tenace et sûr, à mesure que les circonstances la déjouent, ou de Collingwood, s'assimilant la pensée du maître, sans une hésitation, sans un mot, sans un signal, et faisant sa route en droite ligne, en beauté, — comme un boulet qui comprend.

Donc, la masse de Collingwood, au lieu de laisser porter tous à la fois, fera du relèvement constant sur le point qu'elle prend pour son objectif : l'ancienne avant-garde combinée (escadre d'observation, Gravina) devenue arrière-garde. La simultanéité dans le choc, impossible désormais sans grands retards, sera obtenue, esquissée plutôt, grâce à un déploiement en avant.

Pour contretenir la tête, gagner du temps, l'amuser et l'abuser, Nelson feindra sur Dumanoir une attaque à bonne distance. Sa route, inclinée un moment vers l'avant-garde ennemie, la maintiendra en haleine, et, qui mieux est, donnera peut-être à celle-ci l'illusion du devoir de bataille accompli. Après une vaine canonnade, elle continuera sa route jusqu'aux signaux de rappel au feu, déshonorants.

Alors, presque à bout portant, au point choisi, prévu par Nelson au Mémorandum, — prévision pour les Anglais, surprise pour les Franco-Espagnols, — lui, Nelson, et ses matelots d'arrière, font brèche, enfoncent et refoulent, viennent couvrir, de la masse de leurs douze vaisseaux, contre un retour offensif possible de l'avant-garde combinée, l'œuvre de destruction des quinze vaisseaux en action de Collingwood.

Et comme ce retour offensif tarde, ils détruisent, eux aussi, en attendant.

On a beaucoup épilogué sur ces attaques, réputées « en colonnes », des deux chefs anglais. Le commandant Desbrières, s'attaquant à la tradition, montre très nettement qu'elles ne furent pas absolument en colonnes. Du moins le furent-elles *le moins possible*. Nelson, comme Collingwood, ont tout fait, manœuvre parlant, pour, *sans perdre de temps*, présenter un *front suffisant* aux points d'attaque. En fait, ce furent des pelotons successifs, comme le signalent les rapports français, qui forcèrent notre ligne. Le calme, d'ailleurs, desservit les Anglais, et, pour tel genre d'attaques, Nelson ne pouvait pas redouter plus mauvais temps. Elles n'en réussirent pas moins.

Raison, justification, des attaques en colonnes, ou en pelotons, de Trafalgar, seront cherchées et trouvées dans cette circonstance inopinée : le tête-à-queue de Villeneuve qui impose à Nelson et à Collingwood, au lieu de la manœuvre en formation régulière prévue, une manœuvre au plus tôt paré.

Car, si la doctrine est invariable, le procédé, lui, doit rester essentiellement soumis au but poursuivi, et se plier, sans effort, sans transition, aux circonstances.

Pour Collingwood comme pour Nelson, l'exigence de ne pas perdre une minute primait tout. En faisant route directe, bonnettes et toutes voiles dessus, le *Royal-Sovereign*, bon voilier, frais doublé de cuivre, arrive juste au point choisi dans la ligne à enfoncer. Toutes ailes dehors, il a volé au combat; mais eût-il perdu une demi-heure seulement en formations, à attendre sa ligne pour la faire évoluer, pour la faire pénétrer, toute ensemble et en ordre, dans la ligne combinée, son effort ne portait que sur l'extrême queue de l'escadre Gravina; Trafalgar n'était peut-être pas TRAFALGAR.

C'est cette formation « en marchant », ces signaux faits pour indiquer ou confirmer une intention du chef, et non une figure impérative de géométrie, qu'il faut avant tout admirer et retenir. Nous verrons dans l'histoire le « coup de lance » de Lissa, le « double battement et tirez droit ! » de Tsushima, atteindre aux mêmes résultats : la victoire !

Mêlée. Combat individuel

Les deux masses offensives ont croché, où elles voulaient et comme elles voulaient, dans la masse inerte franco-espagnole. Qu'y trouvent-elles? Seule préoccupation : la ligne; seul mot d'ordre : le poste à tenir.

Les bâtiments anglais, à mesure qu'ils arrivent, percent *où ils peuvent*. Et tous peuvent. Là, sinon ici ! D'autres brèches succèdent aux premières. Des bateaux plient sous l'effort d'une telle masse; d'autres sont refoulés, comme projetés au loin, sous le vent, la démoralisation aidant; des trous se creusent, des vaisseaux serrent sur leur matelot d'avant pour obturer un créneau menacé : ils élargissent derrière eux un autre créneau.

Et le combat devient une simple mêlée : mêlée confuse, individuelle, où la manœuvre et l'artillerie continuent cependant à jouer *leurs rôles intimement liés.*

Certes, pas plus là que dans les combats récents ou futurs, le rôle du canon, l'entraînement au tir, au service des pièces, ne sont facteurs négligeables. A Trafalgar, les canons anglais tirent un coup par minute; les canons français espacent les leurs par trois minutes, et bien pis, certainement, font les canons espagnols. A Trafalgar, les Anglais tirent en plein bois, en pleine coque, en pleine masse humaine; les Français, à démâter, aux goélands, ou à couler bas, aux scombres. La houle nous gêne : nous nous sommes mis par son travers : nos coups s'éparpillent en deçà ou au delà du but. Certes, vitesse de tir, habileté au tir, méthode de tir et de destruction interviennent, et hautement, mais en liaison avec la manœuvre et de par la manœuvre. Maintenant, c'est manœuvre individuelle du bâtiment, comme tout à l'heure c'était manœuvre collective, manœuvre des masses et des lignes. C'est la manœuvre qui amène les bateaux anglais en poupe, à bout portant, des bateaux franco-espagnols. C'est la manœuvre qui leur permet, — et la manœuvre seule, — ces feux d'enfilade, en plein bois, qui retentissent, lugubres *leitmotive,* dans les rapports français, qui carillonnent, joyeux refrains : « She raked ! they raked ! » tout au long de la narration anglaise.

Bien que l'artillerie soit dans l'enfance, on pourrait se battre à 1.000 mètres et au delà; les vitesses initiales dépassent 500 mètres. Mais Nelson a hissé en tête de mât, son coutumier signal : « combattre à toucher ! » On l'attendait. Et, à travers trois zones, s'approchent les pelotons anglais, formés comme ils se trouvent.

En A^1, première zone, ils reçoivent, à longue portée, les feux concentrés des Franco-Espagnols, F_1, F_2, et se taisent : la fixité des canons dans leurs sabords ne leur permet pas un pointage efficace, *leur hâte d'arriver au décisif leur défend d'embarder pour répondre à longue portée. Ils risquent* un peu pour *gagner* beaucoup.

En A$_2$, Anglais, Franco-Espagnols, se taisent, bien forcés ; c'est le répit, le répit que commande le matériel.

En A$_3$, on est à bout portant. La houle aidant, les vergues du *Victory*, ou de tout autre, viennent toucher les agrès du *Bucentaure* ; n'était le calme, les gabiers anglais pourraient saisir au passage la grande enseigne tricolore. Et la terrible bordée, à charge réduite, à triple boulet, peut être servie, crachée, en feu de file, aux deux vaisseaux, gardiens du créneau où l'on fait brèche.

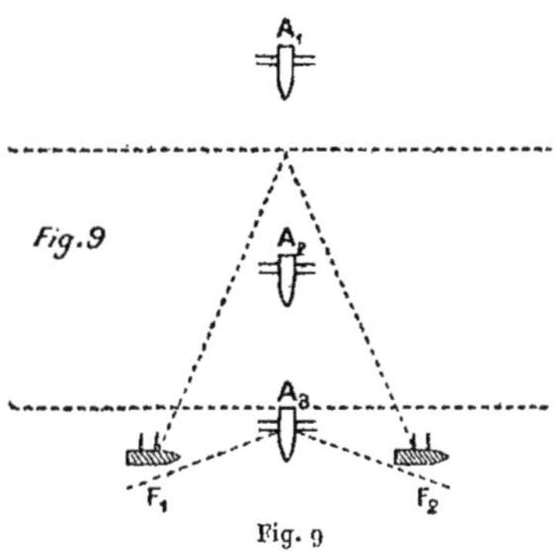

Fig. 9

Mais les poupes surtout, plus légèrement construites, attirent les coups. C'est pour les frôler qu'ont manœuvré, bien manœuvré, les capitaines anglais. Les avants, eux, sont plus solides ; les baux, les bois courbes, plus massifs, plus rapprochés ; les boulets s'y logent, s'y égarent, y restent. En poupe, au contraire, dans le creux des sabords larges, dans le vide des appartements, les boulets ont libre espace. Ils pénètrent, en pleine force, en pleine vitesse, de l'arrière à l'avant, de bout en bout, les longues batteries ; ils fauchent, comme par files, les canonniers, les servants et les pièces. Et les vaisseaux français sont, dès l'armement, démunis de leurs canons de retraite, d'avance, pour rien, pour le confort des commandants !

Dans cette position, acquise par la manœuvre, utilisée, consacrée par le canon, l'assaillant anglais, d'abord légèrement éprouvé, à distance, reste presque indemne. Seule peut contre lui la mousqueterie des hunes françaises. Mais son artillerie du travers, servie sous batterie couverte, est à l'abri. Et c'est le principal. Les hommes du canon gardent leurs yeux clairs et leur sang-froid. On voit, par les embrasures des sabords où ils se penchent, des « seamen » et des « marines » guettant, à chaque volée, les craquements sinistres des membrures et les clameurs des hors de combat.

Après cela, si le Français flotte encore, il vogue, et ne navigue plus ; il est sans défense, sans défenseurs. C'est un ponton dans l'épouvante, un îlot sur lequel vient de passer un cyclone. Ah! je sais bien, et les rapports officiels en font foi, il y avait là des héros ignorant les défaillances; il y avait là « des plus braves parmi les soldats de l'Empereur ». Mais après de telles rafales, destructrices et meurtrières, le point d'honneur n'est plus de vaincre, seulement de retarder l'heure de la chute.

C'est comme cela que succombent tout d'abord nos plus vaillants bateaux : le *Bucentaure* reçoit d'enfilade plusieurs bordées du *Victory*, alors croché au *Redoutable*, puis celles de deux trois-ponts, puis celles de plusieurs deux-ponts. Dès la première, il était immanœuvrable, sans hommes valides et sans agrès.

Le *Héros*, le *Redoutable*, le *Fougueux*, l'*Intrépide*, l'*Algésiras*, le *Swiftsure*, se voient également, dès le choc, en état d'infériorité. Ils ont été « traversés », comme bien d'autres moins illustres. Des centaines d'hommes, sur chacun, ont été couchés bas en l'espace de quelques minutes. Quelques minutes? Pas même : 50 mètres à trois nœuds : moins d'une minute! La *Santa-Ana*, la *Santissima Trinidad* ont subi même sort, même désastre.

Et la doctrine, car c'en est une, surgit, toujours la même, au cours de cette bataille, de cette mêlée : acquérir, en risquant *un peu*, une position dominante et rapprochée, qui vous mette en supériorité numérique. De par la *proximité*, l'ennemi sera écrasé. Manœuvrer *sur lui*, le traverser en le criblant. Puis, quand il est déjà presque réduit, dépeuplé, démoralisé, prendre, avec lui, sous le vent, le combat à égalité de position, mais non plus à égalité d'armes. Et les Anglais qui suivent les têtes de colonne marchant sur leurs traces, traversant là où ailleurs, continuent à cribler en poupe les Franco-Espagnols, qui ne peuvent opposer à ces formidables batteries, que quelques pièces de gaillard.

C'est là toute la philosophie de la mêlée de Trafalgar. C'était déjà celle de la mêlée d'Aboukir.

Pour déjouer la manœuvre collective de Nelson, il fallait — et Villeneuve, à l'heure suprême, y a pensé, — il fallait, toute défensive gardée, faire refluer vers le centre attaqué, et l'arrière-garde et l'avant-garde, opposer à cette masse, puisqu'on était voué à l'inertie, une quadruple, une épaisse muraille de bateaux et de canons. Pour déjouer la manœuvre individuelle des bâtiments, il fallait faire comme le *Pluton*, parer l'enfilade en venant tête au vent, phare de l'arrière masqué. Mais tous nos capitaines n'étaient pas de vieux manœuvriers comme le commandant Cosmao ! Tous ne savaient pas, sans doute, comme lui, que c'est en manœuvrant qu'on pare les coups, de même que c'est en manœuvrant qu'on en porte de solides. Ou bien, esclaves d'une consigne que la rupture de la ligne devait pourtant déchirer, ils s'obstinèrent à garder, tant bien que mal, le « rang et l'ordre ».

De la part des Anglais, souci impérieux de la manœuvre, même quand ils se laissent aborder. Divisions d'abordage, mousqueterie des hunes, grenades à main, sont des procédés bien français. Nos équipages, piètres canonniers, y excellent. Les vaisseaux anglais, plus confiants dans la supériorité de manœuvre et d'artillerie, évitent ces corps-à-corps, où trop grande place est laissée au simple courage. Pourtant, le *Redoutable*, l'*Aigle*, le *Fougueux* et d'autres, arrivent à crocher un ennemi. Mais les Anglais manœuvrent pour « se faire aborder », et non pour aborder. Ainsi disposés ils peuvent, à bout portant, décharger leurs pièces de batteries, en demi-

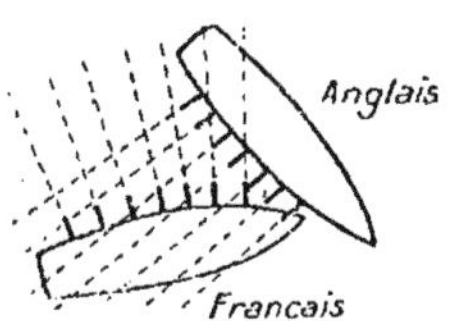

Manœuvre d'abordage anglaise :
5 canons anglais portent ;
2 canons français portent.

Fig. 10

enfilade sur les nôtres muettes, à triple boulet dans nos coques criblées. La manœuvre ne perd pas ses droits. L'élan de nos équipes d'abordage est arrêté à coups de canon.

L'histoire se recommence, si les procédés varient. La doctrine est une, à travers l'histoire. Qu'est-ce donc que ces feux d'enfilade, sinon le T barré à Tsushima (*to cross the T*) ? Seulement la portée, la justesse surtout, des canons ont augmenté ; on s'est battu de 6.000 à 2.000 mètres, au lieu d'aller au bout portant : les Russes n'ont pas franchi, n'ont pas essayé de franchir la zone A_1 de concentration, celle où ils étaient criblés à moyenne distance. Les masses de Rodjestvinsky, d'allure offensive, d'abord — par hasard ? — sont devenues inertes dès qu'il est venu à droite, et inertes dans une zone dominée (1).

Chose curieuse, comme le fait remarquer le commandant

____

(1) Voir *Tsoushima,* par le capitaine G. Laur. Berger-Levrault, 1909. 3ᶠ 50.

Desbrières, le schéma de Tsushima ressemble, dans ses grandes lignes, au schéma de Trafalgar, où les rôles seraient intervertis, de vainqueur à vaincu. Mais il ne s'agit là que d'apparences. Les armes ayant changé, les procédés devaient se modifier. La vraie doctrine nelsonienne des concentrations, de la supériorité numérique acquise, était chez Togo : il a détruit l'adversaire.

Mais passons et revenons à Trafalgar.

Il est bien difficile, même en s'aidant de la reconstitution du commandant Desbrières, de suivre pas à pas les combats individuels, dans une telle mêlée apparente.

Il semble cependant en surgir une règle de concentration des efforts, de solidarité bien établie entre bâtiments.

A 2 heures, l'*Intrépide* a affaire à deux ennemis; à 3 heures, à quatre; à 3ʰ45, à cinq; à 5ʰ15, quand il succombe, à sept. L'*Aigle*, après deux abordages successifs, a trois ennemis qui l'entourent. L'*Algésiras* en a quatre a portée de pistolet, etc. A mesure que les vaisseaux français se rendent ou s'éloignent, ou simplement réduisent leur feu, les Anglais se multiplient. Ils ont le don d'ubiquité. Ils vont de l'un à l'autre, parcourant le champ de bataille, le champ de destruction. On les signale, dans les récits français, partout à la fois. Quelques-uns sont en péril, au début de l'affaire. D'autres *s'interposent*, viennent les relever au feu et au danger. Quelle est donc leur règle et leur doctrine dans la mêlée? De cette confusion, de ce chaos de détails, s'élève la réponse spontanée : la règle, la doctrine, c'est l'*action*, l'action solidaire : solidarité, même après rupture apparente des lignes organiques; destruction, tant qu'il reste un ennemi flottant.

Aboukir

S'il est difficile de dégager à peu près exactement, à travers l'amplification des récits contradictoires, quelles furent les concentrations de feux chez les vainqueurs de Trafalgar, nous les voyons très nettement à Aboukir. Or, Trafalgar, Aboukir, sont bien, de part et d'autre, l'application de la même pensée et des mêmes méthodes : Nelson est resté lui-même; Villeneuve a dignement succédé, comme tacticien médiocre, à Brueys.

La ligne de feu française, passive à Trafalgar, est plus qu'inerte à Aboukir. L'escadre était mouillée. Elle reste mouillée ! Certes, de la sorte, l'ordre et le rang sont admirablement tenus ! Pour mieux tendre la ligne, les bâtiments, dès que l'ennemi est en vue, se sont embossés les uns sur les autres, à 200 mètres d'intervalle. Comme cela, du moins, ne viendra à personne l'idée de manœuvrer pour rompre la belle ordonnance des feux : « Les Gaulois ne voyaient que le rang inflexible, faute de raisonnement, et on les a vus s'attacher entre eux (1). » (ARDANT DU PICQ.) Et bien imbue était cette idée du *rang* dans la marine française : un seul officier, l'amiral Blanquet-Duchayla, opina, devant Brueys, que ce n'était point là une manière sensée de combattre.

A cette inertie, à cette paralysie, Nelson oppose comme toujours la masse offensive, lancée en vitesse et en volonté, grand largue, en avant, en manœuvre ; l'attaque *au plus tôt paré*, à bout portant, en nombre supérieur.

En nombre supérieur : il y a, en principe, quatorze bateaux anglais opposés à treize français; mais ceux-ci plus puissants et beaucoup plus armés. Ils sont, à vrai dire, un peu handicapés: leurs équipages ne sont pas au complet; mais on a fait rallier du monde des frégates. En somme, c'est presque un match.

Nelson transforme immédiatement cette égalité en supériorité numérique formidable.

Voici son plan :

A chacun des sept bateaux de l'avant-garde française, opposer *deux* bateaux anglais, l'un sur la joue, l'autre sur la hanche, chacun individuellement en position dominante. Le *Léander*, de 50 canons, s'adjoindra aux deux vaisseaux de 74 canons opposés à l'*Orient*, trois-ponts de 120 canons, monté par Brueys.

Objectif général : l'avant-garde française.

Il semble que la manœuvre exécutée : « doubler à terre », ordonnée par Nelson ou due à l'initiative du capitaine Foley, ne soit qu'une variante de la dernière heure. Elle était d'une exécution plus facile, sans doute, surtout à la nuit tombante : masser, du même bord, quatorze bateaux en 1.400 mètres, sans qu'ils se gênent, en leur assurant à chacun une position dominante, était un tour de force de manœuvre qui pouvait mener

____

(1) Rien d'impossible, d'ailleurs, que l'idée de Brueys, celle de derrière la tête, fût d'échapper, — sans combat, naturellement, — pendant la nuit.

à pagaie désastreuse sous le canon. Mais, doubler de part et d'autre la ligne française faisait tirer les Anglais les uns sur les autres, dans la nuit, malgré leurs signaux de reconnaissance : *Vanguard* sur *Theseus*, par exemple. Elle permettait aussi aux Français

BATAILLE D'ABOUKIR

Fig. 11. — Plan d'attaque probable de Nelson.

Fig. 12. — Schéma de la bataille telle qu'elle s'est produite.

Dans les deux cas, concentration 2/1.

Fig. 11   Fig. 12

d'utiliser leurs deux bordées de canon, compensant ainsi un peu (Voir étude n° III), l'infériorité numérique. Nelson ne pouvait vraiment supposer que tribord seul serait armé au moment du choc.

A Trafalgar, à la mer, Nelson s'inquiétera des bâtiments qu'il n'attaque pas tout de suite. Ici, il n'en est pas question. L'arrière-garde, sous-ventée à l'ancre, est supposée fixée, neutralisée par elle-même. Inutile alors de protéger l'œuvre de destruction. Tous peuvent, dès l'abord, y coopérer. Et les faits confirment l'intuition nelsonienne : Le *Guillaume-Tell* n'ose faire appareiller. Plus tard, Villeneuve trouvera, pour expliquer sa conduite inexplicable, d'aussi misérables et péremptoires prétextes d'inaction que Dumanoir en donnera à Trafalgar : justice immanente des choses !

La manœuvre d'approche, la manœuvre collective, on la connaît, dans son enfantine et belle simplicité. Le procédé? nous le retrouverons à Trafalgar : Ligne de file que la hâte transforme en peloton; route directe à travers la zone dominée de grande et de moyenne distance, pour atteindre à la position dominante de courte distance. Mais ici, la brise aidant, les pertes subies dans la zone dominée de moyenne distance sont insignifiantes; le *Goliath*, de 6ʰ 20 à 6ʰ 30, n'y subit pas grand dommage.

La manœuvre individuelle? Toujours le T barré, bateau à bateau, pour procurer l'enfilade. Mouiller sur la joue ou sur la hanche de l'adversaire. Le battre à pleine bordée, sans rester sous son feu. Faire le nombre, encore et toujours.

Et, pour obtenir cette position dominante, Nelson crée une nouvelle manœuvre.

Il fait mouiller en patte-d'oie, pour *éviter* (1) le bâtiment à la demande des circons-

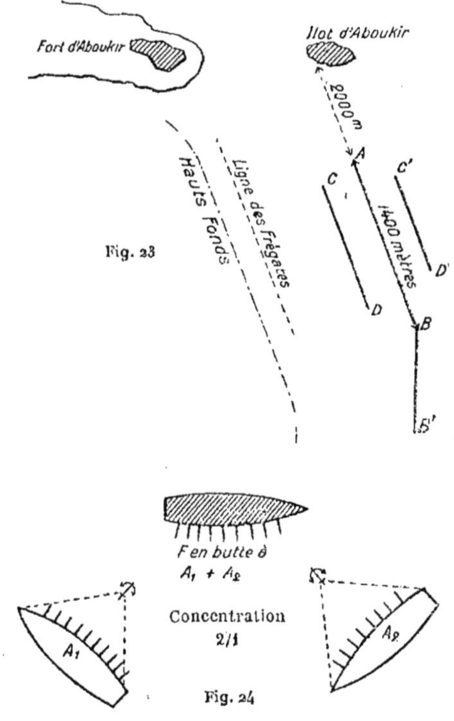

---

(1) *Éviter, évitage.* Termes de marine. « Éviter un bâtiment à la demande des circonstances », c'est faire prendre au *grand axe* de ce bâtiment la direction qu'imposent les circonstances.

tances, à la demande du feu, en s'aidant du petit hunier resté sur le mât. Rôle intimement lié de la manœuvre et du canon !

Suivons, dans les croquis ci-joints, les enfilades et les concentrations qu'ont subies les bateaux français. Les concentrations sont moins écrasantes que ne se l'est proposé Nelson. La cause en est à la nuit, qui a entravé la manœuvre. Mais quel entraînement — de manœuvre toujours ! — pour arriver à prendre, de nuit, ou presque, vent arrière, son poste de mouillage, même à peu près ! pour mouiller par l'arrière, et sous le canon rapproché ! Tous, d'ailleurs, n'y parvinrent pas également. Les concentrations sont insuffisantes vers le centre. Le *Bellerophon*, le *Majestic*, combattent $\frac{1}{1}$ en nombre et en position. Ils combattent *plus fort* ou *aussi fort* qu'eux. Ils sont mis hors de combat, accumulent des pertes comme n'en subirent pas les Anglais les plus engagés à Trafalgar. C'est que, peut-être aussi, par la force des choses que crée l'obscurité, nous tirons bas : sur les lueurs de canon, sur les fanaux qu'on promène, là où il y a des hommes, enfin !

Aboukir est du bon Nelson, très pur, très simple : victoire du nombre acquis par la manœuvre. C'est aussi toujours la défaite typique de l'École française d'inertie, de tir « chacun à chacun » (Voir planche II, concentrations nelsoniennes à Aboukir).

On peut noter toutefois, que la doctrine de solidarité, inconnue dans l'escadre française : « seul le *Timoléon*, hissant ses huniers, etc. (1) », n'est pas encore impérieuse dans l'escadre anglaise. Six ans plus tard, — six ans sous le commandement de Nelson, — le *Zealous* et autres, presque indemnes, bien qu'ayant victorieusement combattu, n'attendraient pas les signaux pour chercher, même dans la nuit, de nouveaux dignes adversaires à détruire : ceux qui le lendemain échappaient.

Pourtant retenons bien ceci, de Trafalgar comme d'Aboukir : la masse victorieuse a manœuvré la masse vaincue pour « faire le nombre », chaque bâtiment de la masse victorieuse a manœuvré son adversaire, encore pour « faire le nombre ». LE NOMBRE FAIT, LES ARMES ONT ŒUVRÉ !

----

(1) JURIEN DE LA GRAVIÈRE, *Guerres maritimes*.

III — PHASES DE LA BATAILLE

Notre phare sera la bataille nelsonienne.

Elle date pourtant d'un siècle. Et les temps ont marché.

Aux vaisseaux de 2.000 tonneaux, aux *Bucentaure*, aux *Victory*, succèdent les *Dreadnought* et les *Superdreadnought*. Les ceintures de flottaisons, les cuirasses blindées, remplacent les friables murailles de bois. Dès lors, la torpille, arme nouvelle, cherche à frapper dans la ligne basse. Les 305 $^m/_m$, à longue portée, mobiles en tourelles, remplacent les pièces courtes, crucifiées dans leurs sabords; on s'arme en chasse et en retraite. Les méthodes de tir repoussent toujours plus loin la portée efficace du canon; celui-ci tire plus vite, charrie des explosifs. La voile subordonnait au vent la manœuvre objective et la vitesse : les moteurs mécaniques ont brisé cette sujétion.

Pourtant, il n'y a pas grand'chose de changé sous le soleil.

L'homme, pivot de la bataille, est resté l'homme, avec des instincts, des défaillances, des enthousiasmes. Il n'est toujours « capable que d'une certaine quantité de terreur ». La peur, la discipline, « l'âme des foules », sont demeurées. Le champ de bataille, la mer, ses contingences, la tempête et la brume, la durée du jour de lumière, sont éternels et de tous les siècles : la résistance d'une flotte reste comparable, comme durée, que ce soit à Trafalgar ou à Tsushima.

Nelson serait toujours vainqueur de Villeneuve.

Un professeur de tactique des jeunes officiers anglais avait, m'a-t-on dit, il y a une vingtaine d'années, coutume de les interroger ainsi : « Telles forces sont en présence, dans telles conditions : que ferait Nelson? »

Ceux passés par ses mains ont peut-être acquis, à cette gymnastique, l'âme nelsonienne. Togo, du Dix Août à Tsushima, a dû s'interroger souvent ainsi. Pourtant Tsushima n'a pas répété Trafalgar, pas plus que la prochaine bataille de Gibraltar ou du Pas-de-Calais ne répétera Tsushima. Une victoire ne s'imite pas.

Avec le matériel et les moyens évolue en même temps, de période en période, le schéma général lui-même de la bataille navale.

D'ailleurs, les modernes batailles navales, Lissa pas plus que Tsushima, ne nous donnent point tous les éléments voulus : Pas plus là qu'à Trafalgar nous n'avons en présence deux adversaires égaux l'un à l'autre en volonté, en activité, en entraînement, sinon en nombre. Aussi la bataille est-elle, là, plus que simple : élémentaire.

Nous pouvons, pour certaines guerres futures, pour la « plus grande bataille » du prochain avenir, la concevoir plus complexe, sinon complexe.

Par leurs sémaphores, par leurs éclaireurs, les deux adversaires F et A se sont réciproquement définis. Hors de vue, de très loin, ils se suivent sur la carte. Ils pointent, carreau par carreau, leurs positions, leurs routes, leurs formations. Ils prennent, suivant leurs plans, suivant leur tactique, suivant leur génie, les dispositions de combat sur les bâtiments et dans les masses (1).

C'est l'*approche.*

F et A sont maintenant au contact visuel : un *duel tactique*, de manœuvre, s'engage entre eux. Chacun cherche la position favorable, la position de manœuvre initiale, d'où il pourra, en temps opportun, s'élancer pour l'attaque. Des considérations géographiques peuvent influer (Nelson à Trafalgar). Cette escrime, ce combat traînant, peuvent se prolonger plus ou moins, peuvent être ou non accompagnés de coups de canon à longue portée, inefficaces comme au Dix Août ; mais ce n'est pas le moment d'user ses munitions : on joue au plus fin, au mieux manœuvrant, au plus rapide ; on tâte le fer et on mesure la longueur des enjambées.

---

(1) Napoléon insiste beaucoup sur cette caractéristique de la bataille navale : « Rien de l'un n'est caché à l'autre ». Si : intention, manœuvre qui va se faire, distance où elle se fera, sont encore des inconnues. Moins palpables, moins matérielles, soit ! mais, plus intensément, sur ces inconnues doit se concentrer l'effet de surprise.

Tsushima nous a rappelé que bien souvent l'éclairage, l'information, ne sont que d'un seul côté. Ils *peuvent* être des deux côtés.

L'un des deux adversaires domine l'autre en position; F, pour tirer parti de la situation, ou A pour en sortir, prend l'offensive, se rapproche. Le délai de clarté peut aussi intervenir pour hâter l'heure entre deux adversaires restés à égalité de position.

Alors :

Première attaque brusquée : manœuvre, manœuvre brutale ; surprise, qui soudainement amène au feu, à distance *certainement* efficace, au feu destructeur, désorganisateur, démoralisateur. La prépondérance du feu, subjective, vient se multiplier par la prépondérance de position tactique, objective; destruction, désorganisation, démoralisation, sont d'un seul côté.

C'est la *canonnade.*

La seule arme est le canon à hausse variable, à tir dirigé, arme de jet dans toute l'acception du terme. On est à moyenne distance. Plus ou moins destructive, la canonnade peut se prolonger quelque temps, F tenant A sous la prépondérance de ses effets, tir et manœuvre liés; mais, dès que l'équilibre penchera en faveur de F, la partie de canonnade sera rapidement, définitivement perdue par A, et sans que, à partir de ce moment, il nuise davantage à l'ennemi. C'est un courant qu'il ne remontera pas. A ne peut plus chercher son salut — c'est-à-dire la victoire, — ou la « défaite utile », qu'en courant au combat rapproché (1).

Alors :

Deuxième attaque brusquée : manœuvre encore! manœuvre brutale et soudaine, plus efficace, puisque plus proche; assaut, où interviennent la masse et la vitesse, la fureur humaine, — sur terre, la baïonnette, les hurrahs! et les crosses de fusil —, et qui porte les masses au :

Combat rapproché, par les trois armes « de main » : canon à hausse constante, choc, torpille (2). Toutes les forces donnent,

---

(1) La deuxième attaque brusquée, comme la première, peut tout aussi bien être due à l'initiative de F, le plus fort, pour hâter les résultats décisifs. Mais, si nous avons affaire à un A manœuvrant, elle sera plutôt la riposte à la première attaque brusquée. Nelson savait sa supériorité en canonnade; il allait cependant, dès l'abord, au combat rapproché, qui menait plus vite au résultat décisif (Voir la Bataille Nelsonienne).

(2) Par torpilles, il s'agit de celles des bateaux lance-torpilles, surface et plongée, comme de celles des bâtiments de ligne.

matérielles et morales, à plein rendement, celles-ci actionnant celles-là. Pénétration ! Dislocation ! Mêlée !

A cet assaut, l'adversaire peut souvent se dérober, s'il a encore la cohésion, la vitesse, la volonté de le faire. Et là ce n'est pas « céder du terrain », s'il garde sa position relative, ou une équivalente ; ce n'est pas « céder en volonté », s'il continue à imposer en prépondérance, son mode de combat préféré, la canonnade.

Mais, pour une force navale ayant déjà combattu, c'est-à-dire souffert, le dérobement devant l'ennemi constituera une source de dangers (1). Pas d'exemples de batailles vraiment gagnées en retraite.

Du combat rapproché on sortira, soit par la destruction ou la poursuite, soit en rentrant en canonnade. Donc, sans compter l'approche, trois actes, en progression de violence :

Duel tactique, au combat traînant ;

Duel d'artillerie, ou canonnade ;

Duel aux trois armes, ou corps à corps, ou combat rapproché, avec comme transitions brutales :

Une première attaque brusquée, menant à la position de canonnade ;

Une deuxième attaque brusquée, menant au bout portant.

Que tel ou tel acte, telle ou telle transition, soient écourtés, brûlés, il faut s'y attendre : la bataille n'est point un ballet.

Que, dans la bataille vivante, tel épisode, tel événement, telle concentration d'effets, telle action des réserves, surgisse, se développe, s'exagère ; que, par des dispositifs appropriés, se scinde la bataille en plusieurs combats liés ou d'allure indépendante, c'est, les circonstances aidant, affaire au génie des chefs.

Reprenons ces phases, en essayant de les caractériser. Reprenons la bataille « en décomposant ».

---

(1) Parce que arrières plus vulnérables, parce que moral impressionné, parce que rideaux de fumée empêchant le tir, parce que, surtout, pour ne pas laisser un défaillant à la traîne, il faut régler la vitesse sur ce défaillant, parce que, enfin, si on se laisse gagner de vitesse sans faire tête, ce sont conditions déplorables pour l'inévitable abordage.

Marche d'approche

Des deux côtés, on veut la bataille (1).

Chacun, en route directe, se rapproche de l'ennemi signalé, jusqu'à vue directe, tout en faisant branle-bas de combat, à bord des bâtiments et dans les masses (2). Les masses sont réparties suivant le plan de bataille, d'après le dispositif initial (3) adopté, et les groupes en « formation de manœuvre », s'ils n'y sont déjà.

Les renseignements du temps de paix doivent permettre de présupposer la tactique, les intentions de l'adversaire (4). Une marine qui, dès le temps de paix, ne saurait pas pénétrer les tendances tactiques, les principes de bataille de l'ennemi éventuel, serait mûre pour toute défaite. Cela est autrement important, n'est-ce pas, que tel détail de matériel ou de construction?

---

(1) Sinon, celui qui la veut y force l'autre; sinon, encore, il n'y a pas bataille.

(2) Masse de combat : groupement de forces qui reçoit, avant la bataille ou pendant la bataille, un objectif particulier à détruire.

(3) Dispositif initial : répartition de la force navale en masses de combat, déterminées avant la bataille, et qui s'effectue, soit *proprio motu*, soit sur signal d'armée explicite, avant le combat.

A Tsushima, le dispositif initial comportait pour les Japonais une masse cuirassée (Togo-Kamimoura), une masse de croiseurs protégés (Dewa-Uriu), une masse mixte (Kataoka-Togo jeune), une masse de lance-torpilles. Chacune avait son rôle et son objectif définis. Grâce à son service de renseignements et à sa T. S. F. non brouillée, Togo aurait pu changer suivant circonstances, son dispositif initial. Il n'a pas eu à le faire, l'armée russe, sur une seule masse, n'ayant pas manœuvré. Mais les circonstances ne se présenteront peut-être pas toujours aussi simples.

A Lissa, le dispositif autrichien comprenait une seule masse hétérogène, subdivisée toutefois en groupes ayant chacun son objectif pour la phase décisive du combat. Le dispositif italien comportait deux masses, l'une cuirassée (Persano), l'autre sans cuirasse (Albini).

Dispositif de Nelson à Trafalgar : trois masses initiales; la troisième pouvait s'adjoindre à l'une des deux premières.

Le dispositif initial par masses effectivement autonomes n'entraîne pas forcément la victoire; mais on peut dire que des forces navales bien fractionnées, d'après le rôle attribué à chaque fraction, ont été généralement victorieuses, quand ces masses autonomes, bien pénétrées du but à atteindre, combattaient vigoureusement, pour faire aboutir un plan de lignes très simples, très larges, sans être tenues autrement que par les ordres préalables du commandant en chef, ou par des conventions générales de solidarité assez souples pour se prêter aux circonstances du combat.

(4) Il en était déjà comme cela à Trafalgar. Nelson tablait sur la ligne inerte de Villeneuve, telle qu'il l'a trouvée. Villeneuve lui-même attendait l'offensive à bout portant qu'il a subie, et des concentrations d'effets sur son arrière-garde. Il les a eues. Service de renseignements!

D'après cette préconnaissance des intentions générales de l'ennemi, s'édifiera, s'il est possible, notre plan de bataille (1). Sur nos intentions définitives, à nous, laissons toutefois planer l'indécision (2); ne perdons pas une occasion de dérouter l'ennemi, de l'induire, si renseigné qu'il soit, en erreur ou en doute. Indécision, au combat, sera la plupart du temps, pire conseillère. Sans dévier de notre but, sans perdre de temps, faisons des feintes.

Pendant la marche d'approche, se poursuivra l'éclairage à distance de plus en plus rapprochée, qui fera connaître l'ennemi.

Connaître l'ennemi? Le définir en nombre, en forces, en moral, en intentions, tout cela n'est pas simplement l'affaire des éclaireurs. Mais, à mesure que la distance diminue, mieux savoir, à tous moments, sa route, le nombre de ses lignes, surtout leur orientation, voilà leur rôle. C'est pour cela que la télégraphie sans fil crépite, que les éclaireurs (3), eux, signalent avec recoupements et d'une façon continue (4), par signaux transmis par des bâtiments échelonnés, confirmés au deuxième degré par des avisos qui font la navette, les dernières vues, sur l'ennemi, des bâtiments au contact.

Et cela est d'autant plus important que les masses en présence elles-mêmes sont plus nombreuses, s'étendent sur un plus grand développement : une grande flotte a des manœuvres plus rares, parce qu'elles sont plus longues.

---

(1) Plan initial : l'histoire montre qu'il est rarement exécuté dans son entier. Les renseignements successifs, la vue sur l'ennemi, sa manœuvre, viennent le modifier.
Les signaux, confirmatifs, modificatifs ou complétifs sont là pour un coup.
Le seul fait d'avoir un plan : tout le monde y a réfléchi.

(2) Mémorandum de Nelson : masses de navigation et de manœuvre inégales, pouvant, comme on l'a répété, se renforcer les unes ou les autres au moment suprême. C'est coup double : jusqu'au dernier moment, il peut, par une autre répartition, parer à une autre éventualité; jusqu'au dernier moment aussi, l'indécision persiste chez l'adversaire. Aujourd'hui, manœuvrer sinon de même, du moins dans le même ordre d'idées.

(3) Cuirassés d'éclairage, ou au pis-aller, croiseurs cuirassés, jusqu'à extinction du type. Encore, croiseurs auxiliaires.

(4) Importance de la continuité dans le renseignement : à Tsushima, les Japonais avaient tous les atouts en mains; eux seuls étaient renseignés; ils savaient nombre, routes, formations, vitesse de l'ennemi; ils pouvaient prévoir, exactement, l'heure du choc; peu s'en est fallu, pourtant, que toutes leurs prévisions fussent déjouées, puisque, pendant une lacune de l'éclairage, l'escadre de la Baltique avait temporairement modifié ses dispositions.

Il va de soi qu'une masse de combat, une armée navale, doivent être éclairées à distance, en thèse générale du moins (1).

Mais, si parfait que soit l'éclairage, il est des cas où, quand même, il se trouve en défaut (2) : présence inopinée de l'ennemi au lever du jour, brume épaisse qui se déclare.

Naviguons donc toujours comme si l'ennemi allait apparaître inopinément, en un point quelconque de l'horizon ; adoptons, comme délai de branle-bas de combat, le rayon de visibilité (3).

Tant qu'on n'a pas sur l'ennemi des renseignements certains, permettant de le suivre heure par heure, sur la carte quadrillée, les formations de navigation et de manœuvre — c'est tout un ! (4) — doivent permettre de passer rapidement à celle de combat, quel que soit le gisement auquel l'ennemi peut être aperçu ou signalé, quelles que soient sa formation, sa route, sa vitesse, sa manœuvre.

Répétons-le (nous l'avons dit ailleurs) : en navigation du temps de paix, n'employer que les formations (5) à utiliser le

---

(1) Dans certains cas, s'il s'agit d'éviter l'ennemi possible, par exemple pour gagner un rendez-vous assigné, on peut hésiter à se faire éclairer à distance, pour ne pas se faire éventer à distance, et essayer de passer inaperçu. Mais c'est jouer très gros jeu, comme le firent les Russes (Deuxième escadre du Pacifique). Et l'on peut se demander s'il n'est pas plus facile d'éviter l'ennemi, que les éclaireurs ont reconnu à distance, que de vouloir passer, à tout hasard, en aveugles. Pour nous la réponse n'est pas douteuse : il faut *avant tout*, si l'on court un risque de bataille, éviter la surprise. L'éclairage à distance est donc indispensable, si l'on dispose du nombre et des moyens suffisants pour que cette garantie d'information soit efficace.

(2) Cas des Russes à Tsushima. Ils n'étaient pas éclairés, mais l'eussent-ils été, dans les circonstances atmosphériques de la journée, leurs éclaireurs n'auraient peut-être rien vu.

(3) La visibilité d'une masse de bâtiments à vapeur est très variable, non seulement suivant l'heure, mais suivant l'éclairage, le degré d'humidité, la région géographique, la proximité de la côte, la clarté de l'horizon, le charbon qu'on brûle.

Nous avons vu, par temps clair, de petites masses de combat, très visibles, fumées comptées, à 20 milles. Dans l'Atlantique (même région), par S.-O. bouché mais sans brume, on ne voit guère à 3 ou 4 milles.

(4) Au Mémorandum de Nelson : formation de navigation = formation de manœuvre.

(5) Les formations du temps de guerre doivent être articulées, en escadres, en groupes, en sous-groupes. Ceci, vrai indubitablement si l'on envisage la bataille, où la force navale totale peut avoir à se fractionner en masses de combat, est beaucoup moins évident si l'on envisage le combat, c'est-à-dire l'engagement pour chaque masse de combat, pour chaque ligne de feu déployée.

A première vue, même, la ligne, la simple ligne des unités, où tous manœuvrent tous à la fois et au même signal d'évolution, semble la formation idéale : elle satisfait, en jour de la bataille, manœuvre et combat. A plus forte raison, en navigation du temps de guerre.

Mais pourquoi alors, ne pas adopter tout de suite, comme formation de navigation, celle de combat? C'est, d'autres raisons aidant, que nous admettons avoir à « manœuvrer » devant l'ennemi, en « duel tactique ». Et à manœuvrer *rapidement*. Or,

---

apparence, à deux desiderata importants : la simplicité, la soudaineté. Rien de plus simple, comme figure géométrique, qu'une ligne. Rien de plus soudain que les manœuvres tous à la fois d'une ligne. Enfin, la ligne réduit au minimum, semble-t-il, la préoccupation de solidarité. Chaque bâtiment est, par la force même des choses, soutenu par ses matelots d'avant et d'arrière (cela, dans l'ancienne marine, avait son importance capitale, quand il s'agissait d'être ou non « traversé »). Aucun, d'autre part, si la ligne est bien tendue et bien présentée, n'a son tir entravé par lesdits matelots. Mais, comme dit excellemment le commandant Daveluy, « la préoccupation de tenir son poste est un frein qui empêche le bâtiment de se battre », et la tenue rigoureuse du poste devient, dans la ligne, une nécessité impérative, sous peine d'allonger indéfiniment la ligne, où tous les écarts s'accumulent, ou de courir à des collisions plus terribles que le feu de l'ennemi.

Enfin, les signaux, dans la ligne, ne peuvent s'apercevoir, en même temps, par tous les bâtiments subordonnés. Dès que la ligne est un peu nombreuse, ils sont lents à se propager. Si, par suite d'avaries de combat, *un* des bâtiments de la ligne est hors d'état de répéter un signal, la transmission des ordres peut être arrêtée. Si l'on manœuvre à l'imitation du commandant supérieur, cette manœuvre ne s'apercevant pas de partout, risque fort de n'être exécutée que successivement; et une ligne disloquée n'en est plus une de longtemps. Enfin, la ligne, à notre avis, a un autre inconvénient, qui nous paraît majeur : *elle laisse dans le rang* les chefs de groupes, officiers généraux ou autres. Elle les ramène, pendant le combat, et antérieurement pendant la navigation, au rôle de simples unités, les retire d'évidence, atrophie, de fait, et leur responsabilité et leur initiative. Au moment où ils auront à commander, par leurs manœuvres et leurs signaux, les bâtiments sous leurs ordres auront perdu l'habitude, s'ils l'ont jamais eue, de les veiller et de leur obéir.

Abandonnons donc la ligne, simple ou double, et rallions-nous aux groupes constitués de combat, système articulé, où, le commandement se trouvant bien défini, aux divers échelons, et s'exerçant en tout temps, chaque chef d'échelon, en évidence, hors rang, conserve sa part de responsabilité comme d'initiative. Celle du commandant suprême reste limitée seulement d'une part par les règlements, de l'autre par l'initiative et la responsabilité que leur grade ou leur fonction confère à ses subordonnés immédiats. Les échelons constitués agissent comme tels, même dans une force navale constituée en une seule masse de combat, combattant en une seule ligne de feux, dans les diverses éventualités du combat.

Malgré les raisons qui semblent militer pour le groupe de trois bâtiments, nous nous rallierons au groupe de deux. Dans l'escadre de six, il permet un fractionnement inégal, par deux et quatre. Les chefs de groupe sont astreints à une tenue régulière des postes. Le n° 2 de chaque groupe (soutien), marche déboîté, d'un bord ou de l'autre de ses chefs de groupe, sans souci d'un poste rigoureux. Lorsqu'il le juge nécessaire, il le suit dans sa houache.

Ces groupes ont toute l'autonomie compatible avec le genre de combat. D'ailleurs, on peut soutenir qu'en France, une autonomie très large des groupes et des escadres est mieux notre fait que le combat en une seule masse compacte, et que, plus on reculera, tout en les gardant acceptables, les limites de cette autonomie, meilleure sera l'utilisation du matériel, puisque plus grand sera l'enthousiasme du personnel.

autre chose est de manœuvrer, autre de canonner. Ici, c'est la ligne déployée des unités et des groupes ; là, les masses bien en main, c'est-à-dire serrées, rapprochées.

Cette formation de manœuvre que nous prendrons, si elle ne l'a déjà été, pendant la marche d'approche, sera telle, d'ailleurs, que, facilitant la manœuvre, elle permettra le rapide déploiement du dispositif par rapport à l'ennemi, pour l'emploi des armes.

Résumons :

Marche d'approche : heure des dernières dispositions. Chacun accumulera des forces, au moral, au matériel, à l'organique. Chose d'extrême importance, on *mangera*. C'est l'heure. Même pendant le combat traînant, il n'y faut plus compter. Et combien de défaillances humaines sont celles de ventres creux ! C'est l'heure aussi, où monteront, entre temps, les signaux nelsoniens : « *England expects.....* », etc. C'est l'heure enfin où commandants et officiers, passant une dernière fois aux postes de combat, harangueront, exalteront les enthousiasmes, une dernière fois vérifieront que « tout est paré », que les cœurs sont hauts, et les transmissions sûres.

Puis apparaîtront, plus distinctes, les fumées ennemies, droit devant.

Chacun s'enfermera dans sa tourelle, sa chaufferie, son block-haus.

Les portes étanches, par-dessus, retomberont, seront bouclées.

Et les deux armées entreront en bataille.

DUEL TACTIQUE ET PREMIÈRE ATTAQUE BRUSQUÉE

Les armées sont en vue (1), les groupes (2) aux renseigne-

(1) Pour nous donner une idée des grandeurs du développement du champ de bataille, supposons que chaque armée dispose de 24 bâtiments de combat, à la distance de 500 mètres. Chacune, donc, peut former, coude à coude, si l'on peut dire, un front de 12 kilomètres.

En bataille, avec combats de masses autonomes ou en liaison, c'est beaucoup plus.

La manœuvre objective, duel tactique, combat traînant, peut commencer aux environs de la vue directe, 30 kilomètres (?). C'est la profondeur du champ de bataille.

(2) *Groupes*, et non *lignes* d'éclairage. Pour que le renseignement soit instructif il faut que la reconnaissance soit poussée près ; donc en force, et non en cordon.

ments ont rallié. Les chefs du corps de bataille ont la vision directe sur l'ennemi. D'ailleurs, aucun « œil lointain » ne la vaut : pas d'intermédiaires, pas de signaux brouillés ou douteux, ou en décalage sur les faits. Pourtant, là plus que jamais, il importe d'avoir la priorité d'information (1). La même préoccupation subsiste, en effet, de plus en plus impérieuse : quels sont manœuvres, routes, gisements, des lignes ennemies? Les instruments de vision à distance, poussés à la perfection, entreront en jeu. Plus tard, à longueur de canonnade, de simples jumelles suffiront et seront infiniment plus simples.

Les armées sont donc massées, pour mieux et plus rapidement manœuvrer. Les masses de combat ont leur objectif défini. Les porte-canons plus rapides (masses de vitesse), les lance-torpilles, sont répartis suivant le rôle qu'on leur assigne, affectés à une ou plusieurs masses de combat, mais non point proportionnellement à ces masses.

Le but du duel tactique est, pour chacune des masses de combat, d'assurer sa prépondérance tactique par rapport à son objectif propre, et d'amener contre lui, par la première attaque brusquée, le déploiement de ses feux en supériorité numérique.

A quel moment les différentes masses de combat recevront-elles liberté de manœuvre pour opérer?

Là, comme partout ailleurs en tactique, deux solutions (au

Figures dispersées de recherche ne sont que fantaisies de l'esprit géométrique. Elles peuvent servir à rechercher un ami. Devant l'ennemi, on peut y risquer des paquebots, mais non des porte-canons.

(1) Le télémètre Barr and Stroud nous donne une idée de ce qu'on peut obtenir. D'autres appareils de vision plus puissants donneront peut-être la priorité d'informations pendant le duel tactique.

Expliquons-nous ici sur la *simplicité* nécessaire au matériel de la guerre navale. Tant qu'on n'est pas *dans* le combat, on peut très bien envisager l'emploi d'appareils délicats. *Pendant* le combat, appareils, transformateurs, transmetteurs, aides-matériels du commandement, — cette tête, — ou du pointeur, — ce bras, — peuvent être de toutes les complications justifiées, s'ils sont robustes et indéréglables. Leur geste mécanique sera le même, sans émotion, au combat, — sauf avarie, — et en laboratoire. Ce qu'il faut simple, et à l'excès, — là, simplicité = progrès, — c'est la commande de ces appareils : réflexions, suites de déductions, calcul mental ou autre, seront pour la plupart d'entre nous, choses impossibles au combat, surtout au *premier* combat. On en fera peut-être : ne pas compter que ce sera bien et sans erreur. Simplifier, à la guerre, c'est réduire le nombre de réflexions *nécessaires* à chacun; c'est lui permettre de mieux concentrer volonté et sang-froid sur les réflexions *indispensables*. Tout soi-disant progrès qui n'est pas dans cette voie-là n'est qu'un leurre dangereux : le repousser. Un mécanisme prête-t-il à méprise? Il est néfaste, puisqu'il peut prolonger, automatiquement, l'erreur.

moins deux !) la... prudente, et l'autre. Au Mémorandum, Nelson montre son intention d'amener ses masses *ensemble* jusqu'à petite portée de canon. Il veut, jusqu'à la limite, prolonger l'indécision que cause sa manœuvre. En fait, la dislocation des masses, avant leur ruée vers l'objectif, s'est effectuée dans la forme prudente, à Trafalgar, ainsi qu'à Tsushima, beaucoup plus tôt, très loin hors de portée de canon. Mais ces conditions d'attaque n'étaient plus celles espérées au Mémorandum.

A quelle distance effectuer le déploiement des feux? Là encore, deux solutions. La prudence veut qu'il soit fini d'effectuer dès que la canonnade ennemie peut devenir meurtrière (1). Nelson et Collingwood ont déployé alors qu'ils étaient « sur l'ennemi », à distance de bout portant. Téghetoff, de même. Togo n'a jamais eu qu'une ligne de file (c'est-à-dire déployée) mais non déployée par rapport à l'ennemi; il l'a conduite de file, et non de front; il manœuvra suivant les besoins, et c'est seulement, lui aussi, *sous le feu de l'ennemi*, en dedans de 6.000 mètres, qu'il l'a rangée « à battre l'ennemi ». Comme Nelson et Téghetoff, on aurait pu le taxer d'imprudence.

Ces imprudences qui mènent à la victoire sont excusables, peut-être?

Supposons donc nos masses disloquées suivant leur objectif. Si elles ne le sont pas, les masses secondaires ou subordonnées

---

(1) Le calcul est facile à mener.

Prenons la vitesse de 1.000 mètres en deux minutes, soit un peu plus de 16 mètres comme vitesse collective. Soit 8.000 mètres p. e. la portée efficace de la canonnade. Une masse de 24 bateaux F s'avance vers A, sur trois lignes. F_1, F_2, F_3, de 8 bateaux à 500 mètres. Le dispositif a 4.000 mètres de front et 1.000 mètres de profondeur. Il faudra, pour le déploiement du feu, environ douze minutes. Pour jouer la prudence, le déploiement devra commencer à 14.000 mètres de l'ennemi, au plus tard (fig. 25).

Fig. 25

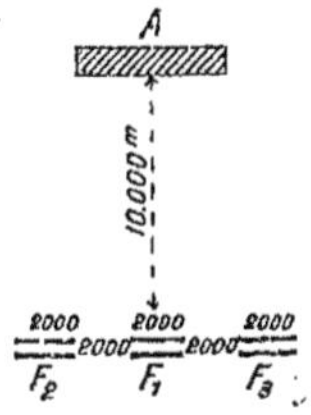

Fig. 25 *bis*

Prenons un autre dispositif d'approche et de manœuvre : mêmes vitesses, même nombre de bateaux. Ici, les masses ayant reçu leur objectif, sont prêtes à disloquer (fig. 25 *bis*).

On pourra, tout en jouant la prudence, attendre jusqu'à 10.000 mètres pour se déployer battant sur l'ennemi.

feront, jusqu'à la dislocation, leurs mouvements d'après la masse principale (Collingwood à Trafalgar).

Et envisageons le duel tactique d'une masse F contre une masse A.

F comporte, par exemple, huit bâtiments de ligne $L_1 + L_2$, + une masse de vitesse V pour réserve ou action d'ailes, + des lance-torpilles l.

Nous la supposerons ainsi formée (fig. 26).

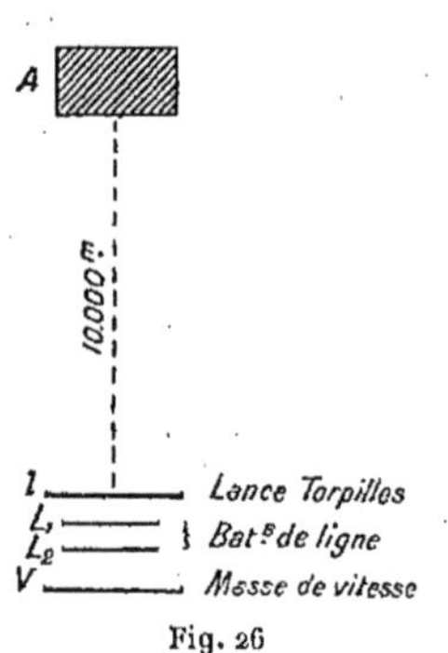

Fig. 26

Cette formation nous permet de déployer en quatre minutes $L_1 + L_2$, l et V restant à doubler L_1 ou L_2.

Il nous suffit, tout en jouant la prudence, de déployer seulement à partir de 10.000 mètres de l'ennemi le plus rapproché.

Mais faut-il obligatoirement déployer ?

Le combat de deux masses non déployées peut être décisif; mais alors la tactique n'intervient pas. Seule la chance y règne : ce n'est pas ce que nous voulons.

A s'est-il déployé le premier? nous attendrons le plus tard possible, 10.000 mètres et en deçà, pour en faire autant.

A reste-t-il massé ? Nous ne nous déploierons pas avant 10.000 mètres.

A s'est déployé : nous suivons le gisement de ses lignes. Portons-nous en position de manœuvre, c'est-à-dire vers les ailes, la tête ou la queue de l'objectif, tout en restant au delà de 10.000 mètres.

Si c'est la tête (1) que nous menaçons, faisons route « à la gagner au relèvement ».

Mais A, sans doute, ne se laissera pas mener de la sorte, au début du duel tactique, tout au moins. Il manœuvrera, lui aussi; à une botte que je lui porte, il opposera une parade, une « parade + riposte ».

Ici la tactique proprement dite, la manœuvre des masses et

---

(1) La tête : point faible d'une file : la queue ne peut la soutenir de longtemps. Menacer la tête si l'on peut gagner de vitesse. Sinon, la queue.

des lignes, est seule en jeu : le souci du rendement de l'artillerie, subjectivement, n'existe pas encore, tant que l'artillerie n'est pas entrée *efficacement* en action (1).

Nous pouvons le croire : entre adversaires identiques ou équivalents, ce duel tactique, forcément court (2), sera le facteur le plus important, sinon décisif, de victoire ou de défaite.

Nous voulons le croire : entre adversaires inégaux, dans ce temps de manœuvre seulement, le plus faible pourra prendre la prépondérance sur le plus puissant ou le plus nombreux, pourra « faire le nombre ». C'est la lutte d'homme à homme, de chef à chef. Si elle est menée énergiquement et habilement d'un côté, elle peut disposer du sort de la journée (3).

Manœuvres du duel tactique

L'ennemi, lui aussi (4), recherchera les mêmes avantages que nous (5).

Les manœuvres du duel tactique seront donc de deux sortes :

Manœuvres d'initiative, ou bottes portées.

Manœuvres imposées par l'ennemi, ou parades.

Les parades, s'il en est à faire, seront immédiatement suivies de ripostes : ne pas rester sous la volonté de l'ennemi.

A me porte une botte. Je ne pourrai la définir qu'après un

---

(1) Si le canon tire, à l'occasion, ce sera tir interrompu, assez peu efficace, assez éloigné, pour que chacun puisse, tout en manœuvrant, panser ses plaies.

(2) Forcément court : la totalité de l'engagement ne doit pas excéder un jour de lumière; l'adversaire le plus décidé à en venir aux mains ne laissera pas durer long-temps le combat de manœuvre, et précipitera la solution.

(3) Nous n'hésitons pas à penser que Tsushima a été une victoire tactique bien plus qu'une victoire d'artillerie. Togo dit dans son rapport : « Une demi-heure après l'ouverture du feu, la bataille était gagnée. » Mais si l'on se rappelle la journée du Dix Août, indécise, nous devons croire que la disproportion n'était pas si grande entre bâtiments, armes, méthodes de tir et personnel en présence. Tsushima nous paraît perdu pour les Russes avant l'ouverture du feu. La feinte de Togo (duel tactique) et son attaque brusque par la canonnade ont décidé de la victoire.

(4) Dans la bataille complète, chacun porte des coups et en reçoit, s'efforce, à tous moments, de dominer l'adversaire, gardant l'intention tenace de lui faire « plus de mal », par tous ses moyens, et, non pas de lui faire « du mal », ou « autant de mal », et non pas de réduire ses propres pertes, et non pas même de sauver l'honneur en tombant bravement, avec un beau geste.

L'affaire pourra être un Tsushima, un Yalou, une école à feu sur but mobile (Santiago) ou sur but fixe (Cavite). C'est affaire de circonstances et de tempérament des chefs.

(5) Nous n'avons pas d'exemples, pourtant, dans les guerres navales modernes, du combat entre deux ennemis manœuvrant.

temps mort appréciable, commencer à la parer que plus long-temps encore après : apercevoir + comprendre + réfléchir + ordonner + ébranler.

Si je laisse à A toutes les initiatives, me contentant de parer, il accumulera en sa faveur temps mort sur temps mort, et gagnera, de manœuvre en manœuvre, l'avantage de position.

Prenons donc nous-mêmes toutes les initiatives. Mais si nous avons à en subir, que, comme à l'épée, la parade et la riposte ne fassent qu'un geste.

On a, à la rigueur, le temps de signaler une attaque : on l'a voulue d'avance, on l'a préparée. Elle se déclanchera à un signal d'exécution.

La riposte, il la faudrait d'instinct, sans autre signal, tout au moins, que confirmatif du geste instinctif. Cela est peut-être possible entre masses de combat très souples et assouplies à la commune doctrine.

Vitesse

La vitesse (1), naturellement, jouera un grand rôle dans le combat traînant.

Nous parlons ici de vitesse (2) collective, et non de vitesse individuelle.

(1) On a beaucoup épilogué sur la vitesse. On en a fait une arme, ce qui n'est pas vrai. On l'a décriée, ce qui est injuste.

La vitesse est, sans contredit, le premier élément de succès de la manœuvre objective.

Un bâtiment dénué de vitesse (c'est-à-dire marchant 12 nœuds, par exemple), mais invincible au canon, serait, a-t-on dit, le roi de la mer : « Il pourrait aller où bon lui semble ». Ce raisonnement, car on l'a tenu, nous paraît absurde de toute absurdité. Tel bâtiment pourrait peut-être contre fortifications, dont il dériverait; mais qui dit maîtrise de la mer dit au préalable victoire, donc bataille, et destruction de la force navale adverse.

En thèse générale, la vitesse est nécessaire pour atteindre l'ennemi qui se dérobe, pour le poursuivre après la victoire. Encore les circonstances et la géographie mettent-elles souvent en défaut cette quasi-évidence. Et quand on est arrivé à l'heure de la poursuite, les chances sont, quelles que soient les vitesses avant la bataille, pour que le vaincu ait plus souffert, dans sa vitesse comme dans ses autres éléments de puissance, que le vainqueur, pour qu'il lui soit donc toujours inférieur comme marche, du moins comme marche collective.

La vitesse est, plus que tout autre élément, une chose relative. Le moins rapide aura généralement avantage à manœuvrer l'autre en « sommes de **vitesse** ». Le plus rapide à manœuvrer l'autre en « vitesse différentielle ».

(2) La vitesse qui importe au combat est la vitesse collective.

Historiquement, il se passe ceci : des bâtiments faits pour 18 ou 19 nœuds, les ayant

Pendant le duel de manœuvre, on marchera à la vitesse collective maxima, sauf pour *maintenir*, par rapport à l'ennemi, une position dominante. On se réglera alors sur l'ennemi.

Une vitesse supérieure permet en effet, seule, à égalité manœuvrière, d'atteindre dans certains cas la position dominante. La vitesse maxima dont on est capable permet de l'atteindre alors le plus vite possible, écourtant, pour l'ennemi, le délai de parade (1).

-----

donnés aux essais, capables peut-être de les donner individuellement, en route libre, le jour du combat, se battent, comme les Japonais à Tsushima, à la vitesse de 12 à 13 nœuds; comme les Russes, dans la même journée, à la vitesse de 8 nœuds.

Il y a à cela plusieurs raisons : supposons tous les bâtiments de la masse homogènes comme vitesse maxima. La vitesse maxima collective de la masse ne pourra être cette vitesse maxima. Il faudra laisser à chaque bâtiment une « réserve de vitesse » pour parer aux imprévus de la navigation, tenir son poste et sa distance, les rattraper quand il s'en est écarté. Sinon, au bout de peu de temps, la formation se sera singulièrement allongée dans le sens de la marche, même sans incidents de navigation. Il se passe à la mer ce qui se passe sur les routes : les derniers bâtiments d'une file sont fréquemment obligés d'augmenter de vitesse, comme les derniers groupes d'une colonne de marche, obligés d'accélérer le pas ou de courir. C'est le fait des embardées inévitables. On ne peut guère chiffrer cette réserve de vitesse : il la faut plus grande quand le nombre des bâtiments augmente. Tout dépend de l'entraînement qu'a subi la masse considérée.

Dans une masse navale, tous les bâtiments n'ont pas la même vitesse maximum, soit par suite des différences initiales aux essais, soit, à égalité d'essais, par suite de l'âge des machines et des chaudières, soit en raison de l'encrassement des grilles, de la fatigue différente des chauffeurs, de la saleté différente des carènes, soit par suite d'avaries de combat, aux bases des cheminées, par exemple. C'est donc au plus sur la vitesse maxima du plus mauvais marcheur, diminuée de la réserve de vitesse, qu'il faudra tabler comme vitesse collective.

Et ce chiffre est encore, la plupart du temps, trop élevé. La marche collective comprend des manœuvres, des évolutions collectives. *Il faudrait que la vitesse, une fois adoptée, soit maintenue (du moins celle du guide), au cours des évolutions;* sinon c'est la pagaïe, les tâtonnements de vitesse, chacun courant pour rattraper son poste.

Un groupe est entraîné à *une vitesse collective maxima;* une masse aura comme vitesse collective la vitesse collective du groupe le plus mal entraîné. L'adjonction, à une force navale pouvant marcher et évoluer à 16 nœuds au combat, d'un seul groupe habitué à évoluer à 12 nœuds, réduira la vitesse collective de la masse à 12 nœuds.

Encore faudrait-il faire entrer en ligne de compte le coefficient « combat ». L'attention soutenue qu'on peut apporter à la navigation et à l'évolution d'exercice ne saurait se maintenir au combat. En outre, les embardées voulues pour meilleure utilisation des armes s'ajouteront aux embardées accidentelles.

Tout cela n'est pas chiffrable.

En mettant les choses au parfait, il nous paraît qu'une masse navale où le plus mauvais marcheur aura donné 18 nœuds aux essais, peut, avec un entraînement intensif, atteindre à une vitesse collective, au combat de 16 nœuds.

Encore n'est-ce ici qu'une impression.

(1) La masse la plus lente a de bonnes raisons pour engager tout de suite la canonnade, par première attaque brusquée, pour ôter à la plus rapide une partie des avantages tactiques que lui confère la vitesse.

La plus rapide a de bonnes raisons pour se rapprocher le plus possible de l'autre,

Les masses de vitesse et de lance-torpilles, prononçant ou feignant des attaques à distance, en liaison avec la masse de combat à laquelle elles sont attachées, pourront contretenir la tête, la queue, ou une aile de l'ennemi ; pourront la fixer, pendant que la masse de combat la manœuvrera ; pourront forcer l'ennemi à une manœuvre de défense contre eux, alors qu'il faudrait parade ou riposte ailleurs.

F et A déployés, leur duel tactique s'engagera (1) :

1. *Front contre front* (fig. 27).
2. *File contre file* (fig. 27 *bis*).
3. *File contre front* (fig. 27 *ter*).

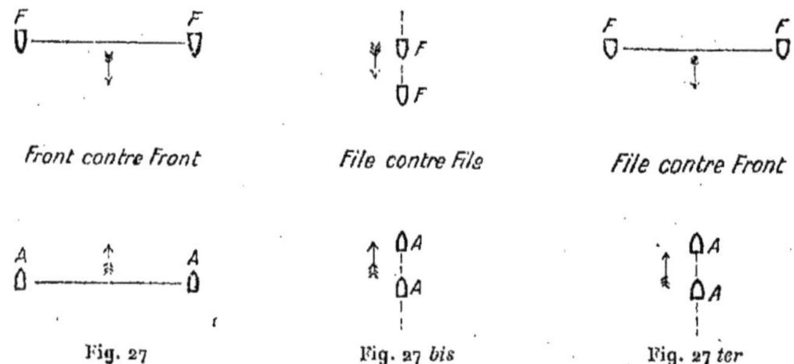

Si le duel tactique a déjà amené, de manœuvre en manœuvre, F en position dominante, rien de plus simple en épure. Il restera comme gisement dans cette position dominante, et, se rapprochant brusquement, entamera la canonnade.

Sinon, trois schémas généraux de combat.

Front contre front (fig. 27)

Les changements d'orientation, les conversions, sont lentes. Les fronts de feu sont bridés, rigides. Les lignes de feu sont toujours assez mal tenues. Il est difficile de sortir avec avantage de la position d'équilibre tactique, de l'approche directe, encadrée, sans que parade, contre-manœuvre immédiate, s'ensuive. Il est

---

afin que, pour une même manœuvre, les différences de gisements acquis soient plus grandes. Ensuite jouer de sa vitesse pour gagner ces positions.

(1) Du moins, en thèse générale. Considérer aussi les lignes de relèvement.

bien possible qu'on y reste ! Et alors c'en est fait peut-être de la bataille décisive.

Or, la voulant, nous ne pouvons pas manœuvrer en vue de faire durer le combat ou l'approche en équilibre tactique.

Front contre front, les deux lignes ont l'air de se précipiter. Mais l'une d'elles, au moins, a l'intention formelle de ne pas aller immédiatement jusqu'au croisement. Le plus fort en artillerie veut tâter de la canonnade effective : chacun, sans doute, se croira le plus fort en artillerie. Et c'est si banalement humain, quand on a des armes à longue portée, de s'en servir d'abord à longue portée. Pas Nelson, évidemment ! ni Suffren ! ni Téghetoff ! Mais ils sont trois !

De son poste élevé, le télémétriste donne les distances. Chacun, dans le blockhaus, guette le signal du chef de masse : « Venir tout à droite, ou tout à gauche. Former la ligne de bataille ! »

Presque en même temps, tous à la fois, les deux partis présentent leur flanc ; ils font maintenant même route, à distance constante. Nos deux lignes offensives de tout à l'heure sont devenues deux lignes inertes. L'attaque brusquée par le canon se produit en même temps des deux côtés, à égalité (fig. 28). Le tir sera au nombre absolu, au meilleur matériel, un peu aussi, aux meilleurs canonniers. Mais qui peut se vanter d'avoir les meilleurs *canonniers de combat ?* Les deux lignes s'embrasent tout à la fois et en même temps. Ce sont deux nappes de fer ou d'explosifs

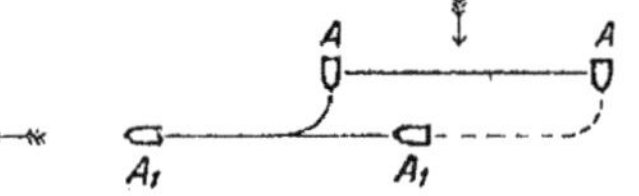

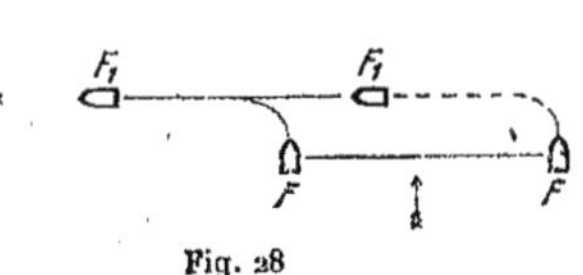

Fig. 28

qui, sans arrêt, sans ralentissement, sans rafale, avec la même intensité maxima, sont lancées ou subies de part et d'autre. Seules, les masses de vitesse et de lance-torpilles, jetées à toute allure, au même moment peut-être, viendront troubler ce bel équilibre.

Il le faut : à une attaque brusquée si compassée, d'une si inintelligente brutalité, doivent s'adjoindre, pour faire pencher la balance, et vivifier la bataille, les réserves préparées.

Se précipitant sur la tête, sur la queue de A, pour qu'il plie ou se dérobe, la masse de vitesse, à petite distance, y vient faire concentration de ses maigres canons. Aux ailes, tête ou queue, au centre, si l'ordre est ainsi, les lance-torpilles, en masses, en fourrageurs, en batteries de torpilles, se pressent et s'avancent. Nous l'avons noté déjà (2ᵉ Étude : le Bateau dans la Bataille), les armements de canons légers montent à découvert. La canonnade aidant, c'est boucherie et tumulte. Peut-être le point ainsi attaqué, à grand renfort d'armes, faiblira-t-il? Il cédera, il manœuvrera en pliant. Paquets-cibles en profondeur, arrière ou avant montré, trou dans le feu! Et la prépondérance au canon est établie.

Mais il a fallu l'action, en liaison avec le canon, des réserves, pour donner à cette attaque brusquée l'allure dissymétrique qui convient à tout acte de bataille.

File contre file

L'amiral, chef responsable de la masse, est en tête. Il conduit lui-même sa masse, sa file. Les autres, pour le moment, n'ont qu'à suivre. Plus d'indécision du guide. Plus besoin de le mener par la main, ou à coups de signaux. Il n'a plus à se répéter : « Je fais ceci, je fais cela. Est-ce bien la pensée de l'amiral? »

« Imitez ma manœuvre! » a signalé celui-ci.

Comme tout à l'heure, on est face à face (fig. 29), mais comme deux lances. Seuls les deux chefs se voient. Vraie lutte de chef à chef, d'homme à homme, *d'une volonté* contre *une volonté*.

C'est aux deux têtes, les plus, les premières exposées, qu'on frappera d'abord. A côté d'elles, prêtes à s'élancer, en gardes du corps, les deux masses de manœuvre, vitesse, torpilles.

Ce n'est plus, comme tout à l'heure, le salut à l'épée, guindé, serti malgré lui-même entre règles et entraves ; c'est le duel ; la MANŒUVRE prime, en « *somme des vitesses* ».

Fig. 29

Les deux files se menacent comme deux lames, comme deux

lances. Feintes d'engagements à droite, à gauche! Elles s'enga-
gent, s'opposent, se dégagent, se froissent. Les files ondulent et
se redressent.

Tant qu'on approche, face à face, la destruction est médiocre.
Seules les pièces de chasse des deux amiraux peuvent tirer.

Mais ces deux files peuvent manœuvrer. Les changements
de route leur sont faciles; les conversions se font par contre-
marches accélérées, subites, du moins pour les bâtiments
de tête. Les autres suivent au mieux. L'amiral le sait. Sans
s'inquiéter de sa suite, il manœuvre. Les postes sont correcte-
ment tenus, les lignes serrées : Il s'agit de *marcher sur l'ennemi*,
et non plus de *tenir un poste*.

Les distances diminuent. C'est F qui prend décision : il vient
sur la gauche, se décale (fig. 30). C'est déjà
barrer le T, tout en approchant, et vite.
Du 60 à l'heure, si l'on va jusqu'au croisement.

Mais croisera-t-on?

Togo, à Tsushima, ayant pris position
de manœuvre, revient par deux contre-
marches coup sur coup, vers la tête russe;
lui barre de nouveau le T à 6.000 mètres.

S'il avait eu alors des lance-torpilles en
état d'œuvrer, des porte-canons rapides
disponibles, comme il les eût jetés, les uns
sur les têtes de colonne, là où sont les amiraux guides, les autres en travers, pour
augmenter la pagaïe, le désarroi, les paquets de buts où l'on gagne à tous coups!

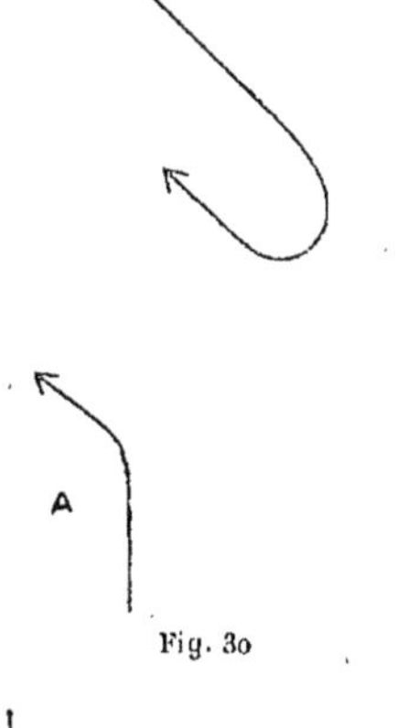

Fig. 30

Si ce n'est pas cela, et qu'on pousse jusqu'au croisement,
ce n'est point, bien sûr, pour canonner déjà : on canonne en
passant, parce que bonne occasion. Mais passer à contre-bord,
c'est surtout manœuvrer, et la rafale qui s'ensuit n'est que secondaire. Simple route, meurtrière peut-être, vers quelque position
dominante, sur l'arrière-garde. Il y a bien combat d'artillerie,
(et encore à égalité!) mais c'est pour peu de temps. D'ailleurs,
c'est un combat à rafales, donc en progression d'effets, d'effroi.
A quoi bon prolonger un combat d'artillerie à égalité, quand

on veut, quand on croit pouvoir aller au décisif? A quoi bon
donner toute intensité destructrice à une canonnade, si c'est aux
mêmes risques, et quand on manœuvre pour courir à une position dominante?

Cette canonnade, telle quelle, en croisement, doit plaire,
cependant, à nos canonniers, à nos directeurs de tir! Ce croisement, où les distances varient au galop, où les buts se succèdent, se multiplient, où le canon joue la difficulté, permet de
déployer les qualités supérieures, l'entraînement au tir et au
sang-froid, bien mieux que la lutte, toute de brutalité matérielle, à distance constante, à but permanent,
que nous avons rencontrée tout à l'heure, en
attaquant front contre front, quand, se dérò-
bant l'un et l'autre devant l'approche, les deux
adversaires se sont rangés, en bataille balancée,
sur deux lignes de même sens, parallèles.

Les deux lignes, les deux lances, se longent,
se menacent. Chemin faisant, l'avant-garde, le
centre, l'arrière, se voient sur le point d'être
attaqués à bout portant, enfoncés, traversés,
tandis que les lance-torpilles, menaçant eux
aussi entre les deux masses, ou en avant de
la leur, rompent, au point voulu, la ligne ennemie pour la rabattre, en nombre inégal, sur
les canons de F F et de V (la masse de vitesse,
qui, à toutes jambes, aura, devançant les
siens, été préparer (1) l'attaque sur l'objectif
choisi) (fig. 31).

Fig. 31

Attaques brusquées, les unes et les autres, inattendues, bien
dissymétriques, pas « épure » du tout. Vraiment bataille!

Ligne contre front

Ce sont les ailes que menacera la ligne. Mais l'avantage lui

---

(1) Préparer l'attaque des bateaux ou des groupes combattants; ils sont à égalité:
l'arrivée successive de renforts d'un des partis amène la reddition (V. *Trafalgar*).
Les Nebogatof se seraient peut-être fait tuer ou couler comme les autres, n'eût
été l'apparition *successive* de fumées ennemies, l'entrée en action *successive* de
canons ennemis.

reste incontestablement comme position. Elle tourne autour, comme à Yalu.

Quelle que soit la position de F F, celle-ci est toujours supérieure et le schéma se transformera bien vite en celui de deux files (fig. 32).

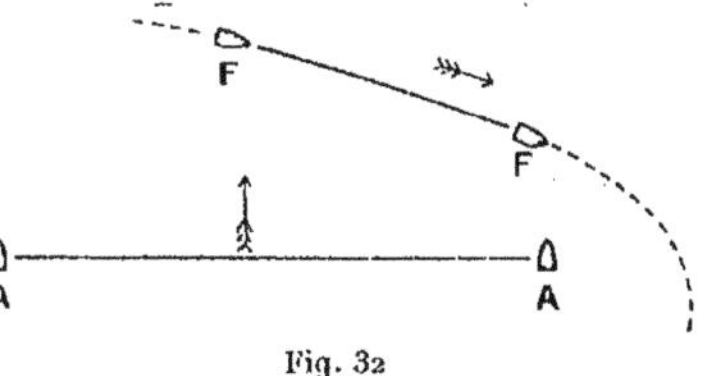

Fig. 32

Et le moral — dira-t-on — le fameux moral, que sans cesse vous prétendez opposer au matériel, qu'en faites-vous dans tout cela ?

N'est-ce donc point un triomphe, le plus éclatant, sur la chose brutale, que ce duel d'intelligence, d'activité, de clairvoyance, de coup d'œil? N'est-ce point le triomphe des liens organiques, de l'assouplissement, de l'entraînement, si nous arrivons, bien unis, bien serrés, solidaires, comme en un exercice bien fait, ligne de bataille contre ligne de bataille, feux déployés contre feux déployés? Et si, plus faibles, nous faisons quand même le nombre, n'est-ce point singulièrement exalter le courage de chacun, le rendre, quoi qu'il advienne ensuite, invincible?

DUEL D'ARTILLERIE OU CANONNADE

Dans le duel tactique, nous avons, délibérément, subordonné l'emploi des armes à la présentation des masses.

Il n'en sera plus ainsi.

Après la première attaque brusquée, la présentation est acquise, à égalité ou en disproportion.

Si elle nous convient, maintenons-la, améliorons-la.

Sinon, essayons encore de l'améliorer. Mais, sachons-le : si l'ennemi, plus habile ou plus rapide, a su atteindre la position favorable, il ne la perdra *sans doute* pas. Sans doute, même, subirons-nous une position relative de plus en plus mauvaise.

Alors, tant que durera la vraie canonnade, la présentation et la manœuvre des lignes restera subordonnée — de gré ou de force — à l'emploi intensif de l'arme.

Pour F, en prépondérance tactique, ce sera de propos délibéré : rien de mieux !

Pour A, en infériorité tactique, ce sera à contre-cœur, et un pis-aller.

Peu de manœuvres

« Subordonnons, avons-nous dit, à l'emploi *intensif* (1) des armes. »

La canonnade, duel d'artillerie, est pour nous, par définition, la phase d'emploi intensif du canon à hausses variables, à tir dirigé.

On emploie le canon, au cours du duel tactique : le feu est lent, intermittent, ou moins efficace : ce n'est pas encore canonnade.

On emploie le canon dans le combat rapproché : à hausse constante : Ce n'est plus canonnade.

Pour « subordonner à l'emploi, etc. », conservons battant le maximum d'artillerie; tendons le flanc à l'ennemi; ne nous permettons que des abattées individuelles de faible amplitude; ne déréglons pas notre tir; conservons les distances constantes, ou en variations de nous bien connues, et lentes; conservons les mêmes buts; évitons les mouvements de ligne intempestifs, trop brusques, imprévus; manœuvrons en « vitesse différentielle ».

Mais comme la bataille, même en toute brutalité, ne cesse d'être bilatérale, permis est de chercher, sans rien perdre de notre rendement, à réduire le rendement sur nous de A.

Mais, encore, comme « subordonner... etc. », ne veut pas dire : « abandonner dans l'emploi des armes toute idée tactique », pensons toujours que deux idées tactiques dominèrent toutes les batailles décisives de l'histoire : concentration des effets, économie des forces. Nous nous sommes, en temps de paix,

---

(1) Emploi intensif des armes exige ligne de feux tirant de flanc, sur des buts auxquels les distances varient peu ou lentement. Le type de la canonnade serait donc le combat à égalité, s'éternisant en lignes parallèles, de même sens, s'encadrant. Mais l'emploi intensif des armes n'est un avantage que si l'on a d'abord *fait le nombre*. La distance constante procure aux deux tireurs son même bénéfice.

Si l'attaque brusquée, — la première, — nous a fait passer par une période de prépondérance, le nombre est « fait » désormais, et le combat, la canonnade, peuvent se continuer en « égalité apparente ». C'est un peu Tsushima pendant la phase do canonnade parallèle ou concentrique. La disproportion ne pouvait que s'accentuer. C'est l'ancien combat singulier, bateau à bateau (Voir Trafalgar). *Après* l'enfilade, qui jetait bas un tiers de l'équipage, détruisait la moitié du bateau passif, l'Anglais manœuvrier se rangeait bord à bord à égalité « apparente ».

entraînés au tir, suivant ces idées tactiques, maîtresses de la
victoire. Ne renonçons point, dans la bataille, aux tirs de concentration, sous prétexte que le tir chacun à chacun est d'un
réglage plus rapide et tient mieux (1), ne laissons pas un bâtiment ou un groupe ennemi (j'entends un bâtiment ou groupe
vulnérable et redoutable) indemne, au moral et au matériel,
sous prétexte que le tir sur un seul but serait plus facile à diriger
que sur deux buts (2).

La première attaque brusquée a mis en présence, au contact
du feu, nos deux lignes de bataille, F et A, plus ou moins parallèles, plus ou moins s'encadrant, plus ou moins faisant même
route, plus ou moins en équilibre. La canonnade bat son plein.
F et A se sont crochés au canon, et, pendant quelques temps,
n'en démordront point.

Expliquons ce « pendant quelque temps », car la logique paraîtrait de manœuvrer, de manœuvrer toujours, le bien placé
pour atteindre mieux, réduire encore ses pertes, l'autre pour
reprendre la supériorité; ou bien, si tous deux à égalité, chacun
manœuvrant avec l'espoir de détruire, pour soi, l'équilibre.

Deux lignes de tirailleurs combattant derrière une tranchée-
abri se portent difficilement en avant, quelques pertes qu'elles
subissent. De même, deux lignes de bâtiments combattant à
égalité apparente, chacune d'elle hésitera à rompre la première
cette position : aller vers une supériorité problématique, c'est
d'abord traverser un temps d'infériorité certain. Une nouvelle position relative du bâtiment par rapport à son but, ce sont pièces

---

(1) D'ailleurs, si nous sommes bien présentés, ou si, par la suite, nous gagnons en
position, comment tirerions-nous chacun à chacun, étant plus de tireurs que d'objectifs? (Voir Troisième Étude, « Le Canon dans la bataille ».)

(2) La direction du tir, pendant la canonnade, doit s'organiser pour vaincre avec
souplesse les difficultés qui se présentent à elle au combat, et ne pas penser à tirer
seulement comme en école à feu. Il s'agit, non pas d'atteindre des pour cent fabuleux,
mais bien de disloquer, *avec des lignes de feu servies par des hommes, les nôtres, les lignes
de feu servies par des hommes, les ennemis;* de détruire des bateaux montés par des
hommes.

Sur une cible, où l'on apprécie les coups pour toute sanction, les pour cent d'un tir
collectif sont inférieurs aux pour cent d'un tir individuel, toutes choses égales d'ailleurs.

Nous le savons fichtre bien !

Mais école à feu et combat sont choses essentiellement différentes.

Gardons-nous de les assimiler !

nouvelles entrant en action, nécessité d'un nouveau réglage; tout changement, toute giration, tout déplacement, linéaire ou angulaire, des pièces en action, déréglera le tir, en modifiera les éléments, compliquera le maintien du contact du feu.

Grande discussion entre l'esprit canonnier, qui tient pour le maintien, à tout prix, du contact pris sur un but, et l'esprit manœuvrier, qui demande activité et recherche de position, fût-ce au plus fort de la canonnade (1) : éléments contradictoires de succès, ardus, peut-être, à départager !

La même contradiction existe sur les champs de bataille terrestres, à degré moindre : à bord, réglage plus lent, plus difficile, moins assuré (coups plus espacés, pas de poussière ni de points de repère, plus rapides variations des distances, parfois). Par surcroît, minutes autrement précieuses. Qui tient le premier l'autre sous feu efficace; qui affirme, à coups de canon, sa prépondérance, fût-elle minime; qui, même, combat à égalité, hésitera à réduire volontairement son feu, à y créer des trous, à rester, ne fût-ce que peu de minutes, sous le feu *plus violent* de son adversaire, pour manœuvrer.

Le directeur de tir

Personne (2) ne peut dire : « Je sais conduire un tir de combat ! »

Le directeur de tir ! Toute sa préparation depuis des années a tendu vers cette minute suprême : le contact à coups de canon; voir *sa* gerbe « arrosant » l'objectif prescrit. Pendant l'approche et le combat tactique, toutes ses facultés, intelligence, volonté, cerveau et nerfs, ont convergé autour de cette vision : une silhouette noirâtre; en deçà quelques gerbes d'eau, en geysers; au delà, quelques colonnes d'eau, moins hautes; *sentir* la majorité des coups au but ! Quel orgueil, quand il le tiendra, quand il le tiendra le premier ! Et comme il voudra n'en pas démordre, même pour une belle manœuvre d'offensive !

____

(1) Mettre d'accord sinon les opinions, du moins les actes. Un seul moyen : sortir des petites chapelles. Que tout directeur de tir ait conscience de ce que va pouvoir donner d'ampleur à son feu la manœuvre de la ligne. Que tout manœuvrier ait conduit, et sache conduire, un tir de combat. L'officier de marine doit, impérativement, savoir diriger une école à feu comme il sait faire le point à la mer : choses du même ordre.

(2) Hormis un certain nombre d'officiers japonais, et quelques russes.

Pût-elle, d'ailleurs, assurer bientôt une position dominante prépondérante, *manœuvrer* ne serait-ce pas lâcher la proie pour l'ombre? Il faudra régler un tir de nouveau. Règle-t-on sous le feu efficace subi, au milieu des explosions et des points de chute, avec des transmissions, des agents d'ordres, défaillants ou incomplets? Nous le croyons difficilement.

Celui des adversaires qui se dessine comme le vainqueur n'abusera certes pas des manœuvres. Il n'en usera peut-être pas.

Seront-elles plus fréquentes, plus justifiées, chez celui qui se trouve, une fois la partie bien engagée, en état d'infériorité?

A moins que ce ne soit pour faciliter l'entrée en bataille de forces qui n'ont pas encore donné, ne serait-ce pas courir à un écrasement plus rapide, du moins tant que se prolongera le duel d'artillerie?

Mais si les manœuvres, — et nous entendons ici les manœuvres brusques et soudaines —, pendant la canonnade, nous paraissent devoir, sauf exception, être rarissimes, la règle sera, au contraire, de mouvements *continus et non continuels*, de modifications sans surprises, sans trous dans le feu, sans déréglage du tir; lents, parce qu'ils s'exécuteront en différence de vitesses, jamais bien considérable.

Les manœuvres de canonnade

Quelles seront ces manœuvres de canonnade?

On peut concevoir des « bonds de déréglage ».

A terre, on s'efforce de défiler les batteries. L'une d'elle est-elle repérée, elle se transporte ailleurs. Des bonds de déréglage de grandeur connue, faits sous une faible incidence, peuvent être envisagés par une masse navale. Ces oscillations de part et d'autre de la ligne moyenne de feu seront, bien entendu, à l'entière initiative du commandant de bâtiment ou du chef de groupe qui les ordonne. Ce ne peuvent être des manœuvres d'ensemble. Tel bateau sera criblé, tandis que ses matelots d'avant ou d'arrière seront indemnes. C'est la moindre initiative qu'on puisse laisser à un commandant, à la condition toutefois qu'il ne dérègle pas son propre tir.

Prendra-t-on des formations de concentration? En principe, les formations, qu'elles soient de file des bâtiments ou de file des pelotons, seront serrées à l'extrême, pour fournir feux plus concentrés. Possibilité de serrer davantage ne se voit pas, *a priori.*

A ce combat, pourtant, automatiquement, se produira un serrage relatif : une ligne de vitesse collective supérieure, sera d'elle-même concentrée, comme formation, par rapport à la ligne adverse, qui s'essoufflera à la suivre sans y parvenir. Raison pour conserver vitesse collective maxima pendant la canonnade!

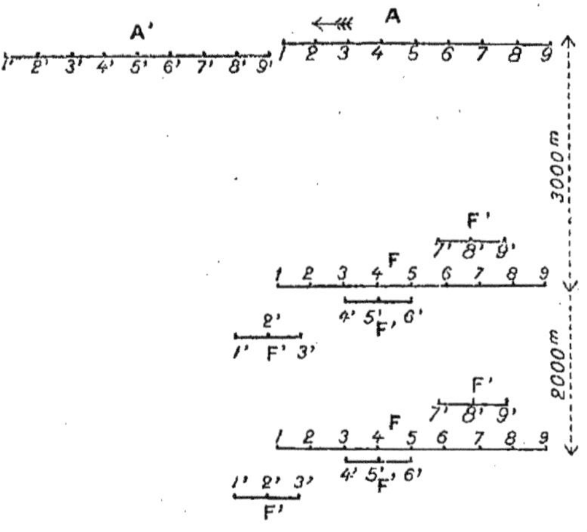

Fig. 33

F prend une position de concentration F' F' F' par rapport à la queue de A, qui continue sa route.

Cette position atteinte, F fait route en ligne de relèvement des divisions.

La figure considère deux cas suivant que la manœuvre de F se fait à 3.000 mètres ou à 5.000 mètres de A.

A 3.000 mètres, la valeur destructrice de F passe de 1 à 1,28. Sa valeur combattante de 1 à 1,64.

A 5.000 mètres, la valeur destructrice de F passe seulement de 1 à 1,21. Sa valeur combattante à 1,46.

Soit avantage, dans le cas de la figure (9 bateaux à 400 mètres), de demi-bateau si la manœuvre est faite à 3.000 mètres.

Quant aux puissances destructrices absolues, elles sont plus que trois fois plus grandes à 3.000 mètres qu'à 5.000 mètres.

Par « mêmes manœuvres », nous entendons manœuvres superposables, en temps et en graphique, afin qu'elles soient absolument comparables, en durée comme en soudaineté d'exécution.

La prépondérance acquise sera, dans le cas de la figure, soit pour deux lignes de 9 bateaux étant l'une de l'autre à une distance initiale de 3.000 mètres, d'environ 2 bateaux et demi pour F F F, qui aura su prendre une position dominante.

Prendra-t-on, si l'on n'en occupe déjà, de par l'attaque brusquée, des positions de concentration, le plus rapide doublant la tête, le plus lent déployant sur la queue?

L'exemple ci-dessus (fig. 33) nous donne, dans les conditions déjà posées à la troisième étude, c'est-à-dire *pour le sens des phénomènes*, et sans aucune prétention quantitative, le gain obtenu par 9 bateaux déployant sur la queue de 9 bateaux plus rapides ou aussi rapides, sans perdre en intensité de feu (mouvement continu). Il montre aussi que plus cette manœuvre est faite « sur l'ennemi », plus on y acquiert de prépondérance.

Il est possible qu'on la tente, surtout si plus rapide.

L'histoire de Tsushima nous montre un Togo plus rapide, manœuvrant pour doubler le *Souvaroff*, en améliorant sans cesse sa position. La même bataille nous montre un tête-à-queue du plus faible, criblé, pour aller prendre l'ennemi en queue (1). Mais notons ceci : alors la canonnade était interrompue : brume. Et notons surtout cela : souci des Japonais, quoique incontestablement vainqueurs, de ne pas laisser tomber leur feu, même pour manœuvrer. Très belle manœuvre, en vérité, prouvant, mieux que la victoire elle-même, combien l'entraînement japonais reposait sur la conception objective. La première escadre vient toute à la fois, la deuxième continue sa route *en la soutenant de son feu*. C'est l'approche en échelons des tirailleurs. Action intimement liée de la manœuvre et de l'artillerie, celle-là se subordonnant à celle-ci pour le duel au canon.

Distances de canonnade

Recherchera-t-on, enfin, par des bonds généraux de rapprochement, d'éloignement, les tant fameuses « distances favorables de combat » ?

De longues années durant, on a dit : « La distance de combat est tant de milliers de mètres. Hors de là, pas de combat logique. 8.000 mètres, 2.000 mètres, ne sont pas des distances de combat. Pourquoi? Dogme. Axiome.

---

(1) Du moins peut-on donner cette signification à la manœuvre de l'escadre russe, en la supposant encore manœuvrante.

Voyons les faits.

Au Dix Août, on s'est canonné sous Shantung à partir de 11.000 mètres.

A Tsushima, les Russes ont ouvert le feu vers 8.000 mètres, les Japonais vers 5.800. Le rapprochement a été poussé jusque, probablement, en dedans de 2.000 mètres.

F et A sont en présence. Admettons qu'ils puissent à leur gré faire varier leur commune distance.

Ils comportent chacun un système destructeur fait de pièces de différents calibres, un système protecteur comprenant, en dehors des simples tôleries, des cuirassements de différentes résistances à la pénétration.

On conçoit que, pour une certaine distance D, l'armement d'un *Danton*, par exemple, soit plus efficace contre un *King-Edward* que celui d'un *King-Edward* contre un *Danton*.

On conçoit aussi que, pour une autre distance D', l'inverse, exactement, se produise.

Mais la distance D n'a pour *Danton* cet avantage que parce qu'elle est défavorable à *King-Edward*. Quand *Danton* cherchera à l'atteindre par un bond de rapprochement, *King-Edward* cherchera à s'en tenir éloigné, par un bond inverse d'éloignement. D'où manœuvres continuelles, médiocre utilisation de l'artillerie, réglage inconstant, justement ce que le directeur du tir veut éviter à tout prix.

On peut, bien certainement, pour chaque cas particulier, établir une épure, un tableau, donnant pour chaque cuirassé français, opposé à tel autre, les distances les meilleures. J'ai sous les yeux, précisément, des tableaux qui mettraient en présence un cuirassé du genre *Danton* et un du genre *King-Edward* (1).

Si, à un moment donné, le combat est à 4.000 mètres, *Danton* voudra l'établir à 3.000 mètres, *King-Edward* à 6.000 ou à 10.000 mètres.

-----

(1) Il n'est pas ici question de critique particulière. On ne peut toutefois s'empêcher, en regardant ces tableaux, de regretter le considérable développement des superstructures sur les bâtiments français, même les plus récents.

Traduction : perpétuels changements de route et de vitesse; permanence relative de la distance.

Mais, nous l'avons dit, le combat, la canonnade, se livreront à vitesse collective maxima. Seul, d'ailleurs, le plus rapide pourrait imposer, et très lentement, au prix de sérieux inconvénients, du reste, éloignement ou rapprochement. Or, il aura mieux à faire de sa supériorité de vitesse : gagner une position tactique dominante.

Ajoutez-y ceci :

Dans une masse de combat moderne, jusqu'à uniformisation du matériel, — et ne serait-ce pas nier le progrès? — il y aura des groupes de types différents. En France, par exemple, la force navale comprendra longtemps encore une escadre de *Danton*, une de *Patrie*, une d'échantillons, et des croiseurs cuirassés à boucher les trous, le tout appareillé suivant les circonstances. D'après laquelle choisirons-nous la distance favorable, si on en est maître? Mais pratiquement on n'en sera pas maître. Et puis tout cela est bien compliqué : le combat est une chose simple, laissons-la simple. Simplifions la conception que nous nous en faisons. Élevons-la au-dessus des byzantinismes d'épure, et des comparaisons établies en chambre.

Et nous en revenons toujours au même point : il n'y a pas de distance de canonnade déterminée, impérative. Quand les deux antagonistes se seront sérieusement accrochés, par la première attaque brusquée, quand ils se tiendront sous le feu l'un de l'autre, *efficacement*, l'heure de l'arithmétique, des biais, des déductions matérialistes, est passée. Sauf chercher une position dominante, si elle n'a pu être prise d'emblée, ou l'améliorer, si elle est prise; sauf rapprocher les distances, non par argutie basée sur l'épaisseur des cuirasses, mais pour donner à la prépondérance acquise du feu une prépondérance plus grande encore, — et alors on aura recours à des manœuvres continues, — on ne manœuvrera pas. On se battra, et on se battra là où le choc initial, la première attaque brusquée, vous aura porté, sans réduire, un seul moment, pour obéir à de savantes déductions, aussi chauves que tirées par les cheveux, le pour-cent au but.

Dans les limites de canonnade, la distance de canonnade

sera imposée par les circonstances tactiques, et non point par le matériel.

Ouverture de la canonnade

Mais, s'il n'y a point de distance de combat, du moins y a-t-il distance pour l'ouverture du feu?

En pratique, le canon tonnera du commencement à la fin du combat. Dès que le feu *peut* être efficace, le commencer.

Aucun doute possible à cet égard. Pendant le duel tactique, si l'ennemi est vulnérable, tirer, fût-ce à coups comptés. Rappelons-nous l'importance magistrale de la priorité de tir efficace. La chercher avant tout. Si, aux grandes distances, les probabilités théoriques de toucher sont moins grandes, par contre, chacun souffre moins. Pour le plus épargné, c'est presque l'école à feu, avec tous ses moyens moraux : espérer relever son pourcent, sans toutefois se leurrer de pour cent d'école à feu.

Oui, je sais : Trafalgar semble prouver le contraire. Nelson et Collingwood n'ont ouvert le feu qu'à bout portant, après leur attaque brusquée, qui les menait corps à corps. Mais, en pointe, il leur eût été bien difficile de faire autrement. Pressés d'en venir au bout portant, ils ne perdaient point de temps en abattées. Le rechargement d'une pièce demandait longtemps : il fallait garder ses coups pour la bordée à servir, d'enfilade.

De même Tsushima : le feu, chez les Japonais, a commencé dès l'attaque brusquée. Duel uniquement tactique, puis duel d'artillerie. Réminiscence nelsonienne? Avaient-ils besoin de quatre bateaux en ligne pour appliquer leur méthode de tir collectif? Voulaient-ils ménager les munitions? On dit qu'au Dix Août, il ne leur en restait plus guère. Ou bien, mieux, ne *pouvaient*-ils tirer plus tôt? Tout ce qu'on peut conclure, c'est que les Japonais ont été vainqueurs *bien qu'ils aient laissé les Russes ouvrir le feu d'abord.* On avait déjà vu même chose à Trafalgar et à Fontenoy. Étonnons-nous même que le pivot de leur contremarche ait été épargné aussi complètement.

Le rapprochement, d'ailleurs, était rapide, et le décalage dans l'ouverture du feu, de très faible « durée ». Quand les têtes de colonnes russes commencèrent à tirer, elles aussi étaient en pleine manœuvre, et pas battantes, pires conditions pour régler un tir à la mer.

Rôle des lance-torpilles et des masses de vitesse pendant la canonnade

La parole est au canon. C'est chose entendue.

De même que l'action tactique doit se plier aux exigences justifiées du canon, de même les lance-torpilles travailleront en liaison avec lui, l'aideront suivant ses besoins.

Leur rôle? Par des feintes, par des attaques même, forcer l'ennemi à manœuvrer; porter le désordre dans ses lignes; faire dérégler le tir adverse; garder, toujours, les armements d'artillerie sur la défensive, exposés au feu; aider le canon à y porter les coups démoralisateurs, à *tuer du monde;* rejeter, par des attaques en tête ou queue, les guides ennemis sur nos porte-canons.

Aux masses de vitesse, si les croiseurs cuirassés ne sont pas en ligne comme bouche-trous, le rôle d'appuyer les barres de T, en avant ou en arrière.

Dans la canonnade, comme avant, comme après, que chacun trouve sa place, œuvrant pour le principal : le canon. Aux uns et aux autres, action démoralisante surtout, et désorganisatrice. L'arrivée de troupes fraîches, même peu armées et peu nombreuses, souvent amènera la fin du combat.

Le moral pendant la canonnade

Coups démoralisateurs! Pendant la canonnade, le moral, en effet, ne cesse d'intervenir. Non pas seulement celui du commandant en chef. Il lui faut toute sa pensée, lucide et intacte, pour disposer bien battante sa batterie de bâtiments; pour ne pas se laisser entraîner aux manœuvres intempestives, qui réduiraient le feu; pour choisir et exécuter en temps opportun les manœuvres à faire; pour apprécier la tournure que prend la canonnade; pour, surtout, savoir s'abstraire du bateau qui le porte, de son tir, de ses avaries, des explosions et des plaintes, et reporter, d'un œil calme et d'un cerveau réfléchi, sa vue et sa pensée, plus loin, là-bas, sur toute la bataille. Mais encore le moral du commandement à tous les degrés, pour maintenir, objectivement, le bateau ou le groupe, à son poste au feu et sous le feu.

Aux distances moyennes, au combat traînant on peut encore avoir la tentation d'échapper au combat pour échapper au désastre, et céder à cette tentation (division Enquist). On peut, parce qu'on croit à la déroute, être tenté de laisser s'espacer les unités et les groupes, loin du combat principal, pour échapper aux coups en attendant la nuit favorable à l'évasion (division Nébogatof). On peut, criblé, s'éloigner momentanément du feu. On y revient (*Azuma*), si le parti est vainqueur; on est coulé individuellement (*Souvaroff*), si le parti est vaincu. Le moral du commandant de groupe et d'unité lui fait maintenir son unité ou son groupe au feu et sous le feu, jusqu'à l'impossible; car, si illogique que ce soit, un seul canon, d'un seul coup heureux, peut violenter la victoire (Dix Août : coup de blockhaus au *Césarevitch*). Le moral intervient encore et surtout du directeur du tir, des armements de pièces, des pointeurs, puisqu'ils ont à manier l'arme, l'arme unique : le canon, qui doit être savamment dirigé, comme à l'exercice.

Nous n'avons malheureusement pas de chiffres : entre les pour-cent mirifiques des écoles à feu, et ceux dérisoires relevés à Santiago, il y a toute une échelle significative. C'est beaucoup l'entraînement du temps de paix, mais surtout le moral du combattant, du télémétriste, du pointeur, qui y font grimper. Des effets physiologiques bien connus réduisent le pour-cent : l'ennemi, surtout s'il est en cours de rapprochement, paraît plus près.

Combien de fois n'avons-nous pas relevé le fait dans de simples exercices d'attaque de torpilleurs ou de sous-marins? Il faut *croire s'approcher* à 200 mètres pour *être* à 400 mètres. Dans l'émotion communicative du combat, les pointeurs, comme les mousquetaires de Cromwell, prennent trop de guidon (1).

Toujours, à un échelon d'enthousiasme gagné par l'un, correspondra un échelon de dépression descendu par l'autre.

Chaque masse conduit un combat. Mais, dans la bataille,

---

(1) Ceci n'est qu'une figure : quel que soit le mode de visée, il y a trouble de la vue, qui se manifeste en moindre pour-cent au but.

autant de combats que de masses. Ne croyons pas qu'elles doivent s'ignorer. Devoir de solidarité est aussi impérieux entre masses qu'entre bâtiments de même masse.

Dans la canonnade en ligne, un seul bord canonne. C'est presque la moitié des canons inoccupés : rabattre l'ennemi sur un ami engagé d'un seul bord; mener sa propre ligne à tirer des deux bords, en épaulant du même coup une masse amie. En Marine, délibérément, chercher à se mettre entre deux feux. Augmenter ainsi sa valeur combattante.

C'est affaire, d'ailleurs, au commandant de chaque masse : le commandant en chef ne peut intervenir par signaux sur une masse dignement engagée. C'est le cas de dire avec Villeneuve : « Tout rappel à une action plus énergique équivaudrait à une flétrissure. »

Ainsi comprise, la canonnade n'est plus cette figure d'un quadrille un peu compassé que l'on s'est plu à imaginer. Elle devient, quoique à distance encore, un peu « mêlée », mêlée des masses solidaires. Elle prête à des concentrations de masses, à des rapprochements. Les porte-canons rapides, les lance-torpilles, parcourent en vitesse le champ de bataille, portant l'événement et le coup moral, ici pour achever, là pour ébranler.

La victoire du canon sur le canon se décide, et rapidement.

Déjà des masses se ruent l'une vers l'autre.

C'est la deuxième attaque brusquée.

DEUXIÈME ATTAQUE BRUSQUÉE ET COMBAT RAPPROCHÉ

La deuxième attaque brusquée mènera au combat rapproché, au duel par les trois armes.

Duel tactique, duel au canon, duel aux trois armes, sont bien des phases nettement distinctes de la bataille.

Les coups portés, comme les procédés, sont différents.

Tant que dure le duel tactique, tout est subordonné à la manœuvre.

Tant que dure le duel au canon, l'arme étant d'un emploi objectif délicat, les procédés tactiques doivent en tenir grand compte.

Au combat rapproché, le canon, toujours en action, cesse d'y être seul. Il n'est plus employé à hausses réglées, mais à hausse constante. La direction du tir disparaît, du moins n'intervient plus guère, seulement pour faire concentrer les coups sur les objectifs à mieux battre. La centralisation du tir fait place, délibérément, à une certaine autonomie. En principe, tous les coups de canon portent; le canon devient une arme de main; la profondeur des cibles présentées par un bâtiment n'intéresse plus que modérément, étant donnée la tension de la trajectoire aux distances considérées.

Les torpilles des tubes sous-marins, concurremment avec celles des lance-torpilles, entrent en jeu, autres armes « de main », brandies de près.

Enfin, — dernière phase du combat rapproché —, le choc, avec son effet moral, matériel, catastrophal, peut être imposé dans la mêlée à l'adversaire même plus rapide, qui ne s'est pas dérobé jusque-là.

Les effets destructeurs sont multipliés. Tous les coups portent. Chaque coup bat plus fort.

Dans la canonnade, il y avait destruction lente, ou relativement. Ici, c'est dislocation brutale, destruction totale, désagrégation des forces, reddition, peut-être.

La manœuvre du bâtiment, du groupe, de la masse, se coordonnera non plus pour l'emploi du seul canon, mais pour l'emploi des trois armes : canon à hausse constante, torpille, choc.

Mais si l'élément *violence* devient de plus en plus agissant, l'élément *surprise, manœuvre,* ne perd pas absolument ses droits.

Le moral, d'autre part, intervient différemment. Le rôle du commandant en chef, une fois l'action déclanchée, cesse. Il n'est plus qu'un chef de groupe, bientôt plus qu'un commandant. Ensuite, il devient un ralliement. Le rôle s'exalte des commandants de groupe et de bâtiment. Les liens tactiques se transforment. Subsistent surtout les devoirs de solidarité. Le sang-froid, sauf pour le commandant même du bateau, qui seul mène au bout portant, au choc par la manœuvre, est moins nécessaire que l'enthousiasme. Le tir rapproché vaut, quel que soit le pointeur. Ce qu'il faut d'abord, c'est que les pièces soient servies, chargées, tirées. De même pour les torpilles. Même chez le vaincu de la canonnade, quand le corps à corps va venir, au découragement succédera l'activité du désespoir. Comme le combat rapproché sera rapidement décisif, cette activité subsistera jusqu'à épuisement ou dépression totale. Toute tentative d'échapper, par une porte d'arrière, par la fuite, par la lenteur ou par la nuit, doit être abandonnée. Il faut lutter, se rendre ou mourir. Et chacun le comprend. Tant qu'un espoir survit, l'énergie, réveillée, dure : on lutte.

La reddition nous apparaît sans doute comme plus infamante qu'elle ne l'était il y a un siècle. Le *Redoutable*, le *Bucentaure*, se sont rendus sans déchoir, comme font aujourd'hui des villes assiégées, bravement défendues.

Le Règlement sur les Manœuvres de bataille ne peut préciser à quel moment le commandant d'une masse doit, par la deuxième attaque brusquée, pousser sa masse de combat presque au bout portant, s'il doit prolonger la canonnade, comme Togo à Tsushima, s'il doit tout de suite brûler les étapes, comme Teghetof à Lissa, ou Nelson toujours.

Mais tout commandant supérieur qui en sera resté à la phase de canonnade sera, sauf victoire décisive, tenu de justifier de sa prudence, après l'action.

*
* *

Mais pourquoi donc ces deux attaques brusquées successives?

Pourquoi ne pas aller, offensivement, de front, tout de go, jusqu'à distance de combat rapproché, de tir à hausse constante, de lancement de torpilles?

A la guerre de campagne, une ligne offensive avance contre une ligne défensive.

L'armement est identique. Le nombre aussi. La vulnérabilité des formations (lignes de tirailleurs) l'est également.

Mais cette identité est tout apparente.

La ligne défensive utilise un terrain choisi, préparé; elle tire sous abri, sur appui, à des distances repérées, sans arrêt.

La ligne offensive, elle, avance parfois en terrain découvert.

Elle tire en avançant, de façon interrompue. Essoufflée. Elle est plus vulnérable et moins meurtrière.

La ligne défensive est donc bien une ligne de feu matériellement supérieure. La ligne offensive est donc bien dans un état d'infériorité matérielle.

L'élan et l'enthousiasme ramènent la supériorité totale vers la ligne offensive en jetant dans la balance un poids moral, « LA RÉSOLUTION » (1).

Dans la bataille navale :

La ligne défensive, celle qui présente son flanc à l'ennemi, est bien aussi la ligne de feu maxima.

Elle offre aux coups de la ligne offensive (celle qui présente son avant), des cibles plus larges il est vrai, mais moins profondes. Et c'est surtout la profondeur qui importe (2). Faites l'épure : vous y verrez plus de canons déployés, aux grandes distances du moins.

La ligne offensive (celle qui, présentant les avants, s'efforce de diminuer les distances), offre des cibles plus profondes (3), si moins larges. Elle est plus vulnérable. Mais elle offre des coques obliques, sur lesquelles les coups sont moins graves.

Enfin, elle va chercher la position meilleure, qu'elle occupera à distance rapprochée.

Elle risque pour acquérir. La bataille ne se gagne pas sans risques, ni à égalité.

C'est ce risque, s'il est reconnu trop grand, qui milite pour une phase de canonnade à hausse variable, c'est-à-dire à moyenne distance, pendant laquelle la prépondérance en artillerie s'affirmera, préparant les voies à la deuxième attaque brusquée, sans trop grands risques.

D'ailleurs, rien n'empêche un chef — question de tempérament ! — de brûler les étapes.

Toute la manœuvre de Nelson le clame très haut. De même

---

(1) ARDANT DU PICQ.

(2) Paraît-il : les écoles à feu ne sont pas toujours convaincantes à cet égard.

(3) Il est vrai, cet inconvénient réel aux distances moyennes, de la profondeur des cibles. Son importance diminue dès qu'on a affaire à des trajectoires plus tendues.

celle de Tégéthof. Il a fallu aux vainqueurs passer par des positions dominées pour atteindre aux positions dominantes à bout portant. Infériorité temporaire pour atteindre à la supériorité décisive.

Togo à Tsushima a arrêté son offensive à distance de canonnade. Peut-être sa manœuvre l'y a-t-elle fait tomber, tout simplement. Peut-être eût-il préféré, en premier choc, le bout portant.

D'ailleurs, les Japonais ont joué de la torpille. Ils se sont donc rapprochés, par moments, à distance de lancement. Ils l'ont fait prudemment. Ils pouvaient le faire : leur disproportion initiale avait été telle que, peu après la canonnade engagée, ils purent s'épargner le corps à corps.

Nelson en avait fait sa règle absolue. Il y aurait couru.

Ne louons pas trop, d'ailleurs, Togo de cette sagesse, et de n'avoir pas poussé dès l'abord à l'action résolument destructrice, intégralement décisive. La hardie contre-marche japonaise sous le feu russe lui assure la prépondérance au canon. Sauf cela, Togo n'a rien risqué. Les circonstances l'ayant servi jusqu'au bout, il n'a rien perdu. Mais la brume eût-elle repris épaisse dans la nuit de la bataille, une bonne fraction de la flotte russe, tout ce qui survivait au canon de Tsushima, échappait peut-être, la nuit, aux torpilleurs, et le lendemain à la curée.

Leur offensive semi-prudente a réussi.

Nelson, peut-être Tegéthof, eussent, d'abord, fait encore plus vite, c'est-à-dire mieux.

Et puis, ne comparons pas trop l'Asiatique et l'Occidental. Dans la marche au combat rapproché, dans l'assaut, il y a surtout coefficient moral, MÊME SOUS CUIRASSE. Pour deux races très dissemblables, ce sont valeurs différentes, sans doute. Et puis, encore, le rendement des armes à attendre de Jaunes ayant vu le feu, victorieusement, devait être autre, — et les Jaunes le savaient, — que celui attendu des Russes, sous le baptême du feu. Autre sang, autre sang-froid.

Selon que F se tiendra dans la zone du combat rapproché contre A, ou dans celle du duel d'artillerie, les mêmes principes de doctrine, eux permanents, pourront conduire à des procédés tactiques différents.

La règle primordiale : « Faire le nombre » — le nombre des canons, — apporte des conséquences typiques, quant à la manœuvre (subordonnée à l'emploi des armes), suivant qu'on change de zone (fig. 34).

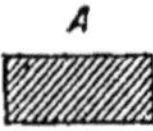

Fig. 34

Si F, bâtiment isolé, a pour antagoniste A, bâtiment isolé, quand F présentera son travers à A, il mettra en ligne le plus de canons possible battants. Vrai à toutes distances.

Si F a affaire à deux adversaires, $A_1 + A_2$, cela n'est déjà plus vrai à très courte distance. Cette très courte distance est d'autant moins courte que la ligne $A_1 A_2$ est elle-même plus longue, que F est lui-même plus court, que son armement comporte moins de casemates et plus de tourelles (fig. 35).

Nos bateaux d'exemple ont 150 mètres de long, se tiennent de poupe à beaupré, à 500 mètres; les champs de battage, pour casemates et tourelles, sont uniformément 45° en chasse et 45° en retraite. A partir du moment où la casemate A de F sera à distance < 400 mètres de la ligne $A_1 + A_2$, son artillerie des deux bords pourra entrer en jeu.

Pour un bâtiment du type *Patrie*, p. e. ce seraient IX-164,7 qui viendraient en renfort aux IX-164,7 et aux IV-305 déjà engagés, si F, jusqu'alors, présentait le flanc à l'ennemi (fig. 35 et 35 *bis* ci-après.)

Les hausses employées sont, il est vrai, plus fortes que si F se tenait par le travers de A. Mais, précisément dans ce cas particulier, elles seront les mêmes que celles employées par $A_1 + A_2$, et l'augmentation, en épure, de valeur combattante, est certaine.

Cette valeur combattante va d'ailleurs en augmentant, jusqu'à ce que F soit sur la ligne $A_1 A_2$. Alors la supériorité de F est de XVIII-164,7.

Telle figure, telle distance, ne sont possibles que si F court à la mêlée.

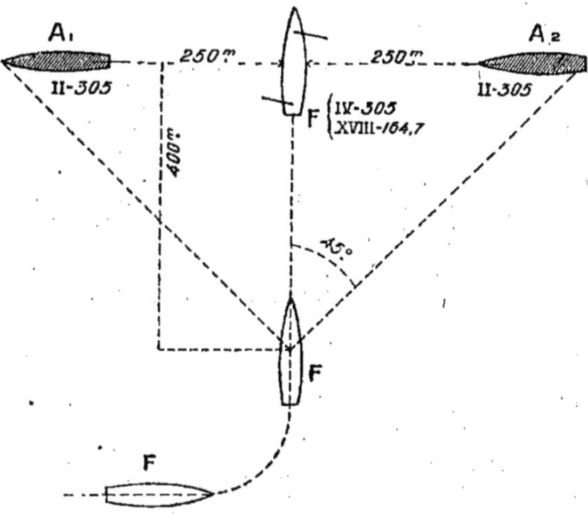

Fig. 35

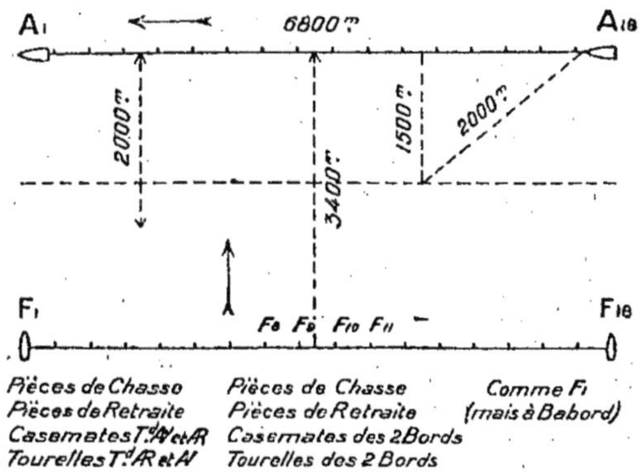

Fig. 35 bis

Mais si, maintenant, nous envisageons le cas de deux lignes de dix-huit bateaux chacune à 400 mètres de distance, la longueur de cette ligne est 6.800 mètres (1).

Aux grandes distances, évidemment, lorsque chaque bâtiment de F présentera son travers à un bâtiment de $A_1 A_2$, il mettra en ligne le plus de canons possible contre ce bâtiment. Mais si, au lieu du combat chacun à chacun, nous envisageons le combat collectif, ligne contre ligne, on verra ceci : si à 3.400 mètres, FF fait *front à l'ennemi*, il mettra en action son plus grand nombre possible de canons; chacun de ses bateaux d'aile utilisera une bordée complète, les autres, à mesure qu'ils approcheront du centre, utiliseront d'autant plus en surnombre; F_9 bâtiment du centre, alignera ses deux bordées, le gain sur la ligne sera $\dfrac{9 \times 18}{2} = 81$ pièces de 164,7.

Et, au fur et à mesure que la distance décroît, le gain augmente, puisque successivement, F_8 et F_{10}, F_7 et F_{11}, peuvent servir à l'ennemi leurs deux bordées (2).

La distance à laquelle les conditions évoluent de la sorte varie suivant la longueur des deux lignes. Plus elles sont longues, plus la marche *de front* semble s'imposer. Les conditions varient aussi suivant le gisement réciproque des lignes.

Mais, si le nombre des pièces en action augmente, la moyenne des hausses employées augmente aussi. F_9 tirerait, de flanc, avec 3.400 mètres, toute sa bordée répartie sur un ou deux buts; de front, il répartira sur au moins trois buts, un de chaque côté à 4.800 mètres, un devant à 3.400 mètres. Cela compliquerait singulièrement la direction du tir, si le tir restait dirigé. Le pourcentage des touchers et la force de pénétration, de destruction, diminueraient rapidement avec la distance de hausse. Difficulté de tenir une ligne de front dégageant ainsi le tir de toutes les pièces. Le gain matériel, somme toute, comme valeur combattante, n'est pas proportionnel aux pièces en surnombre.

Mais il y a aussi un gain moral : tout à l'heure, en ligne de

---

(1) Ce sont bien des minimums. Une telle ligne dépassera, en fait, 6.800 mètres, longueur totalisée des bateaux, soit 9.000 à 10.000 mètres.

(2) Évolution dans le matériel. Aujourd'hui Nelson avancerait en canonnade.

flanc, seuls tiraient les canonniers du bord engagé. Les autres, à l'abri relatif, entendaient les coups, peut-être les recevaient : mauvaises conditions, pourvu que cela dure, pour réchauffer l'enthousiasme et tenir froid le sang-froid !

A mesure que la distance diminue, les considérations défavorables sont moins sensibles. A partir de la distance de hausse constante, le tir obtient plein rendement. Notons encore ceci : la cible en profondeur offerte par un pont horizontal se présentant de front, est relativement moins vulnérable à petite distance.

Si donc, aux distances de canonnade, il peut y avoir risque sérieux à chercher meilleur rendement (méfions-nous des tableaux !) de l'artillerie, par une marche de front, feux déployés, ce risque sera tout au moins peu évident si nous sommes d'abord parvenus aux distances de hausse constante.

Rapprochons-nous donc, tout en canonnant par le travers, jusqu'aux alentours de ces distances. Efforçons-nous, du moins ! Alors nous lancerons les masses désignées pour la deuxième attaque brusquée, sinon toutes nos masses, EN LES APPUYANT ENCORE DE TOUTES LES ARMES.

Et cette attaque brusquée n'est point un leurre : à 2.500 mètres, sur une ligne de 8.000 à 10.000 mètres, elle a bien des chances de faire brèche au point voulu, ou de faire rétrograder l'ennemi. C'est, à seize nœuds, une manœuvre de quatre minutes. Les détails du procédé importent peu. Détail de Règlement ou de Mémorandum.

Si l'ennemi se laisse disloquer, il est perdu.

Deuxième attaque brusquée, corps à corps décisifs, seront-ils le fait du plus fort en canonnade, du plus faible ? Affaire, sans doute, de tempérament !

Mais si, battu au canon, un parti veut regagner sa chance, il courra sus, brutalement, à l'ennemi, en masse, en ligne, ou en échelon, *brandissant* tous ses canons, toutes ses torpilles, toute sa vitesse, toute sa masse, toutes ses énergies.

L'abordage est impraticable ? soit ! Le coup d'éperon n'est plus en faveur ? Bien ! Laissez-nous au moins le bout portant, pour finir, le bout portant, *où l'homme voit l'homme.*

Dernière ressource pour imposer sa volonté, pour imposer

sa manière, pour mener encore la bataille. Coup de boutoir *qu'il faut.*

Coup de boutoir peut être heureux, peut rompre la ligne adverse, peut disloquer son feu, peut — rien n'est impossible, — renouveler le coup d'éperon du *Ferdinand-Max*, fût-on désarmé d'éperon. J'ajouterai : rien ne pourrait justifier l'abstention.

Mais telle décision sera prise de bonne heure : une ligne déjà désemparée par le feu est incapable moralement, matériellement d'une belle attaque brusquée, incapable de porter une botte à fond, soudainement, solidairement.

La prochaine bataille navale

Nous venons d'évoquer une bataille navale. N'est-ce pas la décisive?

J'aurais voulu la montrer encore plus vivante et passionnée, où le facteur matériel, indéniable, ne vaut pourtant que multipliée par les facteurs humains : intelligence, volonté, énergie, enthousiasme, ascendant moral; tout cela, solidaire et discipliné, résumé pour nous dans la MANŒUVRE.

La tactique sur mer se présente, du fait de l'absence de terrain, et du fait d'influences ancestrales, sous une forme géométrique dont nous nous débarrassons à grand'peine. Le souci de la ligne inspiré de préoccupations d'ordre matériel, — toujours! — depuis que, dans la guerre anglo-batave, parurent les bâtiments à batteries, a fait naître l' « esprit de mur », le mur crénelé défensif, couronné de canons.

D'âge en âge, quelque général de génie, vient, à grands coups de bélier, bouleverser toutes ces lignes en épures, crever la muraille défensive et rigide.

L' « esprit de mur » paraît sombrer définitivement à Trafalgar. Nelson dit : « Le RALLIEMENT de chacun sera sa ligne » et sans s'attarder à des formations qu'il lui suffit d'ébaucher, il lance, contre le mur, ses volontés en faisceaux, contre des canons de rempart, ses canons manœuvrants.

L' « esprit de mur », comme le liège entêté, revient sur la mer à la faveur de la paix, et de par l'évolution du *matériel.*

La vapeur permet si aisément les figures, les mosaïques, les lignes bien tendues sur la mer calme : « Nous sommes tous également manœuvrants désormais, *donc*, ne manœuvrons pas; soyons tous également passifs dans la bataille! »

La triple masse de Téghétof vient à nouveau disloquer les belles épures, faire brèche au mur inerte crénelé de canons.

Mais l'artillerie à longue portée entre en scène.

Et rentre avec elle l'esprit d'inertie, mal tué (1).

Il sévit encore dans certaines marines.

On y dit, comme nos ancêtres vaincus : « Nos canons, bien en ligne, détruiront, et de loin, les canons ennemis, bien en ligne. Rapportons-nous-en seulement à eux. Ils les arrêteront; ils arrêteront aussi les Volontés, à bonne distance, si elles veulent s'approcher et manœuvrer. La preuve en est dans d'irréfutables considérations de champ d'expérience ou d'écoles à feu. Qu'elles y viennent donc! »

D'autres, plus ardents, répondent : « Nous ne vous laisserons le temps de nous détruire ni de nous arrêter. Nous vous manœuvrerons, nous vous enfoncerons! »

Canonniers, si l'on veut, contre manœuvriers?

Activité humaine contre brutalité matérielle?

Tsushima n'a rien prouvé, au moderne : Togo, audacieusement nelsonien dans son duel tactique, ne l'a été ensuite que timidement. Rodjestvinsky ne l'a pas été du tout.

La question reste entière, posée pour la prochaine bataille.

Brest, mars 1910.

---

(1) Mal tué. Notons d'ailleurs ceci : De Lissa, les contemporains ont vu surtout le procédé : angle de chasse, et aussi l'abordage, tout de circonstance, du *Re d'Italia*, Historiquement, il en est résulté... le Yalou. Autre résultat : une tactique, géométrique bien entendu, du combat à l'éperon.

Alors que Lissa, comme Trafalgar, a été : la masse *vivante* disloquant la ligne *inerte!*

CONSIDÉRATION

sur

L'UNITÉ DE DOCTRINE

OBSERVATIONS SUR LA BATAILLE NAVALE

du Lieutenant de vaisseau BAUDRY

I

BUT DE L'ÉTUDE

Et tout d'abord une déclaration.

C'est chose délicate à un officier de l'armée de vouloir, sinon compléter, du moins examiner au point de vue général, l'œuvre d'un marin technicien et ami. Cette prétention d'apparence exagérée demande des explications.

Le but poursuivi, en acceptant de rendre à l'auteur de cette étude, dans une faible mesure, l'inestimable service d'une précédente collaboration éclairée, dépasse l'œuvre elle-même. D'accord avec Baudry, nous désirons convier nos camarades, tous, marins et militaires, à l'échange des idées, à la collaboration intime, afin de rechercher et de renforcer les notions communes. Nous désirons que d'autres, nombreux, étudiant ensemble les faits de guerre, se pénètrent des grands principes généraux; qu'ils apprennent à se connaître et à s'apprécier; qu'ils arrivent avec la mutuelle confiance, si nécessaire, à dégager les points communs de doctrine afin de préparer notre marine comme notre armée à la seule action offensive perdue trop longtemps de vue.

Il n'est pas question de suivre l'auteur dans une étude technique, mais de rechercher les idées de la doctrine commune.

Il peut paraître impossible à première vue de trouver des points de contact entre les méthodes des guerres terrestres et maritimes. Une objection, en particulier, semble capitale : il n'y a rien de commun dans la façon de combattre ou même de conduire la guerre sur les deux éléments différents.

Il est certain qu'à se contenter de rapprocher le combat ou la bataille, sur terre et sur mer, on ne pourrait trouver aucune analogie entre les *procédés* de lutte de groupements comprenant, les uns des fantassins, des cavaliers, des artilleurs, etc., les autres des cuirassés, des croiseurs, des torpilleurs, peut-être des sous-marins. On pourrait dans les guerres du monde ancien, et en remontant jusqu'à l'invention du canon, à l'époque moderne, trouver cette analogie, mais un changement, un déchirement brusque dans la tactique arrêterait toute étude.

La flotte n'était autrefois qu'un moyen de transport pour les soldats de l'armée, et c'était ceux-ci qui combattaient sur mer comme sur terre lorsque les bâtiments s'étaient accrochés. Le rôle des marins se bornait alors à conduire les navires au contact. Puis d'un bord à l'autre, les soldats s'élançaient, et la victoire appartenait au bâtiment dont la garnison parvenait à s'installer chez l'autre, ou à priver le navire ennemi de ses voiles, de ses mâts, de ses rames, pour en rendre l'équipage inutile et intervenir dans un autre combat. L'importance de la qualité des marins était moindre que celle des soldats, et c'est ainsi que les Romains purent vaincre les Carthaginois. Les premiers, en effet, sans connaissance de la navigation, trouvèrent un jour une galère carthaginoise échouée. Ce modèle leur servit, en quelques mois, à construire une flotte et à dresser des matelots. L'armée s'embarqua ; elle se mit à la recherche de l'ennemi qu'elle battit. Il n'était pas rare de voir ainsi lutter des armées de 100.000 à 150.000 hommes.

A cette époque il eût été inutile de chercher une doctrine commune, il n'y avait qu'une manière de se battre, et le légionnaire romain était toujours le même combattant sur les éléments différents. Cette époque de simplicité est malheureusement loin derrière nous.

Mais, si les points de contact sont peu nombreux quant aux procédés de combat, il n'en est pas de même du commandement, et nous allons voir plus loin qu'il existe de frappantes analogies dans la manière de conduire l'ensemble des opérations, dans l'art de livrer une bataille ou un combat. On pourrait même ajouter, pour montrer les raisons de telles études, que certains procédés d'exécution sont cousins germains : les méthodes de réglage du tir de l'artillerie, par exemple.

L'armée, depuis la guerre franco-allemande, a bénéficié d'une admirable renaissance littéraire et des travaux d'hommes éminents. Ceux-ci ont créé un véritable courant d'opinion dont les effets se sont fait sentir dès 1886. Rappelons-nous la profonde sensation éprouvée à cette époque lorsqu'on vit inscrire dans un règlement (1889) cette phrase lapidaire : « Seule, l'offensive peut produire des résultats. » Les limbes de la défaite étaient déchirés. Et depuis, cette pensée offensive seule a guidé tous les efforts de l'armée, a orienté toutes les études. Et l'armée a travaillé avec fruit, car l'offensive a un corollaire : l'action.

Il est permis de regretter que la marine n'ait pu travailler dans les mêmes conditions et de croire que, si elle avait eu un pareil phare pour éclairer sa route, on n'aurait pas vu... les conceptions les plus fantaisistes présider à ses destinées.

Tel un bouchon ballotté par les flots, elle a tournoyé à tous les vents de toutes les idées. Les uns ont voulu des torpilleurs, d'autres des cuirassés, puis des croiseurs, des corsaires, des petits, des gros, la guerre de course, la défense des côtes, les sous-marins..., et on a fini par où l'on aurait dû commencer : « un programme d'ensemble » qu'on a d'ailleurs modifié plusieurs fois, et dont la mise à exécution a suivi l'élaboration... dix ans après.

Tout était préférable, et une idée suivie, même si cette idée n'était pas absolument la meilleure, aurait donné de meilleurs résultats pratiques que ce chapelet d'éclectismes ! Voir pour plus ample conviction ce qu'ont fait les Allemands.

Si la marine avait eu une doctrine, elle aurait certainement imposé ses idées à toute une série de ministres et de rapporteurs du budget, dont les bonnes intentions n'ont pas toujours été très éclairées ni très judicieusement conseillées. Il y a pléthore de brillantes individualités dans le corps des officiers de marine.

Il serait du reste surprenant qu'il en fût autrement avec la composition de ce personnel d'élite dont l'équivalent n'existe nulle part. Mais il est regrettable qu'une pensée commune ne guide pas les efforts et ne s'impose pas.

Et peut-être la collaboration de l'armée pourra-t-elle influer heureusement, par l'échange des idées, sur cette situation. C'est un résultat à envisager et qui doit guider dans ce genre d'études. Si la communion des idées fait triompher l'*idée offensive*, la marine ne pourra plus rester sous le coup de vagues théories défensives ou humanitaires et nous n'aurons plus une *flotte?*... *d'expectative*, mais une *flotte* digne de la France.

II

CONSIDÉRATIONS SUR LA GUERRE

Rechercher les points de contact entre l'armée et la marine, ainsi que leur liaison intellectuelle et matérielle, conduit à envisager d'abord l'évolution de l'idée de la guerre et ses conséquences sur la conduite des opérations.

On peut dire que l'homme a toujours fait la guerre. Familles, tribus, peuplades, races, nations, se sont successivement combattues. Le prétexte de ces luttes n'a pas toujours été bien évident, mais tend à se dégager des nombreuses raisons invoquées. Il apparaît que ce sont presque toujours les *intérêts économiques* qui ont poussé les hommes à la guerre.

Si loin qu'on remonte dans les guerres de l'antiquité, il est toujours facile de démêler l'intérêt matériel qui mettait les princes et les peuples en lutte, et, à côté des prétextes politiques, il y a toujours eu une cause matérielle.

Toutes les guerres de Rome jusqu'à ses luttes contre les Barbares ont eu pour cause profonde la nécessité de fournir à la maîtresse du monde du butin de guerre à partager entre ses citoyens-légionnaires, des contributions pour subvenir à ses besoins, des ressources de toutes sortes que son commerce ou son industrie rudimentaires ne pouvaient lui donner. Et il y a une analogie frappante entre les causes de sa lutte avec Carthage et celles de la guerre punique de Mandchourie en 1904-1905.

Ces mêmes invasions qui ont disloqué le monde romain n'ont pas eu d'autres causes que la recherche d'un plus grand bien-être, au détriment des premiers occupants, par des peuplades originaires de pays rudes et pauvres. Et ces peuplades sont venues prendre leur part de profits sur un sol plus fertile, plus riche, dans des régions plus clémentes.

Les invasions, du reste, ne cessent jamais; le recul de l'histoire seul les montre comme des faits momentanés et locaux. Toutes, en réalité, durent de longues années. Elles sont précédées d'une période d'infiltration lente des marchands, des industriels, des hommes politiques qui établissent un courant entre les populations visées et les envahisseurs jusqu'au moment de la crise. Et il s'en prépare d'un nouveau genre : les différents impérialismes ne sont autre chose que des prétextes à prochaines invasions, car avec les masses des nations armées toute guerre prendra le caractère d'une invasion. La forme seule change un peu, mais on peut dire, par exemple, que si l'invasion russe a été repoussée sur les confins de la Mandchourie, l'invasion japonaise y bat son plein. Après l'invasion militaire est arrivée l'invasion économique, motif de la première.

Les guerres féodales elles-mêmes avaient des raisons matérielles, et on les retrouve dans les conquêtes de Louis XIV. La cause véritable des guerres du gouvernement personnel est la politique économique de Colbert.

Les rois et les princes de l'Europe n'ont attaqué la Révolution française que par crainte de perdre avec leurs titres les bénéfices qu'ils rapportaient.

Enfin, les guerres de Napoléon s'enchaînent avec une impitoyable logique. Un seul ennemi véritable, l'Angleterre, organise une série de coalitions. Pour l'abattre l'Empereur entreprend les affaires les plus risquées, comme celle d'Espagne, et épuise le pays. Les prétextes politiques nombreux, l'ambition personnelle du maître, dissimulent le véritable motif de dix années de luttes, de guerres qui se suivent comme les enfants d'une même mère. Au fond il y a un duel à mort engagé avec Pitt et c'est la suprématie industrielle et commerciale de l'Angleterre qui est en cause.

Tout près de nous les raisons économiques sont plus apparentes. Aux ambitions royales ou princières paraissent s'être substitués les besoins matériels des puissances financières, des groupements économiques. On a souvent répété que la suppression des monarques amènerait la disparition de la guerre. Cette affirmation simpliste a frappé l'esprit des masses ignorantes, elle est fausse : les princes en travaillant pour leurs intérêts personnels agissaient en réalité pour leurs sujets, qui profitaient indirectement des avantages acquis. Les motifs réels étaient plus profonds que la satisfaction d'ambitions personnelles. Et nous voyons actuellement les meilleurs gouvernements préparer des débouchés économiques, des bénéfices matériels par leur politique. La guerre, avec ses risques, représente une partie de la première mise nécessaire à toute entreprise; elle deviendra peut-être plus rare parce qu'elle coûte plus cher et que l'enjeu est souvent trop grand pour le gain à réaliser. Les gouvernements et les peuples ne consentiront pas à risquer plusieurs milliards et l'existence de centaines de mille hommes pour les bénéfices de l'exploitation économique d'un pays : le Maroc, par exemple, dont Bismarck disait qu'il ne valait pas les os d'un grenadier poméranien. (Le demi-dieu Bismarck s'était du reste trompé.) Mais que les intérêts en cause en vaillent la peine et on verra ce que pèsent les conférences de la paix, et leurs protocoles, et leurs sentences !

Ce qu'on voit et ce qu'on verra?

C'est la guerre de Cuba motivée par de puissants intérêts, masqués d'ailleurs derrière un prétexte humanitaire. C'est la campagne de Chine en 1894 suivie, en 1904, de la guerre de Mandchourie : un peuple qui avait besoin de débouchés économiques, les a conquis sur des peuples plus faibles ou moins prêts. C'est la guerre du Transvaal causée par la volonté d'un puissant groupe économique qui visait des richesses minières et qui a saisi un prétexte politique quelconque. Il suffit de regarder...

Demain, pour donner du travail et du pain aux ouvriers de la métallurgie, pour fournir du fer à l'industrie dévorante, pour permettre la vie économique des États civilisés qui ne peuvent se passer de ce métal, les conflits éclateront. Lorsque l'Allemagne et l'Europe centrale auront épuisé leurs mines (et ce terme n'est pas loin), lorsque la Suède et la Norvège ne pourront plus suffire, lorsque Bilbao aura donné le reste de son minerai, les nations se battront pour un massif de l'Ouenza, pour les mines du Maroc, pour le merveilleux bassin retrouvé de la Lorraine française.

Et encore ces besoins de la métallurgie ne représentent qu'une faible partie de la question économique. Alors on donnera comme but aux forces militaires d'atteindre une partie de territoire de l'adversaire qui sera prise comme gage de sa soumission à des conditions économiques, et qui servira de débouché ou sera un territoire d'exploitation. On mettra la main sur les réserves économiques par excellence, les mines.

Nous connaissons les fins de la guerre. Quels sont ses moyens?

Les cours d'art militaire et les divers écrivains n'envisagent généralement que le côté guerrier des opérations. Tout a été dit et écrit sur leur conduite. On a négligé d'en examiner le côté économique. Un simple aperçu montre son importance capitale.

La guerre coûte cher par elle-même, c'est-à-dire que l'entretien des armées atteint des sommes énormes. Ce n'est qu'une faible partie de la dépense. Le système de la nation armée enlève aux pays le meilleur de leur sève vitale. Dans le cas d'une guerre avec une grande puissance, tous les hommes valides de dix-sept à quarante-cinq ans sont mobilisés. En France les quatre millions d'hommes appelés représentent le tiers de l'armée du travail, le quart en Allemagne. Il en résulterait une diminution proportionnelle dans la production. Mais pour la consommation, douze à quinze millions d'individus, dont les ressources seraient réduites par suite du départ des chefs de famille, des aides diverses, seraient obligés de supprimer une partie considérable de leurs dépenses.

Ce n'est pourtant encore que la répercussion économique directe. L'absence des mobilisés en diminuant la production produirait un ralentissement considérable dans le mouvement économique. Le déchet de la production et la diminution du commerce influeraient défavorablement sur les non-mobilisés. L'agriculture elle-même serait très gênée pour ses récoltes et pour l'écoulement de ses produits. La répercussion indirecte serait inimaginable; pour en avoir une idée, il faut se représenter ce que deviendrait seulement le commerce extérieur.

Un pays comme la France, qui fait annuellement un chiffre d'échanges internationaux de 12 milliards, verrait ce chiffre tomber à 8 par le seul fait de la mobilisation (18 et 13 pour l'Allemagne). C'est-à-dire que 4 milliards de matières premières au lieu de 6 entreraient chez nous, tandis que nous exporterions, en moins, 2 milliards d'objets fabriqués. Ceci en supposant que les voies extérieures soient libres. Mais qu'une partie des routes commerciales soient fermées, que cette gêne vienne s'ajouter à l'autre et l'on verra les usines fermer faute de travail. Quelques philanthropes s'épuiseront à faire vivre leurs ouvriers pendant quelques jours. Puis ce sera l'arrêt général, la misère dans les masses populaires, la gêne partout.

L'arrêt du commerce accumulerait les ruines; les pays agricoles, seuls, pourraient encore subvenir en partie à leurs besoins ou supporter moins difficilement le fardeau.

Il ne sera plus jamais possible, d'ailleurs, d'isoler complètement une grande puissance continentale, car on ne peut pas couper à la fois les voies maritimes et le réseau ferré, mais il pourra se produire une gêne intense dans les relations extérieures, et c'est suffisant.

Le coût matériel des opérations militaires a été évalué annuellement pour une armée mobilisée comme l'armée allemande à 8 milliards. Ce chiffre ne représente qu'une faible partie des pertes économiques du pays. Il en résulte que le système de la nation armée, en agrandissant au delà de l'imaginable les conséquences de la guerre, aura contribué à rendre celle-ci plus courte. Aucun pays n'est à même de supporter longtemps un pareil effort financier.

Pour faire face à ces dépenses directes au moment même où le budget fléchirait (et une annuité de guerre équivaut à deux annuités normales), il n'y aurait que la ressource de l'emprunt. C'est encore possible si la confiance se maintient; mais, si les affaires tournent mal... qui voudra prêter? Et qui voudrait, même dans des circonstances favorables, prêter à des États aussi endettés que nos États européens? Pourrait-on, en outre, trouver 10 à 15 milliards disponibles à ce moment pour subvenir aux besoins d'une guerre entre deux grandes nations?

La guerre ne pourrait durer longtemps, l'usure serait trop

forte, même pour le vainqueur. Les opérations militaires, si elles n'étaient pas menées avec la plus grande vivacité, n'auraient pas de terme; la crise économique, résultat de la lutte, pourrait à elle seule imposer une solution.

Comment donc conduire les opérations?

La stratégie dépend de la politique. C'est cette dernière qui fixe les théâtres d'opérations et les buts à atteindre.

Pour y arriver, on cherche d'abord à mettre hors de cause les armées ennemies, afin de prendre la suprématie et d'imposer sa volonté. Les forces organisées ont ensuite pour objectif de s'emparer d'un gage qui garantira la soumission de l'ennemi.

Le but immédiat des forces organisées est donc de battre celles de l'adversaire. Mais il faut en même temps priver l'ennemi de ses ressources, agir sur la mentalité des populations en augmentant la dépression morale produite par les pertes des champs de bataille, même en cas de succès, de la *panique économique*. On sera conduit à combiner les opérations militaires de manière à couper les voies commerciales.

Et, comme on ne peut empêcher le trafic de nombreuses voies ferrées au travers des frontières terrestres, on fera au moins le blocus des côtes ou des mers contiguës. Ainsi, par exemple, l'Allemagne serait dans une situation des plus précaires si, dans une guerre continentale, la mer du Nord et la Baltique étaient interdites à l'immense flotte de commerce qui l'alimente. C'est en vue de cette éventualité qu'elle a méthodiquement et laborieusement organisé tout d'abord son armée navale... et qu'elle compte bien l'employer, par la suite, au même usage à l'égard de ses adversaires possibles.

On peut dire que, si l'armée a pour premier objectif l'armée continentale ennemie, la flotte a pour premier devoir de *couper les vivres* à la nation ennemie pour amoindrir sa force de résistance économique (ressources financières, emprunts, commerce, production, etc...). Dans l'accomplissement de cette tâche, elle se heurte à la flotte ennemie; celle-ci devient son premier objectif. Elle doit la battre pour obtenir la *maîtrise de la mer*, moyen d'action sur la vie économique et morale du peuple ennemi.

Ne pas comprendre ainsi la conduite d'une guerre européenne serait une singulière conception, et vouloir agir sur terre avec l'armée sans opérer en même temps sur mer pour priver l'ennemi de ses ressources, l'inquiéter pour ses côtes, serait recommencer l'histoire de la campagne de 1870 où le grand État-major allemand n'avait pas prévu la défense nationale (il y a beaucoup de choses que ce fameux et surfait État-major n'avait pas su prévoir). Elle aurait été beaucoup moins rude et longue, sinon impossible, avec une Allemagne maîtresse de la mer, qui aurait empêché les ravitaillements et même les transports de troupes par cette voie.

Un autre exemple, d'une pareille erreur, est celui de Napoléon dans sa lutte contre l'Angleterre. Ses conséquences s'appellent Trafalgar et Austerlitz. Lorsque la paix d'Amiens fut rompue en 1803, le premier Consul reprit la préparation de la Grande Armée au camp de Boulogne pour aller combattre, sur terre, en Grande-Bretagne. Il organisa en même temps les flottes des pays soumis à sa domination ; mais, dans son esprit (et cela remontait aux préparatifs militaires précédant la paix d'Amiens), la flotte française ou alliée ne devait servir qu'à rendre libre le passage du Pas de Calais. La campagne navale restait secondaire et les opérations prescrites à Ganteaume, à Missiessy et à Villeneuve n'avaient pas pour but de détruire, mais d'occuper les escadres anglaises. Il fut conduit, au lieu de rechercher la « *bataille décisive* » *et de s'y préparer, à finasser* (Voir les premières instructions données par Napoléon et Decrès aux trois amiraux : faire la jonction, revenir dans la Manche abandonnée, et protéger la descente). Contre quoi (si les escadres anglaises étaient parties)? Lorsqu'il comprit et voulut la bataille (correspondance avec Decrès, Ganteaume et Villeneuve, mission de Lauriston), ses lieutenants étaient hors d'état de la livrer victorieusement. Villeneuve, au lieu d'aller débloquer Brest, se sauva à Cadix, et quand il en sortit pour... aller croiser ! en Méditerranée ! il se fit battre à Trafalgar.

Napoléon, chef militaire, ne concevait que la guerre sur terre, où il excellait ; il appréciait peu les opérations navales auxquelles il ne s'entendait pas, et ne leur attribuait pas leur réelle importance.

Il est aujourd'hui évident que, s'il avait consacré, même au détriment de la Grande Armée, une partie plus importante de ses efforts à la flotte, s'il s'était fixé comme premier résultat à obtenir de battre l'Angleterre sur mer et s'il y avait réussi, cette puissance eût été à sa merci. Il l'eût privée des ressources nécessaires à sa prospérité, à sa vie économique, des revenus qui lui permirent de subventionner une série de coalitions, et n'eût pas été contraint à cette politique du blocus continental, cause première et principale de ses guerres. La sentence de Trafalgar a jugé toute l'affaire, car c'était le principal procès; Austerlitz n'a été qu'un succès passager et partiel. Les rayons du soleil du 2 décembre 1805 ont ébloui et aveuglé le monde; Napoléon n'avait pourtant résolu que le côté militaire de la lutte, il avait négligé le côté maritime et économique. Trafalgar pouvait être un succès décisif, Austerlitz ne l'a pas été.

La maîtrise de la mer a pour effet de priver l'adversaire de ses moyens économiques matériels. Ses réapprovisionnements rendus difficiles, son commerce extérieur ralenti, causent à l'intérieur une perturbation sensible : la tension morale augmente.

Victoire sur terre et victoire sur mer, ou même, simplement, pertes provenant de rencontres, agissent également sur cette tension nerveuse des populations. Il faut donc combiner les deux manières et amener, par une succession aussi rapide que possible des chocs, une *hypertension* sous l'influence de laquelle l'opinion publique obligera le gouvernement à céder, ou bien contrariera ses efforts. Elle peut amener des soulèvements et même la révolution (situation en Russie en 1905; Italie en 1896; Grèce en 1897).

Il n'y a qu'un moyen d'obtenir la maîtrise de la mer, c'est de *battre les escadres ennemies et forcer leurs débris à se réfugier dans les ports*. Il n'y a également qu'un moyen de battre les escadres ennemies, c'est de *prendre l'offensive et l'initiative de l'attaque* (Voir l'étude précédente sur Tsushima).

La flotte de guerre, de même que l'armée, doit donc rechercher tout d'abord la bataille. Cela implique l'abandon des préparatifs défensifs inutiles, et l'emploi des ressources qui y sont consacrées à la préparation des armes offensives.

Il semble bien que l'impuissance d'une flotte contre une place fortifiée ait été démontrée par la campagne navale de Mandchourie; les sous-marins n'étaient pas en service. Que se passerait-il si une armée navale battue ou impuissante laissait ses côtes à la merci de l'ennemi? Celui-ci pourrait essayer le bombardement des ouvrages isolés. Pourquoi? Pour un débarquement. Ce n'est admissible que si les sous-marins (submersibles à grand rayon d'action) sont hors de cause. Le même raisonnement s'applique au cas où l'adversaire voudrait s'emparer d'une grande ville ouverte du littoral ou d'un point important défendu et sur lesquels il pourrait tenter d'utiliser ses canons. Quelques bons submersibles aussi aptes à suivre les escadres, sous certaines réserves, qu'à agir au loin, seuls ou en divisions offensives suffisent à empêcher toutes tentatives bien mieux que les coûteuses batteries avec petits sous-marins, petits torpilleurs et autres. Il suffit de leur assurer des dépôts de torpilles et des rechanges. Voilà le moyen de trouver quelques ressources disponibles pour la flotte offensive; elle ne sera jamais assez forte et c'est vraiment pitié de sacrifier une partie d'un budget à quantité d'inutilités défensives comme les garde-côtes, les petits bateaux, les petits sous-marins, etc., qui ne rendent service que si l'ennemi veut bien s'offrir à leurs coups. Argent jeté à la mer! et qui, dépensé dans un autre esprit, pourrait donner l'appoint de forces nécessaires pour obtenir la victoire.

Ceci exposé, on commence à entrevoir un point commun de doctrine pour l'armée et la marine : l'*offensive.*

Il a déjà été admis dans une étude sur Tsushima qu'il était impossible à une armée navale de se battre défensivement. C'est la seule différence, car dans les divers combats d'une bataille, des forces militaires agissent parfois défensivement. Une bataille peut, à certains moments, prendre une allure défensive, mais on ne peut obtenir un résultat qu'en prenant l'offensive. Sur mer, les actions sont devenues très brèves, on n'aurait pas le temps de jouer plusieurs actes, on risquerait l'écrasement. C'est seulement l'offensive avec l'initiative de l'attaque qui permet d'y obtenir des résultats.

Mais, si l'on élargit la question et si la guerre n'est plus envisagée à son seul point de vue militaire et maritime, si on pense au côté économique et moral, le succès dans la bataille n'est plus, quoique facteur principal et essentiel, seul à rechercher. Si l'on veut briser le ressort intellectuel et moral du peuple ennemi, si l'on veut, avec l'épouvante des existences détruites, susciter l'abattement, la crise populaire, les soubresauts convulsifs d'une opinion affolée, il faut agir sur le commerce extérieur, sur le crédit, il faut priver le peuple ennemi de ses ressources.

Pour cela, *l'action de l'armée et de la marine doit être combinée intimement, la communauté des idées doit faire adopter un plan général permettant — la guerre sera brève — de frapper vite, fort, à coups répétés et soudains.* Les plus forts coups seront frappés à la tête, groupe principal des armées ou des escadres, mais en même temps, partout où ce sera possible, il faudra également frapper. Sans chercher une simultanéité impossible des batailles navales et terrestres, il importera que les coups soient reliés par leur fréquence.

Les applications du sens militaire commun qui doit animer un corps d'officiers de terre et de mer se présentent sous deux aspects.

Moralement, le sentiment offensif doit le vivifier uniformément de son souffle générateur d'énergie et d'espoir; la conception générale de la conduite des opérations doit amener l'élaboration d'un plan commun coordonnant les efforts pour frapper ensemble « sur la nuque ». Au combat, la doctrine commune est d'agir sur le moral ennemi par la violence et la surprise en faisant de la concentration, en prenant l'initiative de la manœuvre. On verra plus loin que, pour les marins, l'adaptation aux feux du principe de la concentration doit s'élargir et devenir de la concentration d'armes (nous disons « union », dans l'armée).

Matériellement, la réalisation de la communauté des idées est assez difficile. Il faudrait pour cela que les marins et les militaires agissent côte à côte.

Depuis longtemps les militaires sont malheureusement devenus inutiles dans la bataille navale. Les batailles du monde ancien sont loin ! Mais les marins peuvent être appelés à venir à terre. C'est leur concours, dans de tristes circonstances où ils étaient disponibles sur mer, qui a pour une large et brillante part assuré l'honneur de la défense nationale en 1870-1871. Et l'enthousiasme soulevé par la vue de leurs compagnies de débarquement n'est qu'un juste et reconnaissant hommage rendu à leur dévouement et à leur valeur. Une campagne maritime malheureuse pourrait les amener à terre ; leurs nombreux réservistes y viendraient certainement.

Les corps de débarquement de nos deux escadres représentent à eux seuls la valeur d'une brigade mixte (5.000 hommes, 2 groupes d'artillerie, 3 compagnies de torpilleurs mineurs, des brancardiers...)

Nos marins pourraient donc se battre à nos côtés dans le cas d'une guerre continentale, à plus forte raison dans des pays éloignés. Ils trouveraient encore dans les opérations de la défense des côtes ou d'un débarquement les occasions de mêler leur sang et leurs idées aux nôtres.

Ainsi peuvent être envisagées les bases des communes études auxquelles nous convions nos camarades.

III

LE COMBAT

Maillard, il y a vingt ans, exposa la magistrale étude sur Saint-Privat et mit en lumière les principes de tactique, jusqu'alors pressentis par les grands capitaines, mais confondus par la foule des chefs avec les mécanismes et les procédés de manœuvre.

Sans avoir donné les moyens de vaincre aux futurs capitaines, car ce n'était qu'une conception théorique, il avait tout au moins éclairé le champ des recherches des érudits et des chercheurs, et donné le moyen philosophique de comprendre les succès guerriers, de trouver le secret des victoires.

Lorsque, à vingt ans de distance, on relit la première partie de l'œuvre de ce maître, on est saisi de la profondeur de la pensée qui présidait à sa rédaction. Il avait certainement vu juste, et la campagne de Mandchourie est venue confirmer sa thèse d'éclatante manière.

« Qui sait, disait-il, si, dans l'avenir, des armées entières n'auront pas pour mission réciproque de se maintenir l'une, l'autre, de s'immobiliser pendant..................... jusqu'à ce qu'une autre armée ait le temps d'intervenir (1)? » Et depuis, ont eu lieu les batailles de Liao-Yang, du Shaho, de Hékoutaï-Sandepou, de Moukden !

L'étude des faits de guerres maritimes peut mettre en lumière des principes semblables ou équivalents à quelques-uns de ceux qu'il a exposés en certaines phrases lapidaires. L'adaptation serait presque complète.

« Le combat, dans la bataille, dit Maillard, est la règle pour les unités et pour les armées.

« La bataille exige : la volonté de la livrer et les moyens nécessaires, un but, un plan, et la volonté de vaincre.

« Elle comprend deux parties : le combat général sur tout le front, une attaque décisive sur un point, car l'issue d'un combat dépend de la supériorité des forces sur un point.

« Deux moyens », pour obtenir cette supériorité de forces : « l'enveloppement, la masse ».

« La surprise, la masse, l'énergie et la vitesse sont les éléments de l'attaque décisive.

« Dans toute action il faut :

« 1º Se prémunir contre l'action de l'adversaire;

« 2º Agir pour atteindre le but;

« 3º Parer à l'imprévu. »

Un officier de marine aurait pu signer ces lignes et les écrire dans un ouvrage sur la tactique navale. Ces principes ont toujours présidé aux batailles sur mer.

Le combat est la règle. — A Tsushima, il y eut, dès le début, deux combats, celui des cuirassés, qui par son importance a été, peut-on dire, toute la bataille, et celui des croiseurs. Il y eut un autre combat, vers 6 heures du soir, un autre contre les torpilleurs à la tombée de la nuit. La reddition des Russes a terminé court celui qu'allaient livrer les Japonais le lendemain matin.

A Trafalgar, le combat de la masse de Collingwood est livré simultanément, mais à côté de celui où Nelson est engagé.

____

(1) MAILLARD, *Étude des faits de guerre.* Première partie du cours de tactique générale et d'infanterie. École de guerre, 1889-1890.

Aboukir n'a été qu'une série de combats de moindre envergure et on pourrait retrouver cette règle en remontant plus loin dans l'histoire.

Sur mer, le combat a été de tout temps la règle dans la bataille, aussi bien à l'époque des navires à rames que dans les flottes à voiles ou à vapeur, que dans les escadres cuirassées.

La volonté de vaincre. — Si la volonté de vaincre et de livrer la bataille est une condition indispensable au succès sur terre, son absence a toujours causé des échecs sur mer.

Rodjestwinsky avait la volonté arrêtée de se battre, mais sa pensée maîtresse était surtout d'atteindre Vladivostock en évitant la bataille; il ne la désirait pas le 27 mai, et y fut obligé par l'ennemi qui, lui, la voulait ardemment. Ses équipages et ses lieutenants étaient sans doute prêts à faire leur devoir, mais ils voulaient ...Vladivostock avant tout. Ils ont été battus.

Villeneuve, pourtant personnellement brave, n'avait aucune confiance dans nos alliés; il temporisait depuis de longs mois. Il avait manqué l'occasion, après une première rencontre, de gagner Brest. Il avait enfin réussi à persuader l'Empereur qu'il n'y avait rien à gagner sur mer et sortait de Cadix pour se réfugier en Méditerranée. Obligé d'accepter la bataille, par la décision d'un adversaire résolu, il s'y résigne enfin; mais il ne peut remonter un courant d'esprit pareil à celui qu'il avait laissé s'implanter dans son cerveau de chef et dans ceux de ses équipages. Il fut battu.

L'amiral Brueys n'avait pas grande envie de se battre lorsqu'il s'embossa dans la rade d'Aboukir.

Lorsque Tourville, résolu à vaincre, attaqua l'amiral Turrington à Beachy-Head, il avait en face de lui un adversaire amolli par le luxe ou la bonne chère et dont la volonté n'était pas trempée. Il fut victorieux. Château-Renaud, quoique inférieur en nombre, avait battu l'amiral Herbert dans la baie de Bautry parce que sa volonté, et celle de ses équipages, étaient à hauteur de la résolution qu'ils avaient prise de courir sus à l'ennemi pour le battre. Cet ennemi voulait aussi la bataille et la victoire, mais avec une passion moins surexcitée.

Il est nécessaire de le crier bien haut : ceux qui désireront la bataille le plus ardemment, et qui, logiquement s'y prépareront le plus résolument, seront vainqueurs. Il faut donc concentrer tous ses efforts en vue de cette éventualité et toute idée contraire, toute philosophie tendant à assoupir les intelligences, à leur cacher cette terrible et redoutable échéance sous les dehors plus agréables de conceptions pacifiques, ou défensives, ou autres... est criminelle envers la Patrie. C'est la préparation de son asservissement et de sa défaite.

Réunion des moyens. — Et comme tout s'enchaîne, qui veut la fin « bataille » veut les moyens : « nombre, armes, qualité, instruction », pour la livrer.

C'est ainsi que Tourville, chef indiscuté aujourd'hui, voulait attendre l'arrivée de d'Estrées, qui venait de Toulon, avant de livrer bataille à la flotte anglo-hollandaise. Il voulait réunir ses « moyens ». Il reçut du ministre de la Marine, Pontchartrain, des ordres de sortir quand même de Brest. Sa valeur, son courage personnels, furent même mis en doute! Il rencontra l'ennemi à la pointe de Barfleur, en énorme disproportion numérique (44 contre 99) et fut battu après avoir lutté toute une journée avec la plus grande habileté et le plus brillant courage. C'est ce qu'on a appelé la bataille de la Hogue.

A ce point de vue, Rodjestwinsky avait senti la vérité. Il voulait gagner Vladivostock au plus vite. Pourquoi? Pour réunir ses « moyens » avant de livrer bataille. Il fut battu pour y avoir été contraint avant cette réunion par l'ennemi, qui lui, avait « tous ses moyens ».

Nécessité du but et du plan. — La nécessité d'un but et d'un plan est tout aussi évidente sur mer.

Examinons Tsushima.

Des deux partis en présence, l'un a un plan d'engagement qui a été exposé dans le rapport de l'amiral Togo : « Je me résolus alors à marcher sur l'ennemi... avec notre force principale et à attaquer sur la tête de la colonne de gauche. » L'autre parti reçoit l'ordre... de prendre une formation! Ce sont les méthodes objectives et subjectives mises nettement en présence. Dès le début de l'engagement, la supériorité de la première s'affirme. Elle est productrice d'action et d'offensive. Au contraire, la seconde, qui préside à la manœuvre russe, produit la passivité relative des marins de Rodjestwinsky; la volonté adverse plus forte s'impose à eux. Leur chef n'escomptait pas, ne voulait pas la bataille et n'avait pas élaboré de plan, ses hâtives dispositions tactiques ont démontré la surprise, et il n'a plus eu le temps d'en établir un.

Pas de plan, pas de but. Et il faut entendre par là le but immédiat : « La tête de colonne de gauche russe » pour les Japonais. Pour les Russes, le seul plan consistait à gagner Vladivostock, il n'a pu être donné de but immédiat, et le chef ne paraît même pas en avoir envisagé un particulier au début du combat, car il aurait été amené à fixer des objectifs. Non pas objectifs matériels du seul tir, mais objectifs de la manœuvre des unités (qui deviennent le plus souvent les objectifs de tir). Au contraire, ç'a été le cas pour les Japonais : un plan, avoir une masse en tête, une masse en queue et sur les croiseurs russes; un but immédiat pour la masse cuirassée, attaquer la tête et commencer par la colonne de gauche. Objectifs de tir et de manœuvre : l'*Ossliabia* et le *Souwarof*.

Est-il nécessaire d'autres exemples pour montrer que les progrès de l'armement n'ont rien changé à ces principes? que ceux-ci se sont toujours vérifiés? Suivons l'auteur à Aboukir et à Trafalgar.

Dans la première bataille, déjà, la leçon est saisissante.

Lorsque Brueys s'embossa dans la rade d'Aboukir, il croyait empêcher son adversaire de manœuvrer, la nuit qui venait lui paraissait une garantie contre ses entreprises. Ne croyant pas à la bataille, il n'avait fixé aucun but à ses subordonnés. Le plan se réduisait dans toute sa simplicité à rester à l'ancre. Il était tellement subjectif qu'il causa une passivité déconcertante chez de braves marins. Villeneuve regarda l'anéantissement de ses compagnons d'armes. Il maintint son poste; rien à répondre à cela! Je suis à ma place! Les armées de terre ont souvent entendu ce glas funèbre. Nelson au contraire a un plan : prendre une partie de la flotte ennemie entre deux feux, les buts sont répartis et judicieusement indiqués. L'objectivité de la conception amène une exécution hardie et agissante. Les bâtiments anglais choisissent leur poste (angle mort) d'où ils tirent en employant tous les canons possibles. Et ils se viennent en aide mutuellement. Ils devaient être deux contre un; ils se trouvent trois et quatre à certains moments. Ceux-là n'ont certes pas gardé leur place, ils ont été assez judicieusement indisciplinés pour atteindre le but fixé. Nelson voulant se battre, voulant détruire l'ennemi, avait un plan, avait fixé les buts. Il a été victorieux d'un adversaire sans plan, sans but, ...d'un adversaire passif.

Et si nous passons à Trafalgar, c'est l'éclair au milieu de la nuit. Le plan de Villeneuve consiste d'abord à éviter la rencontre, puis il s'y résigne, son mémorandum ne contient pas à proprement parler de plan d'action. Il n'indique que des parades et, s'il rappelle que chacun doit être au feu, c'est probablement une réminiscence d'Aboukir ! Naturellement le but n'est pas indiqué comme par Nelson; dire que si l'ennemi fait telle chose on agira de telle manière est une conception passive, et tous les subordonnés se conforment au seul devoir de garder un poste.

Mais, du côté opposé, on trouve, avec la volonté de se battre et de vaincre, un plan d'attaque : une masse sur une partie de la ligne ennemie, l'autre prête à parer à une manœuvre, prête à coopérer aussi à l'action. Au moment précis de l'engagement, la situation était changée (comme à Tsushima), le plan subsistait et les buts également quoique modifiés. Et alors les Anglais ont attaqué. L'action offensive, la seule action, est produite par la méthode objective. Certes, si une belle ordonnance devait donner la victoire, elle n'eût pas appartenu aux Anglais. L'escadre franco-espagnole n'était que légèrement en désordre, quelques bateaux avaient perdu leurs distances ou étaient sortis de la ligne, mais les Anglais qui sont allés au plus pressé se sont trouvés encore plus irrégulièrement disposés, en pelotons; ils auraient dû être battus. Ils ont été vainqueurs parce qu'ils avaient plan et but.

Un but et un plan sont aussi nécessaires sur mer que sur terre.

Combat de front. Attaque décisive. — Dans l'étude du combat naval on retrouve assez facilement les deux parties du combat sur terre : le combat général sur tout le front et l'attaque décisive, l'événement sur un point. Il faut pourtant se garder d'une adaptation trop exacte, car le raisonnement serait faussé.

Le combat de front, à terre, a pour but de fixer l'ennemi par la menace du choc pour l'immobiliser, l'empêcher de parer le coup qu'on lui porte sur un point au moyen de l'attaque principale. Sur mer, l'immobilisation même ne peut exister, puisque le combat a lieu en marche et en vitesse. Interprétons donc.

Le résultat recherché par le combat de front sera obtenu sur mer si une partie des forces adverses reste forcément ou inactive ou éloignée du combat au moment voulu, ou bien encore si elle se trouve elle-même engagée dans un combat équilibré, sans pouvoir intervenir à l'endroit de la crise. C'est ce qui s'est produit à Aboukir où l'avant-garde française est restée inactive; à Trafalgar, où la moitié seulement des vaisseaux français et espagnols ont réellement combattu. A Tsushima, les cuirassés de queue de la colonne russe se sont trouvés, dès le début, hors de portée efficace par suite de la manœuvre en tête des Japonais. Sans avoir été immobilisés réellement, ils sont bien restés presque *inutiles*. D'autre part tous les bâtiments russes ont été *engagés* par l'ennemi, suivant l'expression de l'auteur de l'étude précédente.

Que l'ennemi soit privé de la libre disposition d'une partie de ses armes par une attaque de front sur terre, ou par des dispositions, des manœuvres, un combat particulier, sur mer, le fait reste commun : « Engager l'ennemi partout ». Et sur un point : l'événement.

Dans une étude précédente déjà citée « Tsushima », on a montré que l'issue du combat dépendait du succès sur un point. Il y a pourtant une différence essentielle sur mer.

Alors que le combat peut, à terre, durer des heures, des journées même, il n'en est pas de même dans les combats navals. Ici les munitions sont mesurées et il n'y a pas de réapprovisionnement à espérer; les bâtiments sont des espaces limités dont la garnison n'est susceptible que d'une « certaine quantité de terreur » et cette quantité est vite atteinte sous les coups des énormes charges des projectiles et des torpilles. Les bâtiments se détruisent. Le combat ne peut durer longtemps, et c'est, peut-on dire, immédiatement après les premiers coups que se produit l'action de violence et de force qui décide du succès sur le point critique (il n'est ici question que des batailles livrées avec la volonté de vaincre). Cela implique l'idée de donner des craintes partout à l'ennemi, avant même de combattre et, sans lui laisser le temps de se ressaisir, de frapper le coup principal sur un point.

Les éléments du succès de l'attaque à terre, dans toutes batailles décisives, sont toujours « la surprise, la vitesse, la masse et l'énergie ». Ces conditions sont réalisées par la manœuvre et grâce à l'utilisation du terrain. On chemine à l'abri pour s'élancer, par surprise, sur la position à enlever. Sur mer, la manœuvre est la seule ressource, le facteur vitesse y prend donc une importance capitale. On aura bien des fumées, peut-être de la brume, on n'aura pas le temps de tâter l'ennemi et c'est, du reste, inutile, car on voit généralement tout. C'est la rapidité d'exécution des concentrations tactiques qui primera pour mettre en œuvre l'énergie d'une masse et produire la violence.

Quoi qu'on fasse, aussi bien sur un élément que sur l'autre, on aura toujours, dans chaque combat, déterminant le succès, le phénomène de « l'événement. » Étudiez Austerlitz, Saint-Privat, Denain, Jemmapes..... Tsushima, Aboukir, Trafalgar, Lissa, etc...

Une vérité s'impose, dominant tous les procédés tactiques souvent confondus avec la tactique même : obtenir le paroxysme du choc qui ne peut se concevoir sans l'idée du nombre qui donne la force. Les formations ne sont que les moyens d'ordre secondaire pour l'obtenir.

Du mémorandum. Des ordres. — Le nombre n'est obtenu sur un point que par la coordination des efforts, et il est nécessaire que les actions soient orientées sur le point, position ou groupe tactique donné comme but, à terre, à certaines unités. Sur mer, ce but est toujours un point de la formation ennemie parce qu'elle est mobile.

A terre, les ordres peuvent être donnés au moment même de l'exécution (ou relativement peu de temps avant : heure, journée généralement), sur mer, jusqu'à présent, la lenteur des transmissions d'ordres et la rapidité relative des mouvements (situation inverse comparativement à la bataille à terre) a fait donner à ces ordres la forme d'un mémorandum. Ceux de Nelson et de Villeneuve sont caractéristiques. C'est d'une pratique courante en marine et dans tous nous retrouvons la même forme.

Ils comportent tous la même idée générale : si l'ennemi fait telle chose..... on agira de telle manière, et tous, sans exception, ont oublié la situation particulière produite par la manœuvre concrète de l'ennemi rencontré. C'est fatal ! A la guerre comme aux manœuvres navales, ce mémorandum est donné plusieurs jours à l'avance.

Aussi le mémorandum de Nelson s'est trouvé périmé, Collingwood par son initiative a remédié à l'imprévu. Soit. Mais du côté franco-espagnol on n'a pas su se conformer aux besoins de la rencontre.

A Tsushima également la situation s'était modifiée lorsque Togo, après avoir donné ses ordres, s'est lancé à l'attaque. Il ne s'en trouve pas un qui n'ait été périmé au moment d'agir.

On peut prévoir dans un avenir prochain que l'emploi de la téléphonie sans fil permettra à l'amiral en chef de supprimer cet encombrant papier pour y substituer des *ordres* donnés au moment même de l'engagement. Ils pourront peut-être se rapprocher de la formule suivante : Intentions...

Telle division, escadre, groupe, exécutera tel mouvement contre telle partie de l'ennemi... etc...

Et c'est d'autant plus nécessaire que l'augmentation des armées navales rendra difficile pour le chef la reconnaissance à la vue des dispositions ennemies. Il aura peu de temps pour se décider et donner des ordres. Ce sera parfait s'il est orienté à l'avance par ses éclaireurs ou ses organes de reconnaissance.

Les ordres d'engagement sur mer ressembleront aux ordres d'attaque ou d'engagement à terre en ce qu'ils indiqueront un plan et fixeront le but. En cours de bataille il faudra naturellement s'en rapporter à l'initiative des amiraux et des chefs en sous-ordre, mais il sera encore opportun et nécessaire de donner de nouveaux ordres pour faire face aux situations successives.

Et il y aura là également parallèle complet entre les deux batailles navale et terrestre.

La manœuvre a pour but, par le nombre, d'obtenir l'action de force qui donne le paroxysme du choc.

Les moyens qui, à terre, permettent de réaliser cette condition sont d'après Maillard, l'enveloppement et la masse.

L'enveloppement de forces mobiles comme des escadres est à première vue différent de l'enveloppement à terre, et à s'en tenir au seul examen de forme, on pourrait sur mer ne pas apercevoir la similitude. Pourtant, le but de l'enveloppement est de faire converger sur une masse centrale les efforts tactiques, le choc et le feu. Ces éléments se retrouvent sur mer. La position dominante, recherchée dans la lutte de canonnerie, n'est pas autre chose que l'enveloppement d'une partie de la ligne ennemie pour faire converger le feu plus dense de la ligne enveloppante. C'est le fait de Tsushima, où la tête de colonne russe a été enveloppée. C'est le combat du Yalu tout entier. Ce sont les actions partielles d'Aboukir et de Trafalgar.

L'action de masse se retrouve en détail à Aboukir, dans la concentration des feux, recherchée en principe deux à un. Elle est évidente à Trafalgar, où deux masses tombent sur deux points (qui relativement deviennent points faibles) d'une ligne. Elle est assez nette également à Tsushima où il y a action relative de masse par suite de l'emploi de douze cuirassés japonais contre huit ou neuf cuirassés russes réellement engagés.

Il est donc naturel de comparer l'enveloppement et la masse des attaques de Saint-Privat, du plateau de Pratzen... aux chocs de Trafalgar, aux épisodes d'Aboukir, à la canonnade de Tsushima. Masse et enveloppement sont les deux termes de la formule de l'action de force qui préside sur terre à l'attaque décisive et fait fléchir la volonté adverse. Et il y a également attaque décisive et fléchissement de la volonté adverse sur mer.

Le combat à longue distance des forces navales actuelles semble ne pas pouvoir être envisagé dans cette hypothèse de l'action par la masse et l'enveloppement. Les auteurs qui ont traité cette question ont généralement tout ramené à l'étude du combat de canonnerie, et ils ont pensé, dans ce combat livré à plusieurs milliers de mètres, réaliser la masse, le nombre, par la seule concentration des feux. C'est un des moyens qui permettent de l'obtenir.

A Trafalgar, les Anglais ont manœuvré conformément au principe de la masse; ils ont produit l'action de force par le choc, par le feu et par la concentration de bâtiments. Il y a même lieu de noter l'habileté particulière de leur mode de combat puisque, comme le fait si bien remarquer Baudry, ils ont pu, bâtiment à bâtiment, tirer à plein, à triples boulets en évitant presque les coups de l'ennemi. Et, fait encore plus important, leurs méthodes de tir les ont amenés à viser surtout à l'équipage, à l'homme, donc au moral plutôt qu'au matériel. Depuis de longues années, en effet, tandis que les Français tiraient à démâter puis recherchaient l'abordage (tactique instinctive finale résultant du mauvais rendement de leur tir), les Anglais tiraient à plein. Et alors les tirs en enfilade dans les batteries, à Trafalgar et à Aboukir, expliquent bien des choses. Bâtiments plus vite démunis, équipages plus rapidement démoralisés.

La portée et la vitesse de tir des canons actuels interdisent, ou semblent interdire, en tout cas rendent peu probable, l'emploi de pareils procédés. La lutte par le feu a pris le caractère de la concentration à distance. Elle conduit malheureusement au combat de flanc pour utiliser le maximum de pièces. Et toute manœuvre changeant la distance ou le gîte des bâtiments cause un arrêt dans le feu, contraire à l'idée de concentration et à la rapidité du tir qui est un des éléments de la masse. Il en résulte qu'une négation abominable prend corps dans les cerveaux, c'est qu'on ne pourra plus se rapprocher et que le combat décisif à courte distance n'est plus envisagé comme probable, qu'on s'y prépare moins, matériellement et moralement, au grand bénéfice de toutes les causes de défaillance et au détriment des suggestions énergitiques indispensables pour obtenir la suprématie morale, gage de la victoire.

A terre, il est certain qu'on ne peut rien obtenir sans aller jusqu'au combat à la baïonnette pour trancher définitivement la question. Il en a été de même sur mer jusqu'à l'invention des canons actuels, toutes proportions gardées, car c'est bien ainsi qu'il faut entendre non seulement l'ancien abordage, corps à corps de bateaux, corps à corps d'équipages, mais aussi des manœuvres comme celles de Trafalgar et de Lissa. Il semble que la puissance des torpilles et des projectiles permettra une violence équivalente à petites distances. Et rien ne peut empêcher, si on le veut, que ces distances soient plus faibles qu'à Tsushima.

Il se pourra, d'ailleurs, que le feu de certains bâtiments aide l'approche des autres.

Quoi qu'il en soit, les bâtiments sont construits pour mieux résister à l'action des projectiles aériens et sous-marins. Il nous semble que la manœuvre basée sur l'artillerie seule devient bien difficile. Elle repose presque entièrement sur la prépondérance de position. Qui peut affirmer qu'on l'aura et qu'on la gardera?

Considérations sur la tactique de liaison. — La forme tactique des combats à terre a évolué.

Nous avons connu une tactique géométrique unilatérale où le comble de l'art consistait à prendre l'ennemi dans un engrenage de savantes dispositions. Cette tactique était un vestige de l'école frédéricienne. Le respect de la forme rendait les chefs et les troupes inaptes à la manœuvre et les faisait battre régulièrement par des troupes moins savantes, mais plus guerrières. Éclipsée pendant les guerres de la Révolution et de l'Empire, elle vit renaître sa faveur avec la diminution de l'aptitude guerrière des chefs vieillis et fatigués, dont elle est toujours l'apanage, et l'inexpérience des jeunes troupes pour lesquelles elle est inapplicable et que, par une contradiction curieuse, on cherche toujours à leur imposer, par crainte de ne pas les tenir assez bien en main.

Les progrès de l'armement l'ont fait abandonner, et il est probable qu'on paierait cher sur le champ de bataille un retour aux mouvements compassés d'autrefois, exécutés sans précautions spéciales. On peut les considérer comme définitivement abandonnés. L'exemple des Russes et des Japonais est à ce point de vue très caractéristique. Mais l'esprit géométrique, avec ses conceptions séduisantes de simplicité et à la portée de tous les cerveaux, a poussé de profondes racines. Il ne serait pas exagéré de dire que certains militaires ont peine, encore actuellement, à s'imaginer qu'on puisse attaquer ou défendre certaines positions autrement qu'en exécutant quelques mouvements bien déterminés. Exemple : les attaques et les défenses de défilés, le combat de bataillon du règlement de 1894...

Cette école tactique avait cédé la place à une autre dont les conceptions étaient plus élevées. Laissant au second plan les questions de formations, elle avait posé des principes basés sur le sentiment du combat véritable. Celui-ci est une action bilatérale et non pas l'exécution de deux épures indépendantes. Deux principes étaient mis au premier plan : *tâter* l'ennemi (reconnaissance, engagements des avant-gardes, combat de front, fixation de l'adversaire, etc...); *frapper* l'ennemi (attaque véritable et assaut).

La tactique avait fait un pas en avant. Au lieu de rechercher subjectivement une formation, on s'efforçait d'agir objectivement par des moyens appropriés.

Un nouveau progrès a été obtenu.

Les difficultés d'exécution résultant des perfectionnements de l'armement ont obligé à recourir à des procédés éprouvés et oubliés depuis les guerres de la Révolution et de l'Empire. Embrionnaires lors de cette période d'application, ces procédés se développent et se généralisent. Les formations de manœuvre restent d'ordre secondaire, les procédés tactiques de l'époque précédente conservent toute leur valeur, et ce sont ceux que les études de Maillard avaient révélés; mais il y a en plus le sentiment de la « liaison des armes » qui, par la coordination des efforts, produit l'action de force. C'est cette liaison qui permet de réaliser l'offensive, grâce au perfectionnement des armes, alors que certains s'imaginent que ce perfectionnement même la rend impossible.

Où en est-on dans la marine?

L'influence dominante du matériel y a maintenu la forme géométrique de la tactique. Sans vouloir discuter les différentes formations préconisées en ces dernières années par des chefs connus, on peut penser que cette forme est peu modifiable. Pourtant un courant d'idées s'est fait jour. On est revenu au principe immuable de la guerre : la coordination des efforts pour faire la masse, pour faire le nombre, comme dit l'auteur de l'étude ci-jointe. Et ces idées ont pris une forme concrète : la « concentration du feu ».

Aux yeux du public, l'armée seule a une doctrine de guerre. Dans la marine on paraît souffrir de vingt-cinq années de discussions scolastiques, de l'idée subjective de la défensive, qui annihilait l'action et l'effort, de trente-six théories différentes sur les opérations navales. Il suffit d'en citer quelques-unes pour faire saisir la confusion.

Ainsi, l'adoption des torpilleurs a fait décrier les cuirassés, armes d'offensive, et qu'on croyait condamnés; on a préféré les infiniment petits qu'on espérait payer moins cher! Les torpilleurs ont grossi peu à peu, leur rôle s'est agrandi. On a eu le règne des torpilleurs et dans ce règne même une éclipse, on ne pensait pouvoir les utiliser que pendant la nuit.

Puis ç'a été la théorie des garde-côtes. On a ensuite sauté à l'idée des croiseurs-corsaires qui ne devaient se battre que..... contre les bateaux de commerce. Et on revenait doucement à plus de raison, les cuirassés reprenaient faveur lorsque les sous-marins, puis les plus grands submersibles ont paru. Nouvelle éclosion d'idées originales : on a espéré dominer la mer en restant dessous.

Et il a fallu que la campagne de 1894, celle de Cuba, celle de Mandchourie, montrent à tous qu'on ne fait pas la guerre avec un seul modèle d'armes, mais qu'elles ont toutes une valeur relative et qu'il faut déterminer leur proportion d'après les idées du combat offensif.

Un bon vent semble régner, les idées d'offensive se font jour, c'est le vent de la jeune école. De même que l'École supérieure de guerre a répandu ces idées par les travaux de ses maîtres, elles pourront gagner l'opinion dans la flotte et dans le pays, au point de vue naval, grâce à l'École supérieure de la marine. Il faut avant tout une doctrine de combat.

Peut-être faudra-t-il, comme à terre, parcourir une troisième étape dans la voie du progrès et compléter l'idée tactique de la « concentration du feu » par celle de l' « union des armes », grands bâtiments, torpilleurs et sous-marins.

Ce qu'il faut qu'on sache, c'est qu'on ne sera pas vainqueurs, parce qu'on aura des cuirassés, ou des torpilleurs, ou des sous-marins, mais parce qu'on se battra avec une bonne méthode, parce qu'on brisera la résistance de l'ennemi sur certains points rendus relativement faibles. La force relative s'obtient par la concentration des moyens; c'est ce qu'on appelle, à terre, l'union des armes.

Nous n'appartenons pas à la marine, mais il nous semble que la tactique y est incomplète. De même qu'à terre on voit aux manœuvres ce qu'on a vu en campagne (1904-1905 au début), des actions séparées, de l'artillerie, puis de l'infanterie (ancienne tactique à forme géométrique de l'armée de terre), on voit aux manœuvres navales, et on a vu à Tsushima, des actions séparées des porte-canons et des porte-torpilles. Nous crions que c'est une erreur.

La violence obtenue par la concentration des feux de l'artillerie ne paraît qu'une demi-violence lorsqu'on songe à ce qu'elle deviendrait si les torpilleurs agissaient en même temps.

Dans une étude précédente sur « Tsushima », on a exprimé l'idée que le torpilleur devait et pouvait agir en plein jour, protégé par sa vitesse, par le nombre et par le feu de ses porte-canons. Il viendra un jour où un grand chef, sur mer, à égalité de forces, saura diriger sur un point de l'armée adverse une concentration de moyens en faisant agir simultanément ses porte-canons par concentration de feu, avec ses lance-torpilles. Ce chef aura la victoire.

On étudie, dans le chapitre suivant, le rôle éventuel des porte-torpilles sous-marins.

IV

LE SOUS-MARIN DANS LA BATAILLE

Il n'a paru aucun sous-marin sur le champ de bataille de Tsushima. En basant une étude sur les *opérations réelles* qui s'y déroulèrent, cette bataille permet pourtant de faire certaines hypothèses d'emploi de ces bâtiments. On peut ainsi préjuger, de ce qu'ils auraient pu donner en 1905, une partie de leur action future.

Quelques problèmes tactiques concrets vont être ainsi envisagés. Les bases seront les suivantes (1) :

---

(1) Se reporter à une étude précédente : « Tsoushima », *Revue Militaire générale*, 1908 (juin, juillet, août, septembre, octobre).

Par hypothèse, chaque flotte possède une division de quelques sous-marins commandée par un chef embarqué à bord d'un contre-torpilleur rapide.

Ces bâtiments sont munis d'appareils de téléphonie sans fil, aériens et sous-marins, leur permettant de recevoir des ordres, d'écouter en plongée et de communiquer entre eux.

La vitesse des sous-marins est de 12 nœuds en surface, 8 en plongée (on a pris ces vitesses en raison de la faible vitesse relative des escadres de 1905);

Temps minimum de plongée, trois minutes;

Approvisionnement à cinq torpilles;

Portée efficace des torpilles, 600 mètres (on reste dans les conditions de 1905).

En tenant compte des perfectionnements qui seront apportés, dans l'avenir, à ces bâtiments, on aura une idée suffisante de leur rôle dans la bataille.

PREMIÈRE PÉRIODE

PREMIÈRE HYPOTHÈSE (*croquis 2 et 3*) (1)

RUSSES

A 9ʰ 15 (2). — La division des sous-marins marche avec l'escadre russe, en surface, son chef à bâbord du *Nicolas*. Elle reçoit l'ordre d'attaquer la division ennemie en vue, au nord 15° est.

A ce moment, l'escadre russe marchait à 8 nœuds, direction nord 60° est; les Japonais à 12 nœuds (vitesse probable du *Hasidate*) avec une direction nord-sud. Distance approximative, 18 à 20 milles avec brume à l'horizon.

La division part à 12 nœuds en se rabattant au nord 10° est. Laissant ses sous-marins le suivre à distance, le divisionnaire part en reconnaissance à la vitesse de 25 nœuds.

Il faut qu'il *poste* ses sous-marins sur le passage de l'ennemi.

Vers 9ʰ 30 il a pris une avance de 4 milles sur eux et se trouve à 10 milles de l'ennemi. Ils sont *vus*. Il constate que la division

---

(1) Se reporter à l'étude : « Tsoushima », *Revue Militaire générale*, 1908 (juin. juillet août, septembre, octobre).

(2) Heure de l'envoi des ordres de l'amiral Rodjestwinsky.

japonaise vient droit sur lui, précédée par les contre-torpilleurs que soutient le *Chiyoda* (distance approximative : 8 milles).

Il va donc être obligé de se replier sous la protection de l'escadre. Il dispose de dix minutes pour transmettre ses ordres aux sous-marins qui seront dix minutes plus tard sous le feu des contre-torpilleurs japonais et à 7 milles de l'escadre russe, donc isolés.

(Dans cette étude il a été admis, chose encore irréalisable, que les sous-marins pouvaient agir simultanément en plongée sans crainte de collision, grâce à un appareil qui leur permettra d'entendre, sous l'eau, l'approche d'un autre bâtiment.)

Supposons que le divisionnaire ait donné à ses sous-marins l'ordre d'attaquer chacun le bâtiment correspondant à leur numéro dans la ligne de file, en se formant en ligne de relèvement, la droite en avant.

Ils ont donc *plongé vers 9ʰ 45* à 6 milles nord 15° est de leur point de départ; la division ennemie était à ce moment à la même distance d'eux (si elle avait continué tout droit), ses torpilleurs à 1 ou 2 milles; le *Nicolas* se trouve alors à environ *5 milles au sud-ouest* et la queue de la colonne russe à 1 mille au delà du point de départ.

On admettra que les Japonais, bien qu'avertis de la présence des sous-marins, ne changent rien à leur manœuvre. A 10 heures, le *Nicolas* aura encore parcouru 2 milles et la division japonaise se trouvera, par rapport à lui, à bâbord, à 9.000 mètres au nord-nord-ouest (croquis 3, Tsushima). C'est la position réelle de la bataille.

C'était donc en réalité *au moment où l'ordre d'exécution était reçu par les sous-marins* que la division ennemie eût commencé à venir sur bâbord pour décrire la courbe qui l'a conduite à sa position de 10 heures.

L'ordre n'était pas exécutable.

Et on remarquera qu'il n'a pas été tenu compte de l'état d'une mer difficile, qu'on a donné aux sous-marins une vitesse relativement forte et une position initiale favorable.

En supposant que les torpilleurs japonais n'entravent pas leur action, les sous-marins ne peuvent faire mieux, car, en gagnant quelques milles en surface, ils viennent plus certainement en vue des Japonais, et alors, obligés de plonger, ils manquent l'ennemi qui, en trois minutes (leur plongée), parcourt 1 mille (la longueur de sa ligne) et a tout le temps nécessaire pour changer de route.

Les sous-marins n'étaient pas utilisables.

La division Dewa arrive.

On peut supposer que le divisionnaire n'a pas été chassé par les contre-torpilleurs japonais. Il prend l'initiative d'attaquer cette division lorsqu'il remarque la manœuvre de Kataoka et l'impossibilité de l'atteindre. Il est 9ʰ 40, les sous-marins n'ont pas encore commencé à plonger.

Dewa passe derrière les Russes en venant d'une manière continue sur tribord.

Le chef de la division des sous-marins ne peut se rendre compte des intentions ni du chemin de la division japonaise. Il lui est *impossible de poster* ses bâtiments. Ceux-ci, obligés de rester en surface, ou d'y revenir pour aller assez vite prendre poste, sont *visibles* et Dewa peut changer sa route. Ou bien ils plongent en restant reliés avec leur chef par leur périscope et se contentant de signaux optiques. Celui-ci serait sous le feu. *Rien à faire.* Ils ont perdu 5 nœuds de vitesse et à moins qu'un hasard n'amène Dewa à moins de 1.000 mètres d'eux, ils ne peuvent lancer leurs torpilles. Quant à approcher en surface l'ennemi intact, maître de tous ses moyens et de ses coups, il n'y faut pas compter.

DEUXIÈME HYPOTHÈSE (*croquis 2, 3*)

JAPONAIS

Tentatives contre des bâtiments russes
pendant la reconnaissance

9 heures. — La division des sous-marins marche en ligne de file avec la division Kataoka (à bâbord), son divisionnaire à hauteur du *Matsoushima*. Il reçoit l'ordre d'attaquer l'escadre ennemie en vue au sud.

La situation est bien plus favorable pour les sous-marins. L'hypothèse leur donne une supériorité de vitesse de 4 nœuds sur les Russes ! Cela pourra se produire, les escadres marcheront parfois à une vitesse réduite.

Comme précédemment, pour déterminer le *poste* de ses bateaux, le divisionnaire part à l'allure admise (25 nœuds) pour *reconnaître* la formation, la route, la vitesse de l'ennemi. Supposons au mieux de ses intérêts qu'il a pris une direction est-sud-est favorable.

Il va pouvoir, vers 9ʰ 15, reconnaître la direction des Russes, donner vers 9ʰ 25 à ses sous-marins une direction de marche et des objectifs individuels (les quatre bâtiments de tête par exemple) et ceux-ci seront, vers 11 heures, postés en plongée sur la route des Russes.

Voici donc un cas anormal, où des sous-marins, momentanément supérieurs en vitesse aux grands bâtiments, et avec des adversaires qui feraient exactement ce qu'ont fait les Russes (c'est bien invraisemblable), auraient des chances de réussir.

Mais... il faut alors admettre qu'ils auront pu naviguer en surface pour aller se poster, passer à quelques milles sans avoir été vus de l'ennemi, que les contre-torpilleurs russes n'auront pas donné chasse, que l'escadre ennemie n'aura pas modifié sa route.

Un sous-marin isolé ne réussirait pas mieux, car, obligé de s'avancer pour reconnaître lui-même la direction de marche de l'ennemi, il se montrerait. Pendant sa marche en surface pour aller prendre poste (car la difficulté réside dans ce fait *qu'il faut aller se poster*), il serait chassé par les contre-torpilleurs. Il plongerait alors prématurément et serait condamné à l'échec par sa perte de vitesse. S'il veut revenir en surface pour rattraper le temps perdu, c'est la mitraille.

Le *succès* d'une pareille tentative dans des conditions très favorables reste aléatoire et *improbable*.

DEUXIÈME PÉRIODE
COMBAT DES GROS DES ESCADRES

TROISIÈME HYPOTHÈSE (*croquis 4*)
RUSSES

Attaque des divisions de Togo sur leur ligne de marche

1ʰ 50. — La division des sous-marins est à bâbord de l'*Ossliabia*, vitesse 8 nœuds. Elle reçoit l'ordre : attaquer la division ennemie visible au nord-nord-est (Togo).

Celle-ci se dirige au sud-ouest à la vitesse probable de 12 nœuds ; distance, environ 10 milles.

Pour prendre poste, les sous-marins devaient partir vers le nord-ouest et se trouver vers 2ʰ 5 échelonnés sur le prolongement de la ligne de marche de l'amiral Togo à 2 ou 3 milles de la ligne russe, prêts à plonger.

A 2ʰ 5, les Japonais, c'est la bataille, tournent à l'est, à 7 ou 8 milles. Ils ont pourtant la même vitesse que les sous-marins, il n'y a *rien à faire* contre eux.

Admettons que les sous-marins ont marché droit au nord. A 2ʰ 5, lorsque les Japonais virent de bord, la distance est réduite à 4 milles (1). La ligne des cuirassés mesure environ 7.500 mètres (en supposant 1.000 mètres entre les divisions Togo et Kamimoura). Les sous-marins atteindraient difficilement la queue de la colonne s'ils restaient en surface. Comme ils sont obligés de plonger à distance et de naviguer ensuite à 8 nœuds, ils ne peuvent réussir.

L'ordre était inexécutable.

Il ne le sera pas toujours, car il faut pour cela que la direction de l'ennemi soit modifiée entre le moment où elle a été relevée et l'instant où le sous-marin est arrivé à portée de lancement.

QUATRIÈME HYPOTHÈSE (*croquis 4, 5, 6, 7, 8*)

RUSSES

Tentatives d'attaque contre les divisions cuirassées japonaises pendant la lutte décisive de 2 à 3ʰ 30

La situation devient plus favorable aux entreprises des sous-marins. Pendant les premières manœuvres des cuirassés, les sous-marins pourraient à la rigueur recevoir encore des ordres, quoique ce soit déjà bien aléatoire. On supposera qu'ils agissent de leur propre initiative.

a) *Un sous-marin isolé* se trouve à tribord du *Souvarof ;* il est 2ʰ 15. Ayant observé les mouvements des Japonais il part vers le nord, parcourt 1 ou 2 milles en surface, puis continue en

____

(1) 12 nœuds des sous-marins + 12 nœuds des cuirassés = 24 milles = 6 milles en quinze minutes.

plongée (1). Il arrive en vingt minutes environ à portée de lancement. On admettra qu'il a pu être canonné sans dommages. La ligne japonaise, qui mesure 4 milles et qui marche à 12 nœuds, s'est déplacée en vingt minutes de 4 milles alors qu'il en parcourait 3. Il arriverait trop tard.

b) *Le même sous-marin isolé* observe que la ligne japonaise vient sur tribord. Il quitte le *Souvarof* et part à l'est. Si les Japonais ne modifient pas leur route, l'opération devient possible. Parcourant la corde de l'arc qu'ils décrivent *il peut aller prendre poste* pour les surveiller à l'aide du périscope. Alors... c'est l'effet matériel possible de la torpille. S'il a été vu et si l'ennemi veut l'éviter il faut que cet ennemi change sa route mais alors c'est l'abandon de la concentration de feu commencée; l'effet moral est considérable. Les grands bâtiments, les porte-canons peuvent en profiter.

Ceci est vrai si le sous-marin peut, en surface, aller aussi vite que les bâtiments ennemis (c'est l'hypothèse). C'est improbable dans l'avenir. Cela reste possible suivant la position occupée par le sous-marin au cours du combat par rapport aux forces combattantes.

c) *Le sous-marin isolé* est toujours au même poste. Il est 3 heures, la distance de combat varie entre 4.000 et 5.000 mètres. A ce moment commencent les manœuvres des Russes pour échapper au nord, au sud, à l'est, à l'ouest. La bataille évolue avec des allées et venues continuelles dues aux parades japonaises.

Il est aisé d'imaginer, puisque la bataille évolue sur place, toute une série de manœuvres du sous-marin à l'aide de son périscope, qui lui fourniraient l'occasion de torpiller quelque bâtiment ou tout au moins de lancer. Ce sont des *hypothèses réalisables.*

Il est évident que le sous-marin pourrait agir.

Quels risques court-il?

Une collision qui peut être mortelle, mais contre laquelle il est en garde et que son périscope lui permet d'éviter en partie.

La canonnade? Le submersible de demain aura un déplace-

---

(1) 2 milles à 12 nœuds = 10 minutes + plongée 3 minutes + 1 mille en plongée à 8 minutes = 21 minutes.

ment de 500 à 800 tonnes; ses dimensions atteindront 60 à 70 mètres de long sur 4 à 5 mètres de large avec un coefficient de flottabilité de 25 à 30 %. En surface, ce sera un but à peine visible au milieu du clapotis. Si l'on tient compte en outre de l'indécision sur la distance, de l'écart probable des coups, on voit qu'il faudrait un nombre considérable de coups pour le toucher (on est en pleine bataille); pour le couler il faudrait plusieurs coups, mais l'important est de le toucher pour l'empêcher de replonger.

Il n'aura pas grand'chose à craindre s'il plonge seulement à 2 milles, et il faut prévoir l'augmentation de portée des torpilles.

Aussi, comme pour les torpilleurs, avec le faible risque de perte couru par ces petits bateaux, il faut utiliser la possibilité de les employer sur le champ de bataille où ils ont une *puissante action morale.*

Qu'on fasse la balance, elle sera toujours en faveur de leur action au milieu du combat parce que leur action morale augmente la dépression de l'adversaire. Et cela les rend encore moins vulnérables et plus dangereux.

d) *Une flottille de sous-marins* marche avec l'escadre russe. La composition hypothétique admise oblige à certaines remarques.

Le divisionnaire vulnérable est obligé de se tenir à distance des petits canons à tir rapide de l'ennemi. Il n'est pas exagéré d'estimer cette distance, suivant les circonstances du combat, de 2.500 à 4.000 mètres. Son rôle consiste surtout à diriger le combat de ses sous-marins, jusqu'au moment où l'action est combinée, où l'on passe à l'attaque à fond et, où, risquant tout, il pourrait essayer d'ajouter son action à celle de ses petits bâtiments.

Il faudrait donc, pour que le chef puisse continuer à diriger, et que telle organisation soit utilisable, que les sous-marins puissent, par leur périscope, observer les signaux transmis à 2.000 mètres au moins ou recevoir des ordres téléphoniques.. C'est affaire technique. Cela semble aléatoire.

Dans la première hypothèse (*a*) envisagée pour le sous-marin isolé, il est bien évident qu'une flottille ne peut faire mieux. La question temps prime toute autre condition.

Dans la seconde (*b*) l'opération est possible pour la flottille qui peut opérer de la même manière que dans la première période de la bataille pour l'attaque de la division Kataoka. Chaque sous-marin attaquera un bateau différent.

Le jour où la direction de lancement de la torpille sera indépendante de celle du torpilleur, on pourra faire de la concentration et chercher à couler immédiatement.

Dans la troisième hypothèse (*c*), le divisionnaire pourra se porter plus à proximité de l'ennemi que ses sous-marins immergés et leur signaler les postes à occuper après avoir reconnu la direction et la vitesse de l'ennemi, et aussi d'après les indications qu'il pourra tirer des ordres donnés par les chefs des groupes tactiques (divisions ou escadres) de son parti.

Les dépêches envoyées de Manille par les Russes montrent assez quel puissant effet moral produira la découverte d'un périscope dans les eaux des bâtiments pour motiver, *si possible, l'emploi dans la bataille même des sous-marins* (1).

Leur efficacité matérielle est soumise à toutes les causes qui rendent aléatoire l'emploi de la torpille, mais ils pensent s'approcher de plus près pour lancer. Ils sont à peu près invulnérables (actuellement, l'avenir fournira un antidote) et l'impossibilité de parer leurs coups grossit leur effet moral. Souvent les bâtiments et les divisions modifieront leur route sur le simple soupçon de leur présence... Or, mettre l'ennemi dans l'obligation de modifier ses projets, c'est *imposer sa volonté ;* c'est l'ébauche de la supériorité morale. L'avantage de l'emploi du sous-marin en plein combat est indiscutable. Il est possible, sous quelques réserves, si l'on s'y prépare et si l'on veut être manœuvrier.

La vitesse des Russes a été si faible à Tsushima qu'on ne peut pas sans invraisemblance étudier sur les mêmes bases l'emploi de sous-marins par les Japonais au cours de la bataille.

----

(1) Voir *Tsoushima,* dépêches de l'amiral Enquist.

TROISIÈME PÉRIODE
RETRAITE ET POURSUITE

CINQUIÈME HYPOTHÈSE (*croquis 11*)

Arrêt de la poursuite par les Russes

Vers 6 heures du soir, la division des sous-marins marche à tribord du *Nicolas*. Elle reçoit l'ordre d'arrêter la division ennemie en vue au sud.

Le divisionnaire laisse les sous-marins continuer leur route avec l'escadre et part en reconnaissance vers le sud. Il revient donner ses ordres vers 6ʰ 15.

La tâche est facile. La division Togo (1) marche droit devant elle, elle rattrape, aucune manœuvre n'est nécessaire. Il est aisé de faire prendre aux sous-marins la formation et le poste qu'on désire. Ce sera l'histoire de toute poursuite.

Il est évident que les sous-marins auraient là l'occasion la plus favorable d'agir, grâce à la facilité d'observation de l'ennemi. Mais avec leur faible vitesse et leur rayon d'action ils sont irrémédiablement perdus pour l'escadre si la bataille a eu lieu en pleine mer ou loin des côtes amies (Tsushima pour les Russes). Il faudra un rayon d'action suffisant.

Leur emploi est tout indiqué si l'on a l'intention de renouveler l'attaque après une remise en ordre.

Les *sous-marins sont donc*, sous certaines conditions d'éloignement des côtes, *utilisables pendant la retraite*.

Pendant la poursuite, leur vitesse est trop faible. Lorsque la nuit arrive, ils sont moins rapides en surface que les torpilleurs et aveugles en plongée.

En résumé, il est désirable qu'on parvienne à *employer les sous-marins dans la bataille* afin d'utiliser au moins leur action morale.

---

(1) Vers 6ʰ 15, la distance était d'environ 5 milles.

La faiblesse de ses ressources (quelques torpilles) y rend aléatoire le rôle du sous-marin isolé et doit faire envisager son emploi futur en groupes tactiques.

Ce groupement, si l'on n'arrive pas à donner aux bâtiments les moyens d'écouter en plongée, obligerait à donner des zones d'action ou des lignes de marche à chaque bâtiment afin d'éviter les abordages, à chacun, jusqu'à perfectionnement des torpilles, un but différent. Ce serait une méthode subjective évidemment défectueuse. Il vaudrait mieux courir le risque d'abordages et lâcher les chiens sur la bête.

Très vraisemblablement toute action de sous-marins présentera les caractères généraux suivants :

a) Reconnaissance préalable de la route, de la formation, de la vitesse de l'ennemi. Cette reconnaissance sera faite par le sous-marin, s'il est isolé; par le divisionnaire, si des groupes sont formés;

b) Transport aussi rapide que possible, le plus souvent en surface, jusqu'au poste à prendre;

c) Mise à l'affût, en plongée, dans l'attente de l'ennemi que chaque sous-marin surveillera par le périscope;

d) Marche sous-marine au compas jusqu'à portée de lancement en prenant, par intermittences, des visées à l'aide du périscope.

La plongée sera pour le sous-marin un moment que le rapprochement de l'ennemi rendrait très critique. Il évitera de se laisser repérer car on pourrait, dans certains cas, se mettre hors de sa portée.

Par-dessus tout, le personnel des sous-marins devra être imbu de cette conviction que leur seule présence causera un trouble profond chez l'ennemi. Le facteur moral étant le plus important pendant la bataille, leur intervention pourra être, entre toutes, la plus précieuse, la plus féconde, elle pourra décider de la victoire.

Capitaine breveté G. Laur.

TABLE DES MATIÈRES

PREMIÈRE ÉTUDE

CONSIDÉRATIONS GÉNÉRALES SUR LA GUERRE MARITIME ET LA BATAILLE NAVALE

DEUXIÈME ÉTUDE

LE BATIMENT DANS LA BATAILLE

TROISIÈME ÉTUDE

LE CANON DANS LA BATAILLE

QUATRIÈME ÉTUDE

FACTEURS TACTIQUES DANS LA BATAILLE

CINQUIÈME ÉTUDE

LA MANŒUVRE DANS LA BATAILLE

CONSIDÉRATION SUR L'UNITÉ DE DOCTRINE — OBSERVATIONS SUR LA BATAILLE NAVALE

ÉQUILIBRES DE COMBAT

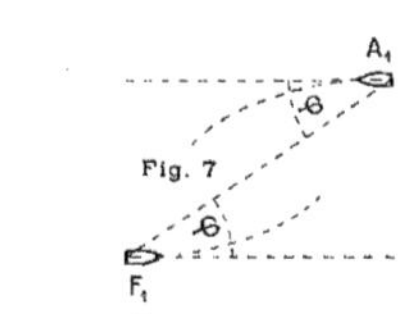

Fig. 7

Équilibre de combat

(Combat individuel)

Passage à contre-bord. — Réglage du tir moins facile. Rendement incomplet, momentané, et en accélération de l'artillerie.

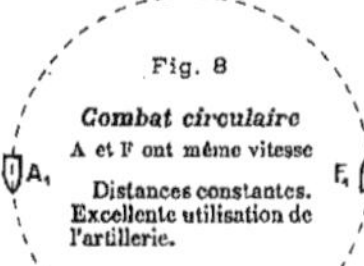

Fig. 8

Combat circulaire

A et F ont même vitesse

Distances constantes. Excellente utilisation de l'artillerie.

Fig. 8bis

Chasse circulaire

(*Alabama* et *Kerscage*)

Avantage d'artillerie au chasseur.

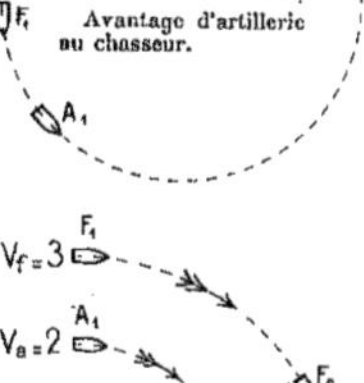

Fig. 11

Fig. 9

Équilibre de combat

Conduit au combat rapproché et au choc. Rendement incomplet de l'artillerie. Réglage du tir moins facile.

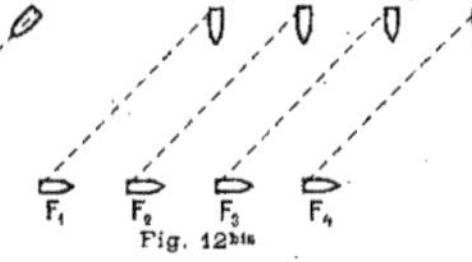

Fig. 10

Équilibre de combat

Combat sur lignes parallèles. Plein rendement prolongé de l'artillerie. Réglage facile et permanent.

Équilibre de combat

Combat concentrique. Plein rendement permanent de l'artillerie. Réglage facile.

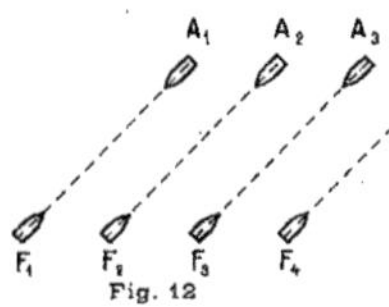
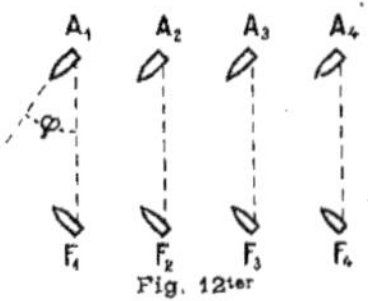

Fig. 12

Combat entre lignes de feu

Lignes parallèles décalées, les deux partis marchant directement l'un sur l'autre (ou s'écartant directement l'un de l'autre).
Combat chacun à chacun : équilibre.
Combat collectif : équilibre.
Rendement incomplet des armes.

Fig. 12bis

Combat entre lignes de feu

Lignes parallèles décalées. A_1 et F_1 se relèvent au même gisement.
Combat chacun à chacun : équilibre.
Combat collectif : non équilibre.
Rendement incomplet des armes.

Fig. 12ter

Combat entre lignes de feu

Lignes parallèles s'encadrant.
Combat chacun à chacun : équilibre.
Combat collectif : équilibre.
Rendement incomplet des armes, sauf pour $\varphi = 90°$.

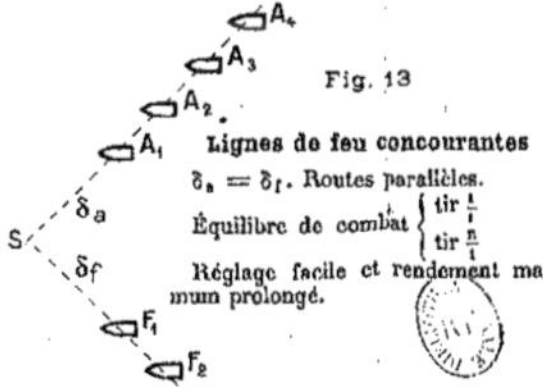

Fig. 13

Lignes de feu concourantes

$\delta_a = \delta_f$. Routes parallèles.

Équilibre de combat $\begin{cases} \text{tir } \frac{1}{1} \\ \text{tir } \frac{n}{1} \end{cases}$

Réglage facile et rendement maximum prolongé.

Fig. 13bis

Lignes de feu concourantes

$\delta_a = \delta_f$. Routes concourantes.

Équilibre de combat $\begin{cases} \text{tir } \frac{1}{1} \\ \text{tir } \frac{n}{1} \end{cases}$

Réglage délicat. Rendement incomplet. Équilibre continu.

FORMATIONS ET POSITIONS DE CONCENTRATION

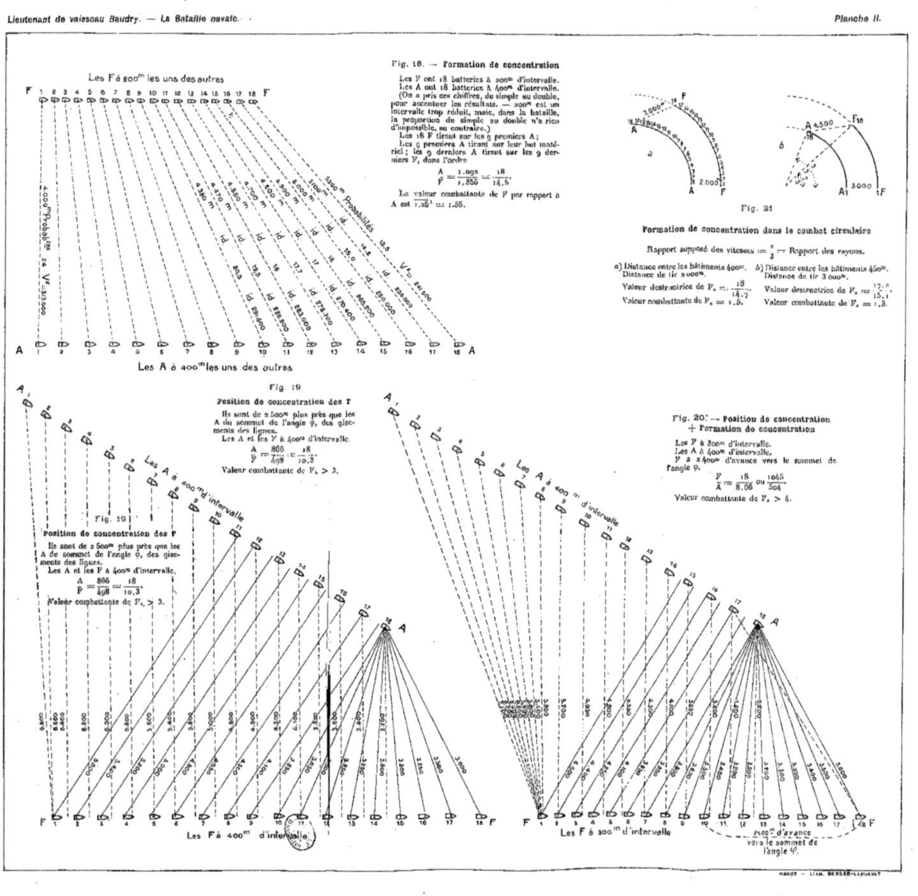

BATAILLE DE TRAFALGAR

LES CONCENTRATIONS NELSONIENNES A ABOUKIR

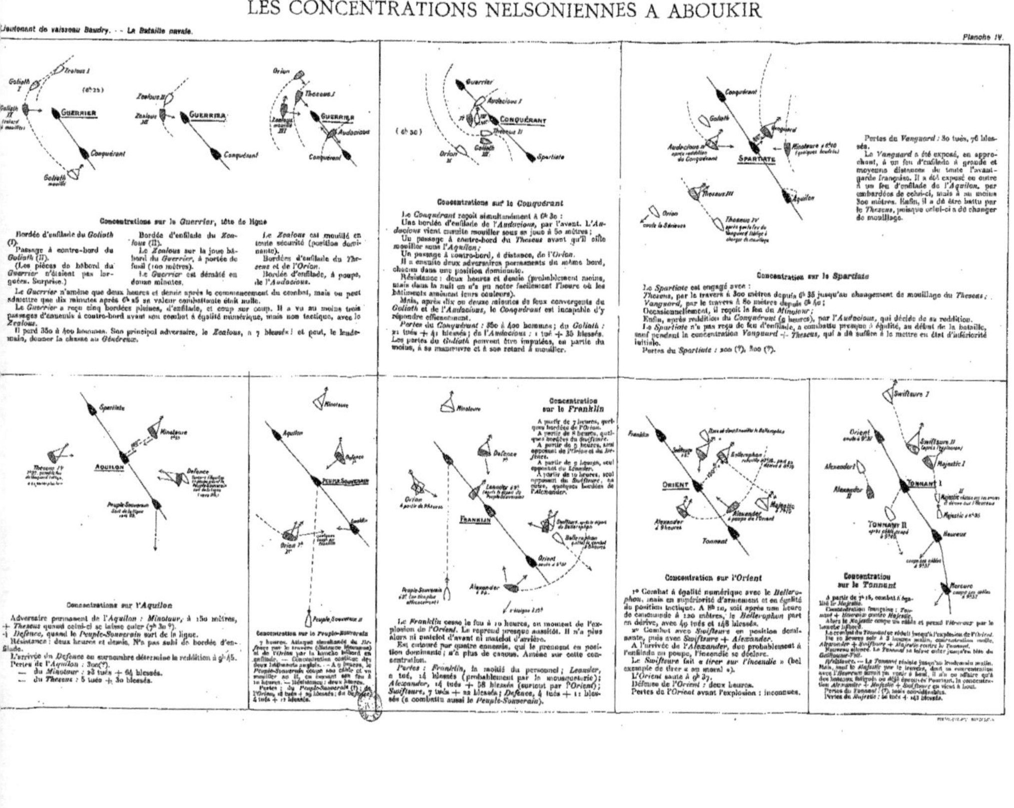

Concentrations sur le Guerrier, tête de ligne

Concentrations sur le Conquérant

Concentration sur le Spartiate

Concentrations sur l'Aquilon

Concentration sur le Peuple-Souverain

Concentration sur le Franklin

Concentration sur l'Orient

Concentration sur le Tonnant

René DAVELUY, CAPITAINE DE FRÉGATE

L'ESPRIT DE LA GUERRE NAVALE

I. — **La Stratégie** (2e édition de l'*Étude sur la Stratégie navale*). 1909. Un volume in-8 de 401 pages, broché. . . . . **6 fr.**

II. — **La Tactique** (2e édition de l'*Étude sur le Combat naval*). 1910. Un volume in-8 de 153 pages, broché. . . . . **2 fr. 50**

III. — **L'Organisation des Forces.** (Inédit.) 1910. Un vol. in-8 de 328 pages, br. **5 fr.**

Torpilles et Projectiles automobiles. *Les Torpilles automobiles. Les Torpilles dirigeables et la télémécanique. Les Projectiles automobiles sous-marins,* par H. NOALHAT. 1908. Un volume grand in-8 de 118 pages, avec 40 figures, broché. **2 fr. 50**

Les Torpilles et les Mines sous-marines, par le même. Préface de Paul FONTIN, ancien secrétaire de l'amiral Aube, directeur de la *Ligue du progrès naval.* 1905. Un volume in-8 de 491 pages, avec 268 figures, broché. . . . . **8 fr.**

Programme naval. *Études maritimes,* par Charles FERRAND, ingénieur en chef de la Marine. 1908. Un volume in-12 de 261 pages, broché . . . . **3 fr.**

Notre Marine de guerre en 1899. *Les vices de son organisation. Un programme de réformes;* par le même. Nouveau tirage. 1908. Un volume in-12, broché. **2 fr. 50**

Comment réformer notre Marine ? par le même. 1911. Un volume in-8, br. **2 fr.**

Une Marine rationnelle. *La flotte utile. Les réformes nécessaires de notre organisme naval,* par J.-L. DE MACONGE. 1903. Un volume in-8, broché . . . . . **2 fr.**

La Marine qu'il nous faut, par Charles Bos, député, rapporteur du budget de la Marine. Avec une préface d'Édouard LOCKROY, ancien ministre de la Marine. 1905. Un volume in-12, broché . . . . **3 fr. 50**

Évolution de la puissance défensive des navires de guerre. Avec un complément concernant la stabilité des navires, par L.-E. BERTIN, de l'Institut, commissaire général de l'Exposition maritime de Bordeaux. 1907. Un volume in-8 de 127 pages, avec 18 figures, broché. . . . . **2 fr. 50**

La Marine et la Défense des côtes. *Marine et Guerre,* par le vice-amiral MARCHION. 1907. Un volume in-8, broché. . . . . **2 fr. 50**

Guerre et Marine. *Essai sur l'unité de la défense nationale,* par Paul FONTIN, ancien secrétaire de l'amiral Aube. Préface de M. MESSIMY, député, rapporteur du budget de la guerre. 1906. Un volume in-8 de 272 pages, broché . . . . . . **3 fr. 50**

Notre Puissance navale, par J.-A. NORMAND. 1900. Brochure in-8 . . . **1 fr. 50**

La Marine de guerre. *Six mois rue Royale,* par Édouard LOCKROY, député, ancien ministre de la Marine. 2e édition. 1897. Un volume in-8 de 391 pages, broché. **5 fr.**

La Défense navale, par le même. 1899. Un volume in-8 de 582 pages, broché. **5 fr.**

Réformes navales, par Paul FONTIN, ancien secrétaire particulier de l'amiral Aube, et le commandant VIGNOT, ancien officier d'ordonnance de l'amiral Aube, ancien chef adjoint du cabinet militaire de M. Lockroy (commandant Z... et H. MONTÉCHANT). 1899. Un volume in-12 de 816 pages, broché . . . . **3 fr.**

La Faillite de la marine. *Étude critique maritime et militaire,* par A. DEMIGNY. 1899. Un volume in-12, broché . . . . **2 fr.**

Les Flottes de combat en 1912, par le capitaine de frégate DE BALINCOURT. 11e édition. Un volume in-16 de 790 pages, avec 390 figures schématiques de bâtiments, relié en percaline souple, tranches rouges. . . . . **5 fr.**

État militaire de toutes les Nations du Monde en 1912, par Charles MALO. 1912. Un volume in-8 étroit de 148 pages, broché. . . . . **1 fr. 25**

9 782019 961893